百度SEM竞价推广

策略、方法、技巧与实战

GO

马明泽 编著

電子工業出版社
Publishing House of Electronics Industry
北京•BEIJING

内 容 简 介

竞价推广已成为企业最主要的网络营销方式，本书以百度竞价推广为基础，全面阐述了整个竞价推广过程中的重要环节，涉及大量账户操作实战技巧，以及解决各类难点的方法，其中包括搜索引擎营销基础、百度搜索推广介绍、账户结构搭建技巧、关键词与创意的使用技巧、质量度优化与提升、账户工具的使用、百度推广客户端的使用、企业搜索推广方案制作、百度网盟推广、着陆页分析、效果优化与数据分析，具体操作步骤翔实，对每个知识点都进行了深入详细的讲解。另外，结合作者的实际操作经验，本书将各环节最本质的一面透彻地展现给读者，理论结合实战，向读者展示一个真实的竞价推广过程的核心内容。本书中没有长篇大论的叙述，内容精简不过时，紧随搜索引擎更新步伐，一切落实于具体执行思路，以营销思想贯穿全书，以解决实际问题为诉求，环环相扣，真正做到易懂、易用。

本书实用性强，完全以企业的视角来说明问题，是 SEM 初学者、在职提升人员，以及正在考虑转行的人员提升技能的必备书籍。

图书在版编目（CIP）数据

百度 SEM 竞价推广：策略、方法、技巧与实战 / 马明泽编著. —北京：电子工业出版社，2017.5（2026.1重印）.

ISBN 978-7-121-31118-5

Ⅰ. ①百… Ⅱ. ①马… Ⅲ. ①网络营销－研究 Ⅳ. F713.365.2

中国版本图书馆 CIP 数据核字（2017）第 055492 号

策划编辑：高洪霞
责任编辑：徐津平
特约编辑：赵树刚
印　　刷：北京捷迅佳彩印刷有限公司
装　　订：北京捷迅佳彩印刷有限公司
出版发行：电子工业出版社
　　　　　北京市海淀区万寿路 173 信箱　　邮编：100036
开　　本：787×980　1/16　印张：19.25　字数：401 千字
版　　次：2017 年 5 月第 1 版
印　　次：2026 年 1 月第 25 次印刷
定　　价：79.00 元

凡所购买电子工业出版社图书有缺损问题，请向购买书店调换。若书店售缺，请与本社发行部联系，联系及邮购电话：（010）88254888，88258888。

质量投诉请发邮件至 zlts@phei.com.cn，盗版侵权举报请发邮件至 dbqq@phei.com.cn。

本书咨询联系方式：010-51260888-819，faq@phei.com.cn。

前　言

有人说现在百度竞价越来越难做，由于竞争太激烈，很多企业都是赔钱的。的确，目前以百度为主的搜索引擎由于受到了一些负面信息的影响，广告位变得更少，但如果说很多企业做竞价都是赔钱的，那么这种说法也太过于片面了。首先百度广告位的减少只是暂时的，就之前的发展来看，广告位已经由 3 个增长到现在的 5 个。其次，我们都知道竞价很贵，但却发现很多企业依然每年都在做竞价，如果说不赚钱，那么谁会心甘情愿地一直亏损下去，自然早就收手了。至于那些亏损的企业，多数是因为没有一个系统的推广策略，每天只知道一味地投钱。如今市场在变化，竞争越来越激烈，如果还在使用以前的“玩法”，那么自然会被逐渐淘汰，而能够长久保持在竞争前沿并且能赚钱的企业，都在稳扎稳打，并且会对每个细节进行详细研究。

近十年来，笔者一直从事网络营销的相关工作，期间做了多年的 SEM 讲师，从中摸索出大量 SEM 方面的技巧。在授课过程中，帮助很多想从事这一行业的学员得到了高薪就业的机会。另外，在线下的研讨班中，这些知识也帮助很多企业提高了推广转化率。所以，他们建议笔者尽快出版本书，因为这样可以更好地帮助更多有需要的人。但真正要把知道的东西写成书，并没有想象中那么容易，因为很多知识需要靠一定的经验感知。在写作过程中，笔者重新对这些内容进行了整理，将很多“只可意会，不可言传”的知识转化为文字来供读者学习。为了节约读者的时间，避免在学习中遇到困难，本书尽量使用通俗易懂的语言和案例图来讲解知识点。

本书主要从企业的角度来系统讲解百度竞价推广，到目前为止，还未出现同类书籍。虽然有很多与 SEM 相关的书籍，但多为“蜻蜓点水”或者是以搜索引擎公司的角度来撰写的。本书对基础内容讲述细致，多数为笔者线下授课时的核心内容，那么也就意味着学这门技术并不一定要投入上万元的学费。希望你能够去除浮躁，一步一个脚印地进行阅读。如果是这样，那么当你放下这本书时，自然就会成为 SEM 行业的一员。

写作特色

本书和市场上的 SEM 竞价推广书籍相比，有如下特色。

- **主抓基础：**本书主要针对基础薄弱的人，帮助“小白”顺利晋级为“老鸟”。

- **企业为本**：笔者有多家大型账户的推广经验，本书内容以企业角度进行说明，以实操经验为依据，内容更贴近事实，并以一个操作者的角度去分析问题，参考意义重大。
- **内容全面**：内容涵盖竞价推广多个环节，系统讲解核心知识点，从入门到精通。
- **操作性强**：书中有大量的图示案例，每到重点实操知识点时，都有具体的操作步骤。
- **定期更新**：由于搜索引擎竞价规则变化较快，后台操作方面也在不断升级，本书内容会随时更新，便于大家学习。更新渠道：搜索微信号“SEMlaoma”，定期查看相关更新内容。

本书内容

本书共分 12 章，其中包括搜索引擎营销基础、百度搜索推广介绍、账户结构搭建技巧、关键词与创意的使用技巧、质量度优化与提升、账户工具的使用、百度推广客户端的使用、企业搜索推广方案制作、百度网盟推广、着陆页分析、效果优化与数据分析。首先对搜索引擎进行介绍，了解我们进行营销的平台之后，细致讲解账户搭建的技巧，透彻学习如何使用关键词与创意。整体账户搭建完成后，熟练掌握各种推广工具的使用方法，并以网盟推广为辅助进行营销，摸清什么样的着陆页能获得更多的转化，最终以实际案例进行数据分析讲解，使“小白”成功晋级为行业“老鸟”。

写这本书的目的在于，帮助更多想要跨入这一行业的初学者找到方向，并结合笔者的实际操作经验，将各环节最本质的一面透彻地展现给读者，理论结合实战，向读者展示一个真实的竞价推广过程的核心内容。本书中没有长篇大论的叙述，内容精简不过时，紧随搜索引擎更新步伐，一切落实于具体执行思路，以营销思想为贯穿，以解决实际问题为诉求，环环相扣，真正做到易懂、易用。

适合读者

- 刚刚步入圈内的 SEM 初学者。
- 想要提升自己的竞价技术能力的在职人员。
- 想要找一份技术类工作的年轻人。
- 考虑转行但无从下手的人。
- 没有 SEM 专业人才的企业管理者。

目 录

第 1 章

搜索引擎营销基础

搜索引擎营销（Search Engine Marketing，SEM），是利用搜索引擎进行网络营销的一种手段。所有在搜索引擎平台的营销方式都可以被称为 SEM，简单来讲，就是在各种搜索引擎上打广告、做买卖。

1.1　初识搜索引擎营销

在行业中，SEM 多被称为“竞价推广”，即使在各类招聘网站中，招聘 SEM 职位其实也就是在招聘竞价员。在人们的认知中，“SEM”等同于“竞价”；另外，国内的搜索引擎以百度为主，所以 SEM 又被叫作“百度竞价”。

本书主要讲的就是百度竞价，在本书余下的内容中，SEM 所指的就是竞价推广，并且以百度竞价为主。之所以大量利用百度作为案例来说明，理由很简单，是因为在中国百度占据了大部分搜索流量，即使受到了一些负面事件的影响，但“瘦死的骆驼比马大”，更何况百度根深蒂固，并未造成动荡的影响。而且百度依然是国内技术最完善、最发达的搜索引擎，只要完全掌握了百度竞价的内容，那么其他搜索引擎的问题自然迎刃而解。

1.1.1 搜索引擎——百度

什么是搜索引擎？简单来讲，就是我们平常在网络上用的搜索工具。相信大家第一时间想到的肯定是百度，“百度一下，你就知道”。每当别人问我们一些难以解决的问题时，我们就会告诉他：“你可以去百度一下。”仔细想想，这不就是百度已经在我们的脑海里根深蒂固的证明吗？

很早的时候，大家就已经开始用百度搜索，那时候不知道百度具体是什么，只知道有问题就去百度搜索。现在我们知道，百度是一个搜索引擎公司，网民很早以前就已经习惯使用百度搜索，当习惯变得严重时，就会成为“强迫症”。就像笔者一样，如果在打开浏览器时看到的不是百度搜索引擎，那么就会先输入“百度”，找到百度搜索引擎后，再去搜索自己想要的信息。我相信有很多读者都是这样的，就是喜欢那个简简单单的红蓝搜索框，如图 1.1 所示。

图 1.1　百度搜索框

1.1.2 国内主流搜索引擎

百度用多年的时间和强大的技术，已经覆盖了大量的“强迫症”网民。当然，除百度外，国内主流的搜索引擎还有以下几种，如图 1.2 所示。

- 360 搜索：奇虎 360 公司 2012 年推出，利用杀毒软件的强大用户群占有中国市场。
- 搜狗搜索：搜狐公司 2004 年推出，占有份额相对于百度搜索、360 搜索较低。
- 神马搜索：UC 和阿里 2013 年联合推出，主攻移动端搜索。
- 谷歌搜索：全球最大搜索引擎，2012 年关闭中国内地搜索服务。
- Bing 搜索：微软公司 2009 年推出，国内份额较低，鲜为人知。

图 1.2　国内主流搜索引擎 Logo

1.1.3　国内搜索引擎的市场份额

在互联网行业中，我们经常会听到“PC 端”与“移动端”的说法，其实“PC 端”是电脑的统称，指我们的笔记本或者台式机；而“移动端”又可以被称为“无线端”，指手机、平板等移动设备。国内主流搜索引擎相对应的市场份额差异较大，并且针对于 PC 端与移动端的份额也有所不同，下面分别针对 PC 端+移动端、PC 端、移动端进行介绍（以下为 2016 年 8 月份的数据）。

1．PC 端+移动端

2016 年 8 月，百度国内市场份额为 77.88%，高居榜首；360 搜索排名第二，市场份额为 8.18%；神马搜索排名第三，市场份额为 6.22%；搜狗搜索排名第四，市场份额为 3.15%；谷歌搜索排名第五，市场份额为 2.81%；其他搜索引擎的市场份额为 1.76%。如图 1.3 所示。

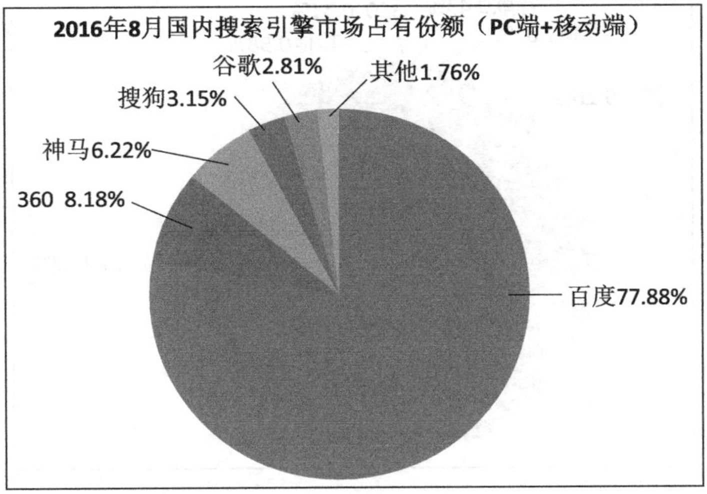

图 1.3　国内搜索引擎的市场份额（PC 端+移动端）

2．PC 端

2016 年 8 月，国内搜索引擎的 PC 端市场份额为：百度搜索 59.35%，360 搜索 23.56%，谷歌搜索 7.45%，搜狗搜索 5.29%，其他搜索引擎 4.17%，如图 1.4 所示。

3．移动端

2016 年 8 月，国内搜索引擎的移动端市场份额为：百度搜索 87.37%，神马搜索 9.26%，搜狗搜索 2.05%，谷歌搜索 0.43%，360 搜索 0.31%，其他搜索引擎 0.58%，如图 1.5 所示。

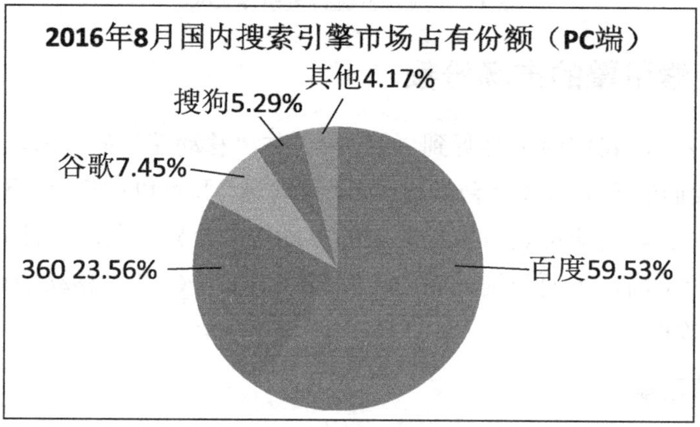

图 1.4　国内搜索引擎的市场份额（PC 端）

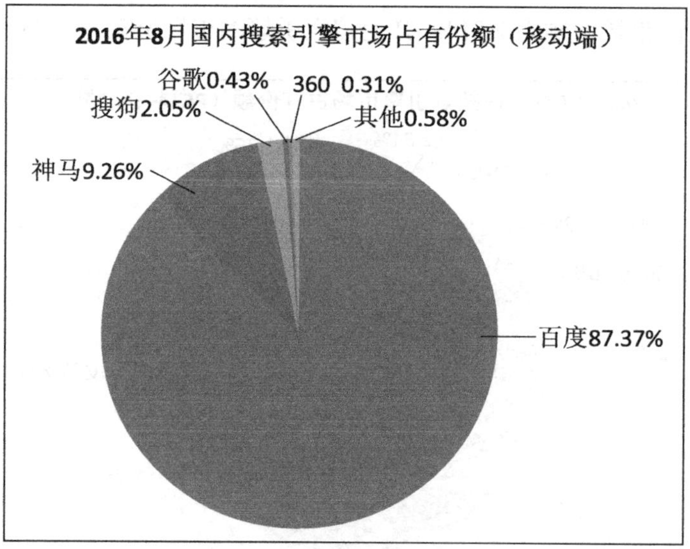

图 1.5　国内搜索引擎的市场份额（移动端）

1.1.4　摸清百度竞价的套路

百度竞价是指把企业的产品、服务等在百度搜索引擎平台上做付费推广，它是一种按效果付费的新型的、成熟的搜索引擎广告。企业在购买该项服务后，通过后台设置，其推广信息就会率先出现在网民相应的搜索结果中。这样，网民就可以进入商家网站，进行消费购买活动。百度竞价相对于电视广告等传统广告而言，用少量的投入就可以给企业带来大量的潜在客户，能有效提升企业的销售额。

无论是百度还是在百度平台做推广的企业，都以营销为目的，以利益为主，所以网民、商家、百度三者也可以说是互相利用的关系。

例如，网民甲的房子要装修，其在百度上搜索“装修”，看到了乙公司的装修广告，点击进入并进行了咨询，网民甲觉得乙公司不错，最终选择乙公司装修房子，如图 1.6 所示。

（1）网民甲通过百度找到了乙公司，并购买了乙公司的产品，所以网民甲需要支付给乙公司装修的费用。

（2）乙公司的广告在百度平台上出现了，所以要支付给百度使用费。

正是因为有大量的“甲”（网民）在搜索引擎上进行搜索，所以才有大量的“乙公司”（商家）在搜索引擎上投放广告，百度也正是依赖于大量的网民才能称霸于国内市场。结合网民、商家、百度三者之间的关系可以得出，百度竞价的套路如下：

（1）商家通过百度这个平台让网民发现自己的广告。

（2）网民点击广告进入商家网站。

（3）网民在网站上了解自己需要的信息。

（4）网民对产品或服务满意后与企业联系或下单，最终达成交易。

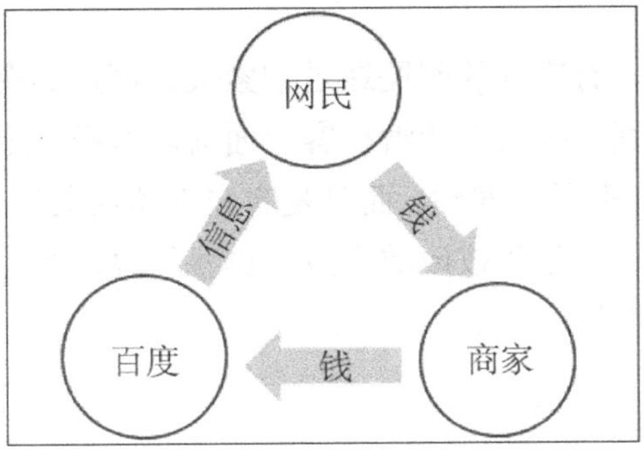

图 1.6　网民、商家、百度三者的关系

1.1.5 竞价推广的优势

现如今，几乎所有的公司都有自己的网站，并通过各大搜索引擎在网上进行宣传，将自己的商品和产品信息投放给网民。并且大部分企业都利用百度竞价进行网络营销，从中获取了巨大的利益及品牌宣传曝光量。虽然在搜索引擎这个平台上还可以通过各种营销方式进行宣传，但是从网络营销的角度看，竞价推广的发展推动了搜索引擎的发展，在网络营销中起到举足轻重的作用。下面针对百度搜索引擎提出竞价推广的 7 点优势。

1. 按点击付费

百度的竞价排名主要按用户点击计费，也就是说，只有搜索用户对推广信息产生兴趣并主动点击，才收取推广费用，不点击则不计费。这样，企业可以灵活控制推广力度和资金投入，使投资回报率最高。在数据的统计方面也很全面，如可以看到企业在广告费上投入了多少、得到多少有需求的客户。实时掌握、灵活控制营销投入，效果一目了然，做到精准统计。

2. 高性价比

接触过竞价推广的人大多数都会说百度竞价太贵了，每天要花费好多钱。其实这只是相对而言的，就目前市场来讲，广告本身就是一个起步很高的投入。如果我们对比一些传统媒体的广告费，就会发现百度竞价的投入其实还可以。例如，电视广告的计费方式多为按次、按秒计算，推广下来少则上万元，多则几十万元、几百万元、几千万元，门槛相当高。对于大多数中小企业而言，一次投入这么多预算，风险也很大。而使用百度推广的客户一次投入几千元即可，每次的点击费用低至几毛起，适合更多的中小企业开展有效的推广，用相对少量的投入就可以给企业带来大量潜在客户，能有效提升企业的销售额和品牌知名度。

3. 针对性强

企业投放竞价推广后，有需求的网民通过搜索关键词找到企业，所以，我们可以说企业的推广信息只会出现在真正感兴趣的潜在客户面前。这样，企业的推广费用投入到高意向的潜在客户身上，具有很强的针对性，而且是客户主动找上门，行商变坐商，效果更好。另外，竞价广告支持按时间投放和按地域投放，也就是说，企业可以在自己想要的任意时间段和地域内让网民看到广告。

4. 更大曝光量

曝光量通常指商家的广告能被网民看到的数量。如果企业参与百度竞价，就相当于进入了一个每天曝光量能达到数亿次的商务交易平台。在这个平台上，企业的意向客户会根据企业提交的相关关键词，第一时间找到企业网站。之后客户将会与企业联系并产生订单，最终形成交易。

5. 不分地域与时间

企业做了百度竞价推广以后，无论在任何地区或者时间段，只要是有需求的目标客户，都可以第一时间找到企业产品与品牌。这对公司的影响很大，假如企业不进行百度竞价推广，那么其产品就会受到地域空间的限制，外地客户无法找到本企业，当地的受众也只能在经营时间内找到企业，因此会大大减少企业的营业利润。

6. 传统营销的入口

多数情况下，网民通过电视、杂志、报纸或条幅、传单等形式了解某个品牌或产品。当网民有需求时，他们会通过百度去搜索自己了解的品牌或产品，之后进行购买。如果我们的企业做了百度竞价推广，同行做的是线下广告，那么就相当于同行在为我们的企业做免费宣传；相反，如果我们的企业做的是线下广告，同行做了百度竞价推广，那么就相当于我们在为同行做免费宣传。

7. 获得主动权

企业在做竞价推广时，有需求的目标用户会主动联系企业，这时企业占据主动权，可以挑选利润更高的客户进行交易，从而大大提升了最终的交易额。但如果企业不进行竞价推广，那么只能被动地去向客户线下推销，此时客户便拥有主动权，可以挑选要价更低的企业，这样就会使企业在营销过程中处于劣势，不利于交易的完成，自然会与一些利润高的客户失之交臂。

1.1.6　我们是 SEMer

如果我们正从事着竞价推广这一工作，那么我们就是一名 SEMer。之所以有这一称呼，是因为在英文中，如果动词加上“er”就会变成一个名词，如 Work（工作）+er=Worker（工人），那么如果把 SEM 当成“竞价”来理解，则 SEM（竞价）+er=SEMer（竞价员）。所以，SEMer 指从事搜索引擎营销（SEM）的技术性人群。

1.2　SEM 与 SEO

很多人都有这样的疑问：不是有一种技术不花钱就能在搜索引擎上获得排名吗？为什

么还要做竞价推广，而且那么贵？关于这方面的技术有一个更专业的名词，行业中叫 SEO。

1.2.1　SEO 简介

SEO，通俗来讲，就是提高网站关键词在搜索引擎上的自然排名，用“免费”的技术手段，提高自己公司快照的排名，获得更多的流量，达到产品销售或者宣传的目的。自然搜索结果、自然排名，也就是我们所熟悉的“百度快照”，如图 1.7 所示。

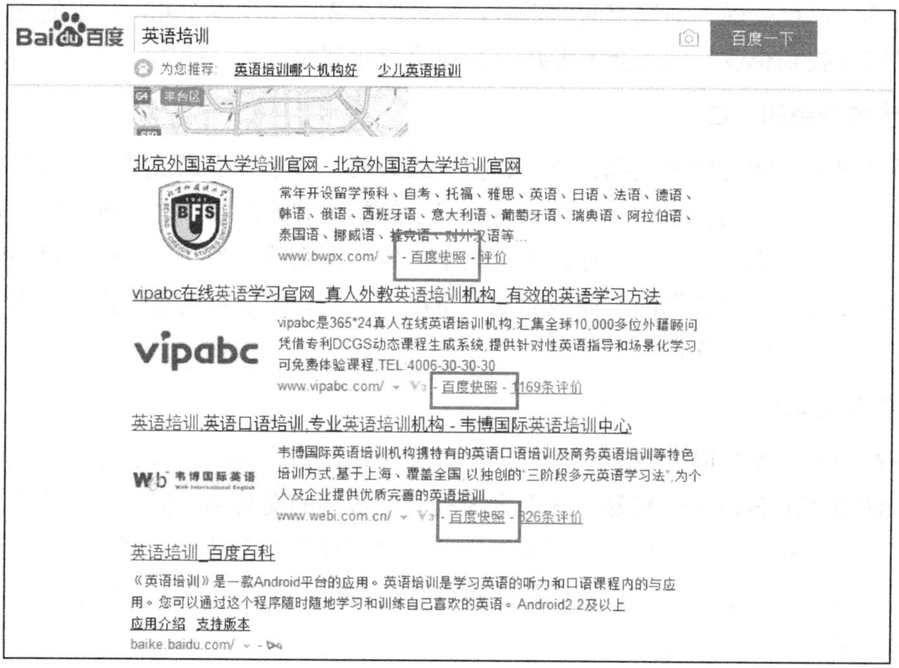

图 1.7　百度快照

百度快照广告，搜索引擎可以抓取你的网页，但是网站要持续提供对网民有价值的内容，这就是一些做 SEO 的人每天嚷嚷着要写多少原创文章、多少伪原创文章的原因，是为了使搜索引擎更容易抓取。所有的搜索引擎都会提供关于网站结构优化和内容优化的建议，把所有的工作内容都做好，网页就可能获得更好的自然搜索排名。SEO 的工作就是针对这些方面进行的，希望提升网站更多关键词的自然排名。各个行业的公司都明白 SEO 的重要性，但大多数企业缺乏精通 SEO 技术的人才，不得不请专业的 SEO 团队来操作网站优化排名，所以这也是需要付费的。

所谓不花钱就能在搜索引擎上获得排名，只是不把钱交给百度、360 这些搜索引擎，而是支付给公司内负责 SEO 工作的员工。这谈不上真正的免费，所以“SEO 不花钱”这种说法不是特别准确，只能说公司认为对照 SEO 带来的流量，SEO 技术人员的工资成本大大低于在百度上投放的广告费用而已。

很多企业认为，像百度这样的竞价推广就是无底洞，不知道要投入多少资金，不如把所有的预算都拿来做 SEO，让自然排名永远保证在一个相应的位置。但建议企业在做 SEO 的同时，也要做相应的付费推广广告，原因有很多，如自然排名即使再靠前，也要排在竞价推广广告的下面。

另外，大部分的 SEO 人员主要通过更多的技术手段来获得自然排名，而非使用高质量的原创内容，况且让 SEO 人员每天写那么多纯原创的文章也不现实，更多的是所谓的“伪原创”文章。那么，想要保证自然搜索的排名稳定，SEO 人员必须长年累月地去研究百度、搜狗、360 等搜索引擎的算法，但是他们可能还不知道，仅仅在百度，就有几千名技术员在没日没夜地改进搜索引擎的算法。

从商业的角度来讲，百度的算法不可能一成不变，更何况，也不能让“免费”的推广形式在首页占据稳定的排名。所以，搜索引擎就会经常利用算法来改变排名结果，让大多数“很努力”的网站都有机会排名在首页。

再来看竞价推广广告，虽然每天都要投入成本，但是对排名是有一定保障的，而且投入多少就能获得多少流量和订单。所以，对于不是特别缺乏资金的企业来说，最好把重点放在竞价推广广告，而不是全部寄希望于不稳定的自然排名。

1.2.2　SEM 和 SEO 的区别

虽然 SEM 与 SEO 同时在搜索引擎页面展现，但相互之间存在很大的区别，下面针对 SEM 与 SEO 的区别进行详细介绍。

1. 预算投入

- SEM：多数行业价格高昂，竞争激烈的关键词，单价可以达到数十元甚至数百元，一个月就要花费数万元甚至数十万元，如果长期做，则需要长期花费如此高昂的费用。
- SEO：提升流量不花钱，完全靠优化技术。

2. 流量持久性

- SEM：一旦账户没钱，或者暂停账户，流量立马为零。

- SEO：一旦正规做起来后，流量会很持久，不会轻易降下去。

3．网民信任度

- SEM：SEM 竞价推广广告的用户信任度不及 SEO，推广位明确标明“广告”字样（见图 1.8），所以细心的网民也是抱着看广告的态度去看 SEM 竞价推广。
- SEO：用户会认为自然排名靠前的网站更专业、更可信、更有实力，同时用户参与度和转化率也更高。

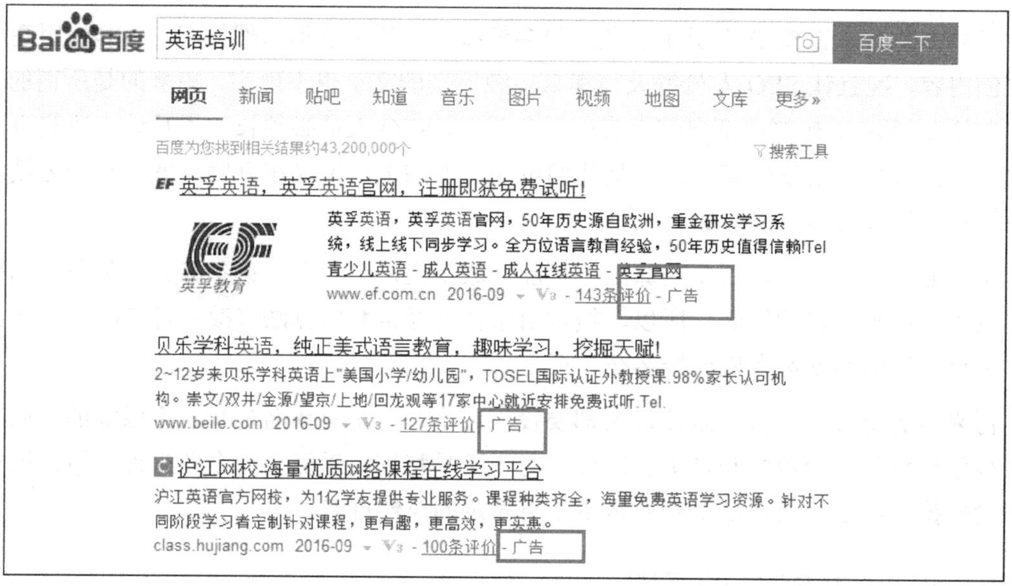

图 1.8　推广位明确标明“广告”字样

4．见效速度

- SEM：后台设置完成投钱之后，广告即可上线。广告上线之后，就会带来流量，见效快。位置可以自己控制，永远排在自然排名的前面。SEM 追求速度，在搜索引擎中获得首页排名展现位，从而形成浏览。
- SEO：通常来说，见效时间一般为 3～6 个月。

5．效果和品牌

- SEM：可以通过 SEM 的各种方式，迅速占领优势位置，增加曝光量，覆盖更高意向的网民，迅速提升效果，打造品牌。
- SEO：免费获取广告，但无法保证网站能够得到多少展现量和点击量。

6. 稳定性

- SEM：竞价企业和搜索引擎是合作关系，这种关系更牢固、稳定性更高、方法得当，不会有大的变动。
- SEO：因为是免费获取流量，搜索引擎完全处于主导地位，搜索引擎算法经常变化，通常会导致网站关键词排名和流量有变动，稳定性和 SEM 推广无法相提并论。

7. 效果测试

- SEM：在后台数据中，有清晰的花费，展现、点击和转化数据，可以迅速测试出哪些关键词赚钱，通过分析这些指标可以帮助 SEMer 做出相应的调整。
- SEO：数据不容易追踪，无成熟的统计软件辅助操作。

8. 准确性

- SEM：可以指定地域、指定时间投放，这样可以让潜在用户更精准、意向性更强，同时减少很多无效花费和流量。
- SEO：属于撒大网，无法精准到相应的地域或时间，但流量是免费的，不会影响到投入。

9. 职位压力

- SEM 作为企业里最花钱的职位之一，工作压力自然也必不可少，每天操作的金额从几百元到几百万元，消费金额越多，压力越大。当然，也可以证明能力更强，收入自然也会越高。一个专业的 SEMer，能给企业带来更高的投入产出比，自然也相当抢手。
- SEO 工作需要更长的时间才能见到成效，并且不需要任何成本投入，所以职位压力相对不大。

无论是 SEM 还是 SEO，其实都是在利用这种模式不断扩大自己的市场份额，只要有搜索引擎的存在，SEM 和 SEO 的价值就不可忽视。SEM 与 SEO 是一种非常重要的营销方式和手段，可以通过互联网来塑造自己的品牌形象和诚信度，同时 SEM 与 SEO 也可以大大降低企业的成本，增加企业的竞争力和利润。

SEM 与 SEO，不管手段是什么，出发点是什么，最终的目的都一样，为了利益而存在。

SEM 和 SEO 各有优劣，二者相辅相成，结合起来才能发挥最大的威力。

1.3 百度搜索、360 搜索、搜狗搜索

随着谷歌在中国内陆的退出，百度、360、搜狗三大搜索引擎囊括了大部分流量，其他搜索引擎几乎可以忽略。如今的中文搜索可以说是三足鼎立，三大搜索引擎都在抢夺更多“地盘儿”。这里我们分别简单地分析一下百度搜索、360 搜索、搜狗搜索。

1.3.1 行业大哥不好做——百度搜索

百度，全球最大的中文搜索引擎，2000 年由李彦宏创建。目前百度的国内市场占有率依然是最高的，并且毫无疑问仍然是搜索领域的“老大”。自从百度诞生以来，百度的地位从来没有被撼动过，产品多（如百科、知道、贴吧等）、覆盖面广、技术成熟，如图 1.9 所示。

但是树大招风，百度也不停地在处理各种公关问题，被央视报道过，也不断被黑，但就像宋丹丹曾在春晚所说的，“没有绯闻的名人那算不得名人”。前一段时间的“魏则西事件”对百度也造成了一定的影响，百度对此也做出了调整，减少广告位，加大对医疗行业的核查力度，短时间内百度就损失了几十亿元。

另外，过多企业依赖于百度，觉得百度越来越贵，希望能有搜索引擎来与百度竞争，这样就可以打破百度的垄断地位，投入资金就有可能降低；同时百度的搜索结果也引起众多网民的不满，感觉处处都是广告，广告已经无孔不入。

图 1.9 百度产品

1.3.2 不管三七二十一——360 搜索

奇虎 360 由周鸿祎于 2005 年创建，可以说周鸿祎是国内做搜索的鼻祖，不知道的读者可以去搜索一下“3721”，名字的来源很有意思：“不管三七二十一”。虽然失败了，但按照周鸿祎的性格，自然是越战越勇。

曾在 2010 年的互联网大会上，很多人问周鸿祎是不是要推出 360 搜索，那时他斩钉截铁地说这是谣言，但如今“谣言”却变成了现实。360 搜索的图标如图 1.10 所示。

图 1.10　360 搜索的图标

360 搜索借助多种多样的浏览器拿下近三成的市场份额，另外，早在 2016 年年初就豪言要占到 35%，这就是“周老板”的性格！

360 由安全卫士起家，当年的 360 免费杀毒彻底打垮了各大收费杀毒软件公司，在行业中也算是轩然大波，之后又有了 360 导航、360 浏览器等产品。无论是 360 杀毒还是 360 浏览器，都成为 360 搜索引擎重要的流量入口。360 搜索目前正在日益壮大，在中国市场占有重要位置。

但是搜索技术确实需要长时间积累，虽然 360 搜索最早做搜索出身，但作为近些年新生搜索引擎，360 搜索主页及后台还比较简单，技术上相对于百度而言还不是特别成熟。与百度搜索相比，360 搜索还需要付出很长时间的努力。

1.3.3　搜狐、腾讯双后台——搜狗搜索

2013 年搜狗与搜搜合并，由搜狐和腾讯两大后台支持，搜狗浏览器成为搜狗搜索引擎最大的流量入口，我们所熟知的搜狗输入法不断给予支持，搜狐网通过各大频道页面、搜狐邮箱、合作媒体等多种渠道推广搜狗搜索引擎。

另外，合并之后，搜狗搜索拥有强大的腾讯技术人员，还拥有中国最庞大的社交关系链，如虎添翼，虽然目前排名第三，但凭借这些资源还是有和其他两大搜索引擎竞争的资本的。搜狗搜索的图标如图 1.11 所示。

图 1.11　搜狗搜索的图标

百度、360 和搜狗三家公司都已经同时具备搜索、浏览器和客户端，未来对于搜索份额的占领还将进一步白热化。

相比而言，百度竞价的关键词价格是最高的，原因是其市场份额大，网民都用百度搜

索，这样商家为了更多的商机，也都会在百度上进行推广，随之而来的就是更多的竞争，“狼多肉少”，费用自然会越来越高。

360 搜索和搜狗搜索由于使用的网民相对较少，商家也少，所以费用较低。要说推广效果，如果预算足，那么前期可以全部投放，后期根据各个搜索引擎的转化率和利润适当选择。

1.4 百度付费推广方式

百度付费推广方式有很多，几乎在百度所有产品中都可以看到广告以不同的形式出现。推广方式的多样化，也满足了不同行业、不同企业对自己产品或服务推广的需求。这里简单介绍一下百度比较常见的几种付费推广方式，概括说明每种推广方式的推广特点供大家后期参考。

1.4.1 百度搜索推广

百度搜索推广的付费形式为“按点击付费”，其展现不需要付任何费用，产品特点如下：

（1）网民获取信息最常用的页面，企业最常用的推广方式。

（2）由于网民搜索量大，搜索推广也是百度主要经济来源。

（3）由于广告法规定，广告结尾处已明确标明“广告”字样，如图 1.12 所示。

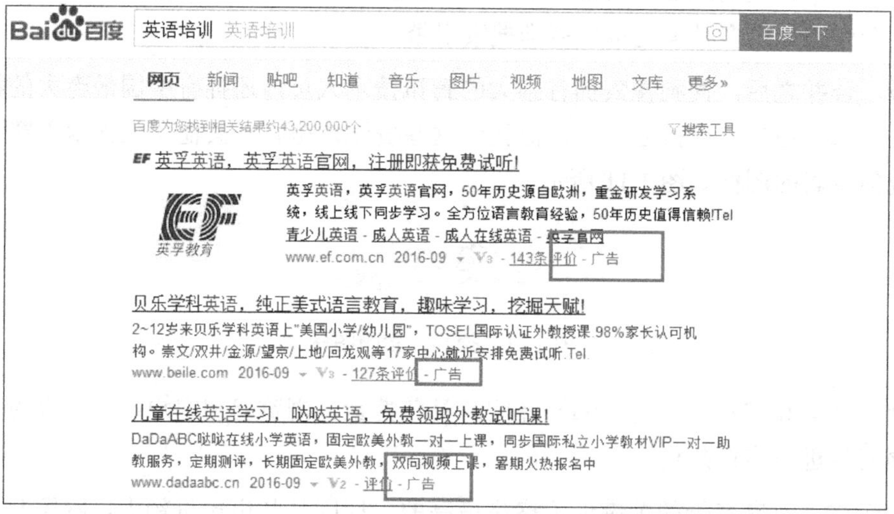

图 1.12　百度搜索推广

1.4.2 百度品牌专区

百度品牌专区的付费形式为“按时间付费”，如可以包月、包年。在推广的时间段内，无论点击多少次，都不收取额外费用。其产品特点如下：

（1）只能推广自己公司的品牌词，以及公司所持有的商标词。

（2）全国范围推广，24 小时占据首位。

（3）价格昂贵，小企业无法负担相应费用，并且由于品牌知名度不高、搜索量过低，也没有必要使用品牌推广方式。

（4）广告形式多样，适合品牌有一定影响力的企业，如京东，如图 1.13 所示。

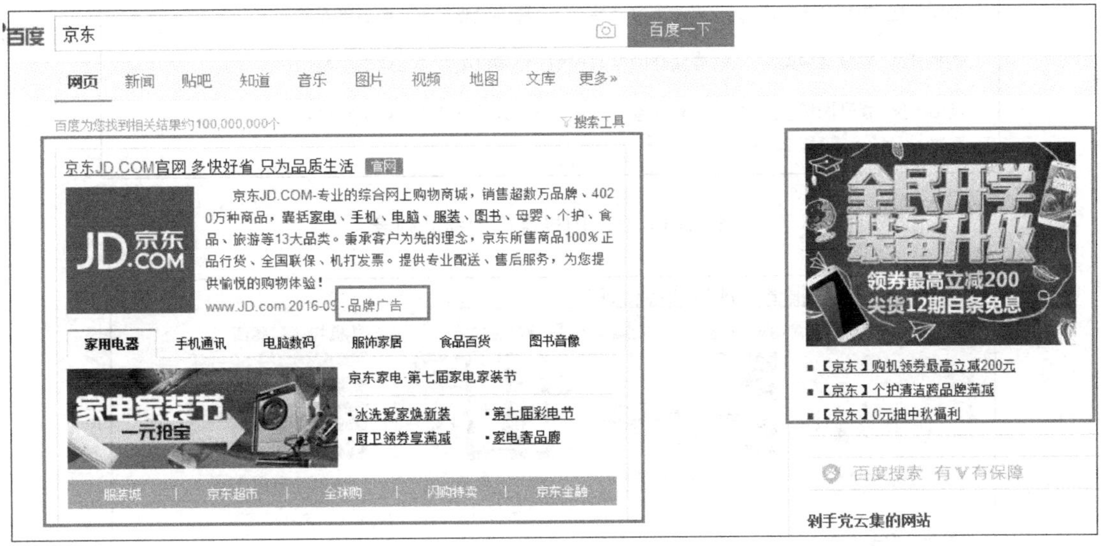

图 1.13 京东品牌专区广告

1.4.3 百度闪投推广

百度闪投推广的付费形式为“按点击付费”，是依附于百度搜索推广的一种推广形式。由于百度闪投推广样式多样，所以可以更加吸引网民的注意，提高点击率。如图 1.14、图 1.15、图 1.16 所示，分别为百度闪投推广的图文样式、商品列表和商品橱窗。

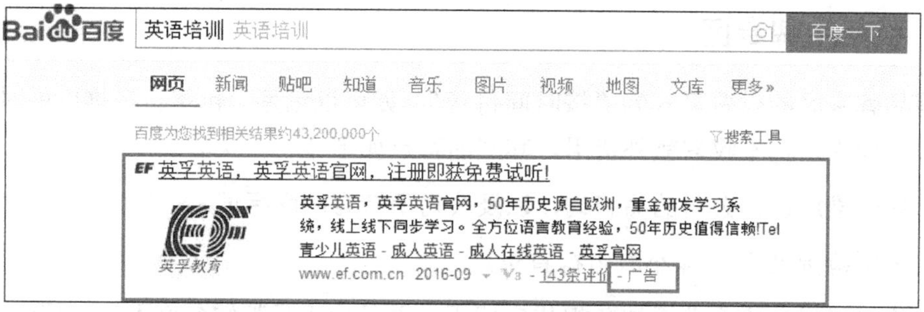

图 1.14　百度闪投推广的图文样式

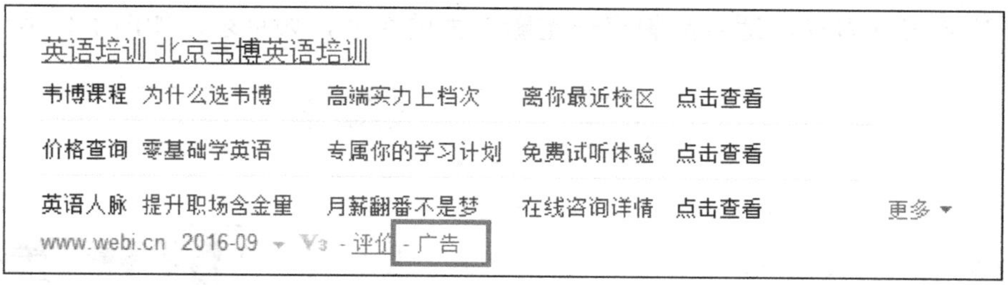

图 1.15　百度闪投推广的商品列表

图 1.16　百度闪投推广的商品橱窗

1.4.4　百度网盟推广

百度网盟推广是百度重要推广方式的一种，付费形式为“按点击付费”。其产品特点如下：

（1）广告主要以图片为主，包括固定样式、贴片样式、悬浮样式。

（2）广告展现位置在与百度合作的近百万家网站上，展现量巨大（见图 1.17）。

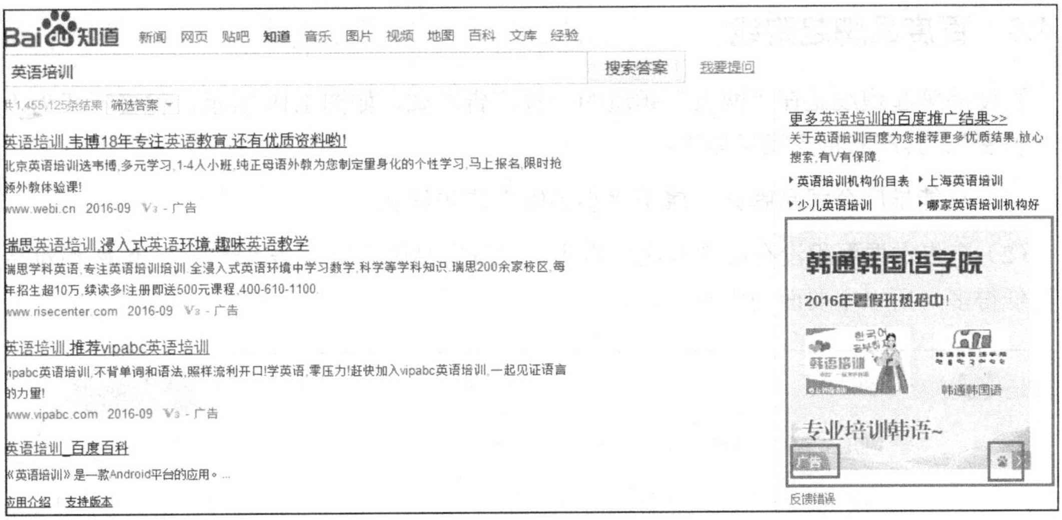

图 1.17　百度网盟推广

1.4.5　百度图片推广

百度图片推广是专门在“图片”频道的一种推广方式，如图 1.18 所示，付费形式为“按时间付费”。其产品特点可以概括为：

（1）利用“图片”频道每天数亿次搜索请求，可以快速增加企业的曝光量。

（2）企业将广告“卧底”到百度图片中，等待意向网民点击。

（3）出现在百度图片搜索结果第一页的结果区域，不同关键词价格不同。

图 1.18　百度图片推广

1.4.6　百度品牌起跑线

百度品牌起跑线是在“网页”频道的一种广告形式，如图 1.19 所示，付费形式为“按时间付费”。其产品特点概括如下：

（1）只能推广公司品牌词，属于“小品牌”广告样式。

（2）广告占据面积没有品牌专区广告大，也没有品牌专区广告“漂亮”，价格相对品牌专区低得多，所以主要面向中小企业。

图 1.19　百度品牌起跑线

1.4.7　百度品牌地标

百度品牌地标为“网页”频道右侧上方的一种推广形式，付费形式为“按时间付费”。百度品牌地标属于品牌推广的一种，主要推广的关键词为“非品牌词”。如图 1.20 所示，企业推广的关键词为“大闸蟹”。

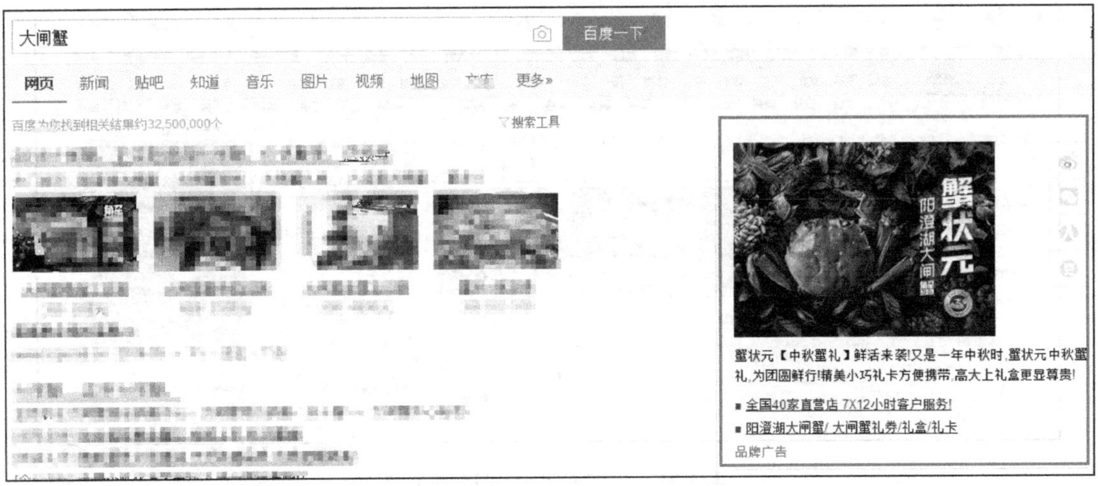

图 1.20　百度品牌地标

1.5　常见网络广告的付费形式

随着互联网广告的发展，网络广告的形式已经发生了巨大变化，就目前而言，有以下 4 种较常见的网络广告付费形式，分别为 CPT、CPM、CPA 和 CPC。其中，以 CPM 和 CPC 为主，百度的搜索推广就是 CPC 付费形式。

1.5.1　CPT：按时长/周期计费

CPT 是一种以时间来计费的广告形式，国内很多网站所设置的广告位都是按照“一个月多少钱/一年多少钱”这种固定收费模式来收费的，如搜狐首页广告按天计算费用，如图 1.21 所示。

这种广告形式很粗糙，由于看到广告的人群精准度不高，无法保障客户的利益。但是 CPT 的确是一种很省心的广告，无论展现、点击多少次，费用不变。其产品特点如下：

（1）广告价格相对较贵。

（2）广告篇幅大，宣传效果好。

（3）无法保证收益，多用于品牌宣传，如京东的品牌推广，如图 1.22 所示。

图 1.21　CPT 广告样式举例（1）

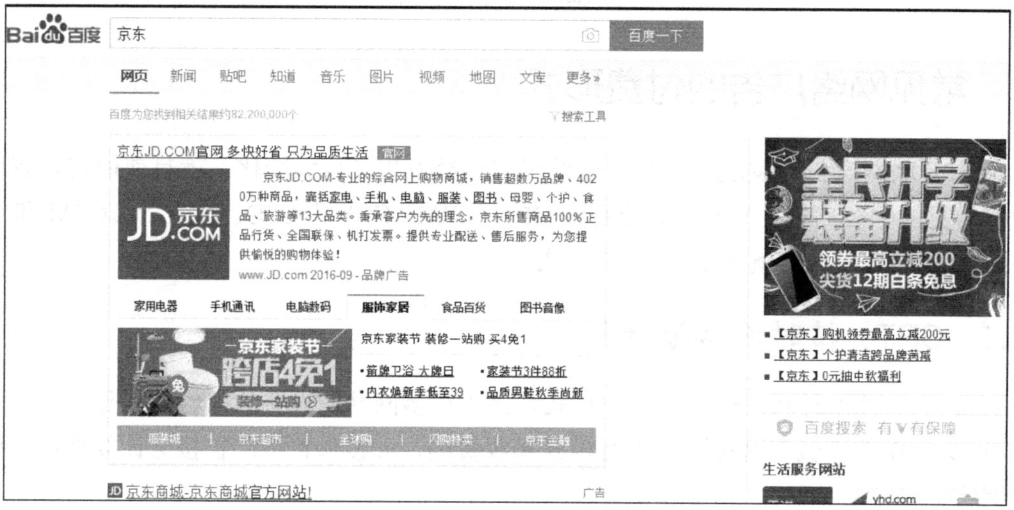

图 1.22　CPT 广告样式举例（2）

1.5.2　CPM：按千次展示付费

CPM 是一种按展示付费的广告形式，只要展示了广告主的广告内容，广告主就要为此付费。我们常见的各大视频类网站，如优酷、爱奇艺、搜狐视频等，主要的收入来源就是以 CPM 的形式付费的。简单来说，如果你是广告主，并且在某网站平台投放了 CPM 类型的广告，那么就按照有多少人看到你的广告来付费。

如图 1.23 所示，此网站上方与右下方的广告即为 CPM 类型的广告。如果一个广告横幅的单价是 10 元/CPM，那么就意味着每 1000 个人看到这个广告收取广告主 10 元的费用。以此类推，10000 人次访问网页就收取 100 元。至于每 CPM 的收费究竟是多少，要根据网站平台的热门程度来决定。

图 1.23　CPM 广告样式举例

1.5.3　CPA：按广告投放实际效果付费

CPA，即根据每个访问者对网络广告所采取的行动收费。行动包括达成一次交易、获得一个注册用户、获取一个用户的留言或者对网络广告的一次点击等。所以，这样的计价方式对于广告平台网站而言，有一定的风险性，如果访问者没有完成相应行动，那么广告主则不需要支付任何费用给广告平台网站。但若广告投放成功，其收益也比 CPM 的付费形式大得多。CPA 广告样式如图 1.24、图 1.25、图 1.26 所示。

图 1.24　CPA 广告样式举例（1）

图 1.25　CPA 广告样式举例（2）

图 1.26　CPA 广告样式举例（3）

1.5.4　CPC：按点击付费

CPC，指根据广告被点击的次数收费。这种付费形式是目前广告主选择最多的广告投放形式，也是现在搜索引擎广告的主要收费形式，比较典型的有百度搜索推广广告（见图 1.27）及百度网盟推广广告（见图 1.28）、360 竞价广告、搜狗竞价广告等。

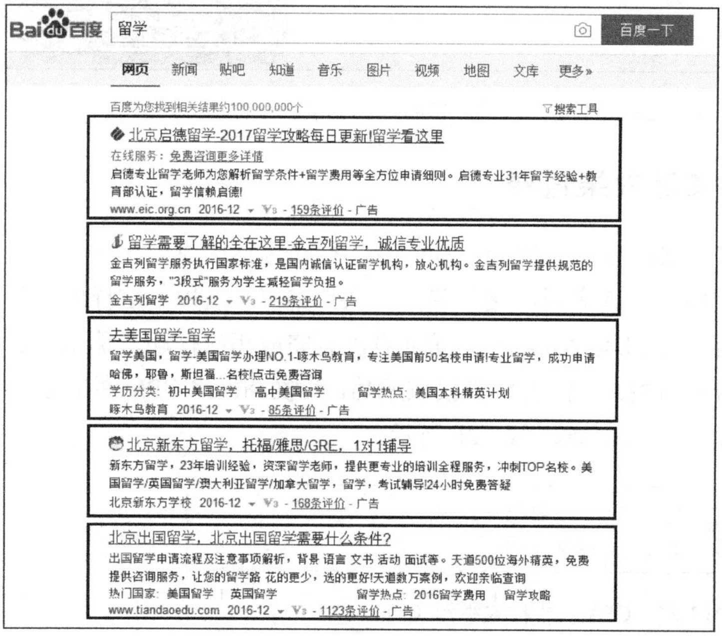

图 1.27　百度搜索推广广告

图 1.28　百度网盟推广广告

CPC 广告也被称为“按效果付费的广告”，这里的“效果”不是指销售量或者注册量，而是指这种形式能为网站带来多少潜在顾客，如广告被点击的次数。CPC 广告能够更快地带来访问量，只要不惜成本，就能占据最优秀的广告位。由于广告位数量一定，在竞争激烈的行业，点击价格就会更高，比较热门的关键词，单次点击费用可以达到数十元甚至数百元。也正是因为企业投放了广告，所以企业最终的一部分利润自然会被广告商分走。

1.6　百度推广账户注册

百度推广为目前行业中主流的搜索引擎推广形式，企业若要使用百度推广，首先要开通百度推广账户，在账户设置相应的推广材料，经过百度审核后，才能正式进行推广。

1.6.1　百度推广账户开户方式

百度推广账户，又称凤巢账户，开户方式主要有自助开通、分公司开户、代理商开户 3 种。

1. 自助开通百度推广账户

百度推广账户开通地址为 http://e.baidu.com，进入后填写公司信息，等待系统或人工审核，如图 1.29 所示。

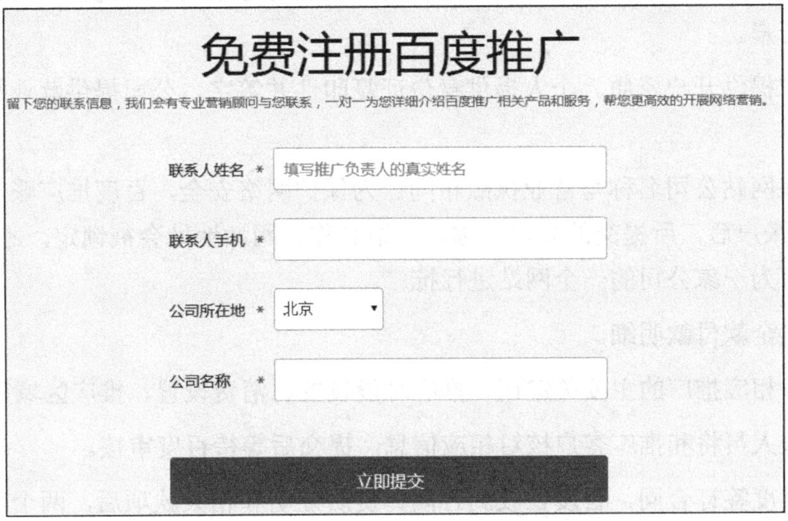

图 1.29　自助开通百度推广账户

2. 百度分公司开户

拨打百度开户电话，与百度签订开户合同。百度分公司在全国有 5 家，分别位于广州、上海、深圳、东莞、北京，还有一些营业厅，其他地方都有代理商。

3. 百度代理商开户

百度在每个省及相应的大市基本都覆盖相应的代理商，如不在相应的分公司地区，则可以找代理商开户。但要注意的是，百度禁止跨区开户，也就是说，开户不能跨越特定代理商去其他代理城市开户。比如，你的营业执照地区是山东，那么你只能在山东开户，而不能去山西开户。

1.6.2 百度推广开户流程

开通百度推广账户时，百度公司需要对推广企业的资质及网站进行审核，符合要求后才可以正常开户。具体流程如下：

（1）注册百度推广账户（注册网址：http://e.baidu.com）或拨通百度开户电话（400-800-8888）。

（2）提供网站域名。能顺利打开链接企业网站，不存在不相关业务、不合法、违规等信息，如“黄赌毒”。保证网站的唯一性，网页界面不可以完全模仿另一个网站，如果推广网站和另一个网站的界面太像，那么用户访问网站时可能会误以为是在访问另一个网站，百度会禁止开户。

（3）客户提供开户资质。个人提供身份证复印件并签字，公司提供营业执照复印件并加盖公章。

（4）确保网站公司名称与营业执照相同。为保护网络安全，百度推广账户采取“实名制”，即注册账户后，所提交的公司名称、网站名称、网站地址会被锁定，不可随意更改，一个账户只可为一家公司的一个网站进行推广。

（5）提供全款付款明细。

（6）提供相应推广的主要关键词、推广时段设置、消费设置、推广区域等信息。

（7）客服人员将和推广客户核对相应信息，提交后等待百度审核。

（8）与百度签订合同，百度在收到合同、资质证明和相关款项后，两个工作日内将审核通过信息。

（9）审核通过后即可开通账户，客服发送推广账户用户名和密码，提供推广服务。

1.6.3 什么是加 V

我们在百度前台搜索某个结果的时候，会发现网站后面有“V1”、“V2”、“V3”字样（见图 1.30），这是百度推出的实名验证，又叫作“加 V”。此政策针对所有竞价用户，强制性要求实名验证，首年免费，以后的每一年都要进行实名验证，并且收费，收费费用为 600 元/年。需要注意的是，不参加实名认证，账户是无法推广的。

实名认证是对网站经营主体的身份真实性进行核实，并结合营业执照、法人身份证、组织机构代证、ICP 备案、银行对公账户等多种手段，确保网站经营及管理主体的身份合法存在。核验通过的信息会进行公开展示，以便于在消费者决策时，提供信息参考，如图 1.31 所示。企业加 V 申请入口，在凤巢账户首页左上侧，如图 1.32 所示。

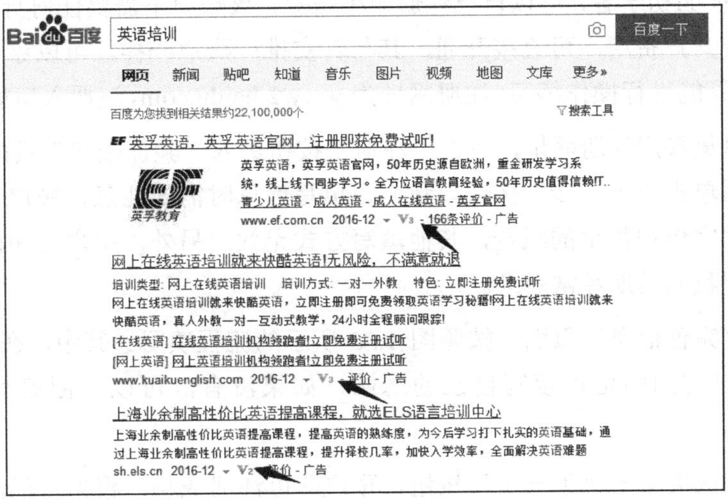

图 1.30　百度 V 标

图 1.31　百度实名认证

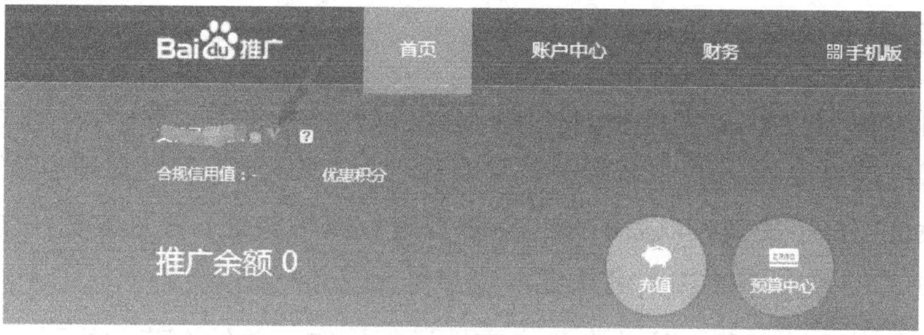

图 1.32　企业加 V 申请入口

1.6.4　练习账户注册流程

刚接触 SEM 的初学者，可以自己注册一个账户，该账户不需要任何身份证、营业执照资质，也不需要开户费用，可直接开通，其与真实推广账户一样，可以添加账户结构，但不能付费推广，只能进行操作练习。注册网址为 www2.baidu.com，注册入口如图 1.33 所示。

（1）打开凤巢账户注册网址，单击“注册”按钮进入“验证账户”页面，如图 1.34 所示，填写信息后单击“下一步”按钮。我们在填写信息时需要注意，账户密码必须是英文大写字母、小写字母和数字的组合，其他填写方式无效。另外，用户名和密码不要设置得过于复杂，以便我们后期经常登录。

（2）进入“完善信息”页面，按照图 1.35 所示的流程填写。其中，在“网站 URL 地址”处，有自己的网站可以填写自己的网站，如果没有，可以随便填写一个网址，如 www.baidu.com。

（3）填写完成后单击“下一步”按钮，账户即可注册成功，根据自己注册的用户名和密码登录百度推广账户。

图 1.33　百度练习账户注册入口

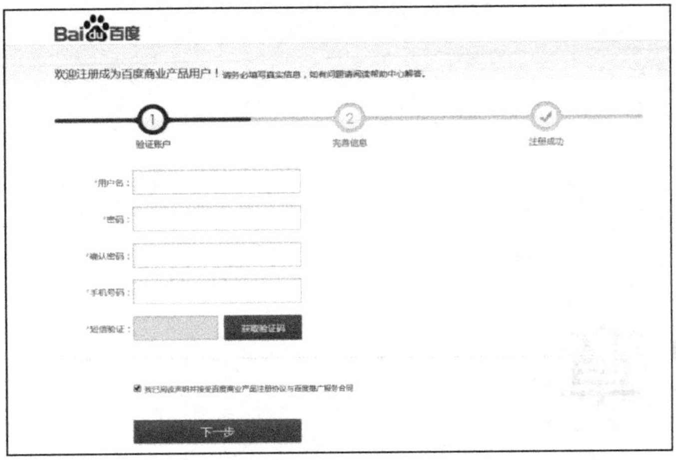

图 1.34　“验证账户”页面

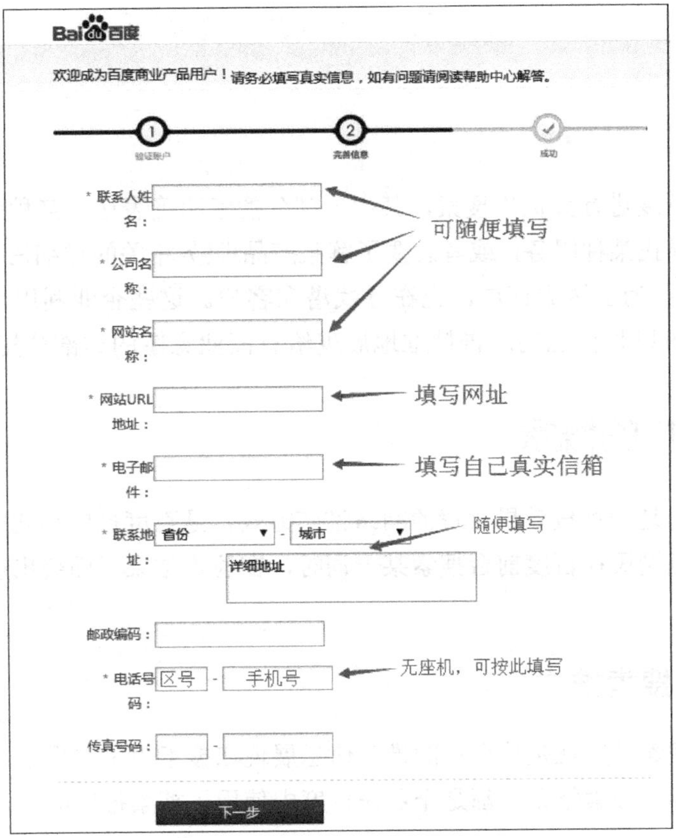

图 1.35　“完善信息”页面填写流程

第2章

百度搜索推广

网民每天在百度进行数亿次搜索，其中一部分搜索明确表达了某种商业意图，如希望购买某种产品、寻找某种服务，或者想要了解某产品/服务相关的详细信息。同时，提供这些产品/服务的企业为了达成订单，也在寻找潜在客户。这些企业利用百度搜索推广的关键词定位技术，可以将自己的广告精准地展现给有商业意图的这部分搜索网民。

2.1　搜索推广的概念

百度搜索推广是一种按效果付费的网络推广方式，是百度推广形式中最重要的一种。概括来讲，就是当网民在百度前台搜索某一词时，在检索结果页面会出现与网民搜索的词相关的广告内容。

2.1.1　什么是搜索推广

简单来说，搜索推广就是让企业的推广信息展现在搜索引擎结果中，如图 2.1 所示，带有“广告”字样的搜索结果，都是企业在百度中使用了搜索推广的广告。

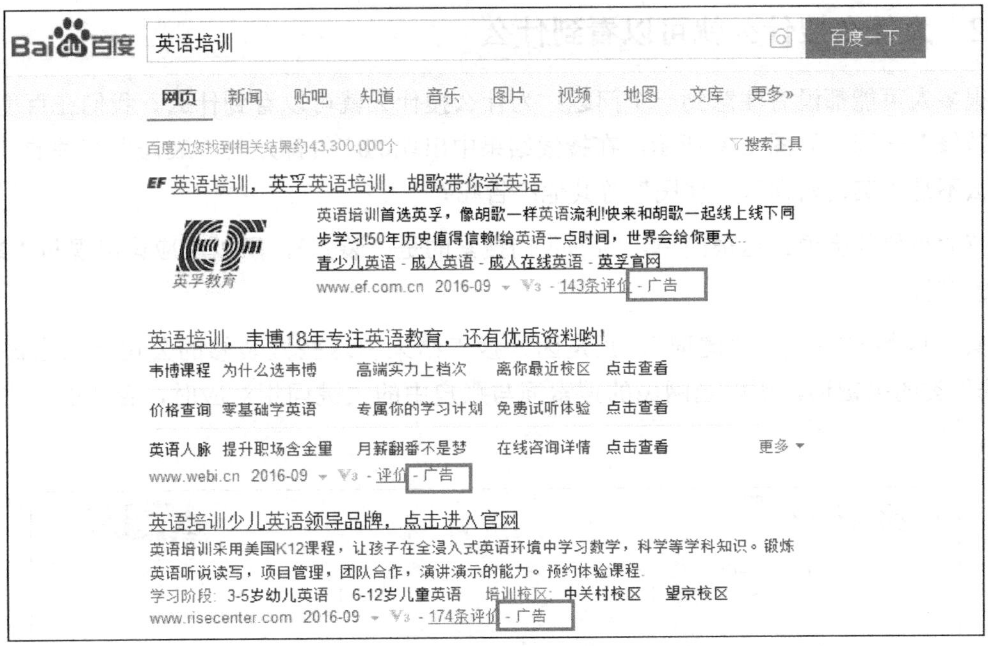

图 2.1　百度搜索推广

搜索推广是大部分企业“烧”钱最多、最苦恼的推广形式，企业需要有大量资金支持，更要有专业的技术人才，才能从众多的竞争者中“突围”，获得优势，提高利润。但由于搜索推广有覆盖面广、针对性强、按效果付费、管理灵活等优势，所以企业只要是做百度推广，搜索推广基本是必推项。

例如，“英孚教育”在百度后台账户提交“英语培训”这个关键词，当消费者或网民搜索“英语培训”的信息时，“英孚教育”就会被优先找到，并且展现在搜索结果页，如图 2.2 所示。

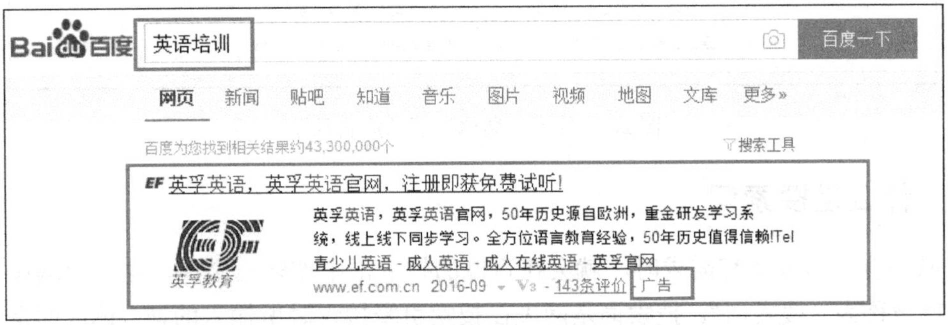

图 2.2　“英孚教育”搜索推广广告

2.1.2　为什么搜什么就可以看到什么

很多人可能都没有注意到一个问题：为什么搜什么就可以看到什么？我们在百度上搜索“装修”一词，如图 2.3 所示，在搜索结果中出现的广告都是与“装修”有关的广告，为什么不是“英语培训”、“移民”等其他广告呢？

有的小伙伴会说：这很简单，因为我们搜索的是“装修”，所以就应该出现与“装修”有关的广告。

其实这都归功于“关键词”，正是因为搜索结果中这些做装修的公司在后台添加了“装修”类的关键词，所以当网民的搜索词与账户中的关键词相对应时，企业的广告就会出现。

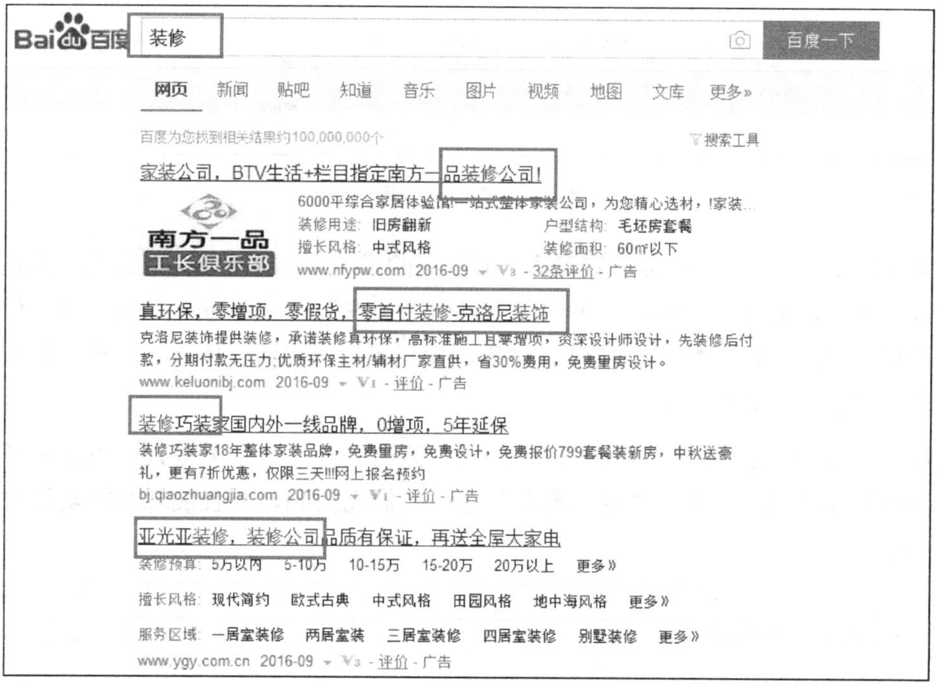

图 2.3　搜索“装修”后的广告结果

2.1.3　什么是搜索词

当网民有疑问或者有需求时，就会在百度的搜索框中搜索一个词，这个由网民所搜索的词，就被称为“搜索词”。搜索词是网民在搜索引擎搜索时所输入的词，体现的是网民对信息的需求，目的是获得对其有用的搜索结果，如图 2.4 所示。

图 2.4　搜索词

2.1.4　什么是关键词

关键词是由企业添加在账户中的词，是为了定位意向网民所添加的词，如图 2.5 所示。

简单地说就是，等着网民去搜索，网民搜索之后，自己的广告就有机会展现，从而达成交易。关键词可以是一个字，也可以是一个词、一句话、一个英文字母、一个英文单词等任何企业认为有意义的词。

图 2.5　账户中的关键词

2.1.5　搜索词是关键词吗

搜索词和关键词的意义绝对不同，但搜索词可以和关键词的“长相”一样。例如，网民在百度搜索“手机”，而企业在后台添加了“手机”这个关键词。这时搜索词是“手机”，关键词也是“手机”，虽然一模一样，但是搜索词≠关键词，因为搜索词是网民搜索的，关键词是企业添加的，前者主语是“网民”，后者主语是“企业”。

2.1.6 搜索推广的作用

1. 搜索推广对网民的作用

百度每天数亿次搜索需求，网民在搜索引擎中寻找自己想要的产品或服务，搜索推广帮助网民获取高价值的某产品/服务的相关商业信息。

2. 搜索推广对企业的作用

为了增加自己的产品销售量、品牌曝光量，企业每天投放很多广告吸引网民，搜索推广帮助企业网罗更多的潜在客户到企业网站中，促进双方达成交易。

2.2 搜索推广漏斗

搜索推广漏斗全称为“搜索营销效果转化漏斗”，漏斗的五个层级对应了企业搜索营销的各个环节，反映了从展现、点击、访问、咨询，直到生成订单过程中的客户数量及流失情况。从最大的展现量到最小的订单量，这个一层层缩小的过程表示不断有客户因为各种原因离开，对企业失去兴趣或放弃购买。

例如，网民有一个需求，如想学车，打算找一家合适的驾校。下面我们通过“网民的购买流程”与“企业的推广流程”分别进行分析。

2.2.1 网民的购买流程

1. 搜索信息

网民打开百度搜索引擎，在搜索框中搜索一个认为能找到答案的搜索词，如“北京驾校哪家好”，如图 2.6 所示。

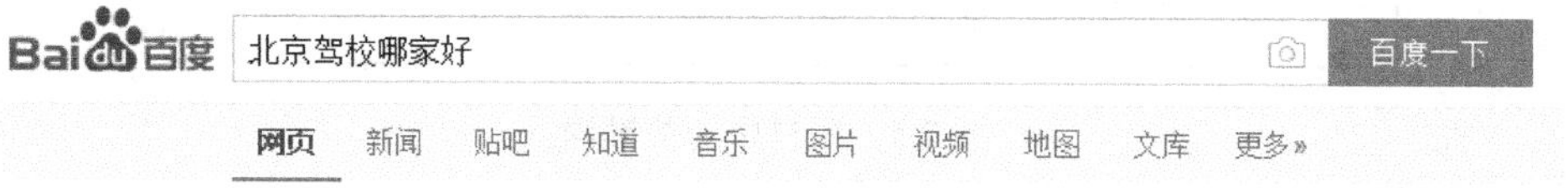

图 2.6　网民在搜索框中进行搜索

2. 点击感兴趣的广告

网民会在看到的搜索结果中找到一个觉得“眼缘儿”还不错的广告点击进入，正常来讲，通常会选择排名靠前，并且认为“长相”还不错的广告，如图 2.7 所示。

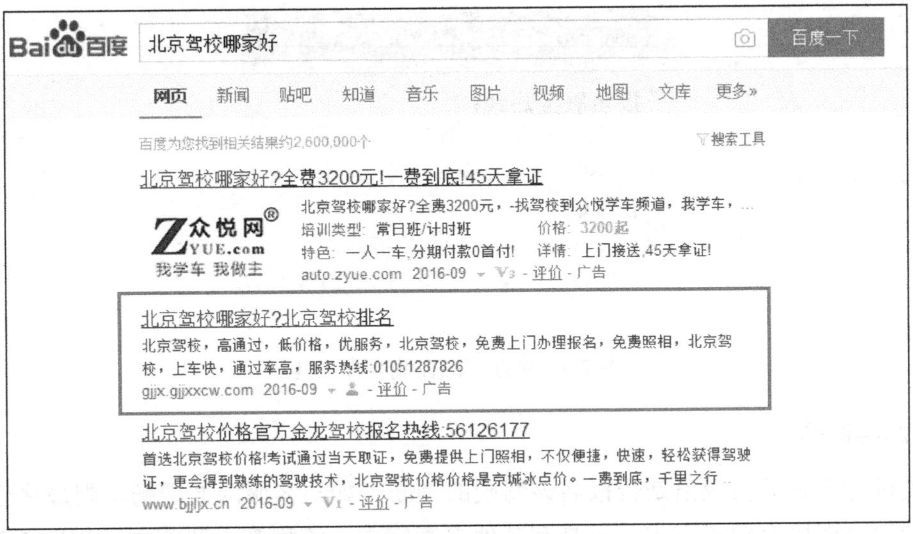

图 2.7　网民选择搜索结果中的广告

3．打开企业网站浏览

网民成功进入网站后，会在网站中进行浏览，如果喜欢企业页面，就会从一个页面再跳转到另一个页面来查看详细的产品信息，如图 2.8 所示。

如果网民觉得页面一般，或者产品不符合自己的要求，就会关闭该页面，点击另一个广告进行浏览。

车型	课程名称	驾照	价格	课程说明	报　名
桑塔纳	快速实战班	C1	￥5300	一对一教学，交规考试后安排计划，周一到周日连续训练	我要报名
桑塔纳	晚间班	C1	￥5100	全周训练，每周休息一天，上车后按次连续训练，训练共计12次，每日18:00-21:00训练	我要报名
桑塔纳	商务班	C1	￥8800	一对一教学，提前预约训练，免费享受学车用餐C1/C2	我要报名
桑塔纳	平日计时班	C1	￥5000	训练时间：全周7:00-21:00，86课时.周一至周五自主约车，预约未来7天内之课次。8个月有效期，全费	我要报名
桑塔纳	全周计时班	C1	￥5200	训练时间：全周7:00-21:00均可周一至周日自主约车，可预约未来7天之内的时段,两年之内毕业即可，可通过现场、网上、电话等多种方式约车	我要报名

图 2.8　网民浏览企业网站信息

4．进行咨询

网民浏览页面后如果觉得产品不错，无论是此驾校的价格还是距离，都符合自己的要求，那么就会通过在线沟通工具或者电话与商家进行更详细的沟通，确认更细节的信息，如图 2.9 所示。

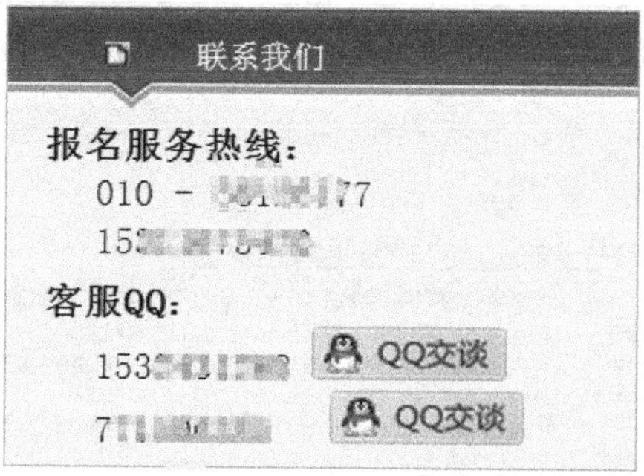

图 2.9　企业网站在线咨询工具

5．购买商品

网民进行咨询后会做出是否报名该驾校的判断，如与客服沟通顺畅，则最终会报名该驾校。无论是网民有学车需求，还是有其他搜索需求，流程都大致相同，如图 2.10 所示。

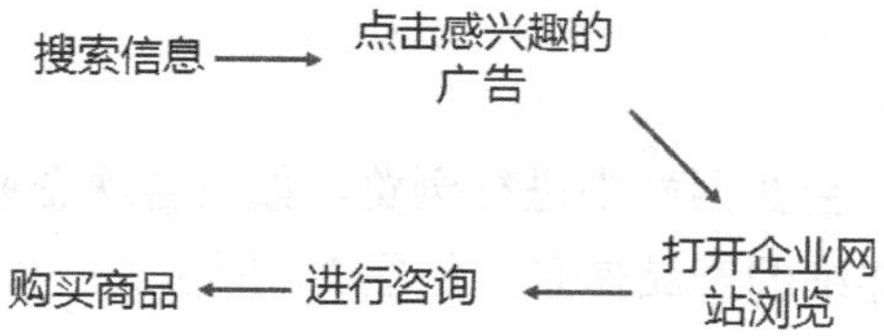

图 2.10　网民的购买流程

2.2.2　企业的推广流程

作为驾校，在使用了百度搜索推广后，为了最终达成订单，会用自己的推广方式去迎合网民的动作。

1．迎合网民搜索

网民在搜索一个词后，企业就要保证自己的广告能够被网民看见，开通搜索推广后，有相应的关键词，并且有足够的竞争力保证广告排名，使自己的广告有机会出现在百度搜索结果页面，如图 2.11 所示。

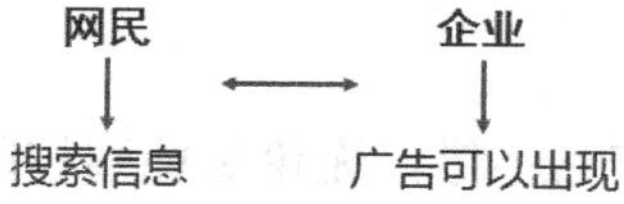

图 2.11　企业迎合网民搜索

2. 迎合网民点击

当网民想要选择一个广告点击时，企业就要保证自己的广告能够吸引网民，并且被网民更大概率地点击，所以企业就要保证自己广告的排名，并且让自己的广告更“好看”，以此达到吸引网民的目的，如图 2.12 所示。

图 2.12　企业迎合网民点击

3. 迎合网民打开网站

当网民已经选择了企业的广告并且点击时，企业就要保证自己的广告被点击之后可以进入网站，所以也就要保证自己的网站能够打得开，并且打开速度要够快，这样才能使网民成功进入网站。当网民进入网站浏览网页时，企业就要保证自己的网站能够吸引网民，所以就要把网站做得更“漂亮”，内容更多，并且更符合网民的需求，这样才能使网民继续浏览，促成最终的转化，如图 2.13 所示。

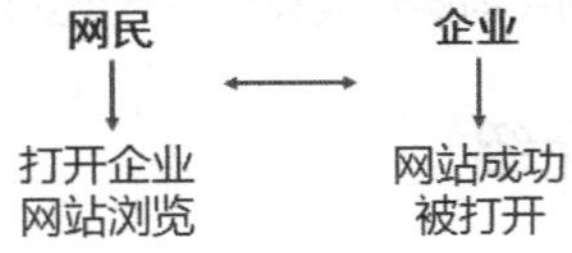

图 2.13　企业迎合网民打开网站

4. 迎合网民咨询

当网民觉得企业网站内容与自己的需求相符后，会与企业进一步沟通，这时企业就要保证网站上有明显的在线沟通工具，或者醒目的电话号码，保证网民能够顺利地与企业沟通，如图 2.14 所示。

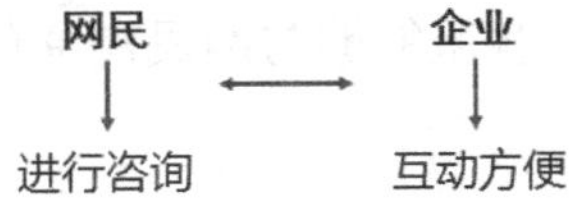

图 2.14　企业迎合网民咨询

5. 迎合网民购买

当网民在与企业客服人员或者销售人员沟通时，企业就要保证自己的客服人员或者销售人员有熟练的业务知识，并且有巧妙的话术保证网民最终购买产品，如图 2.15 所示。

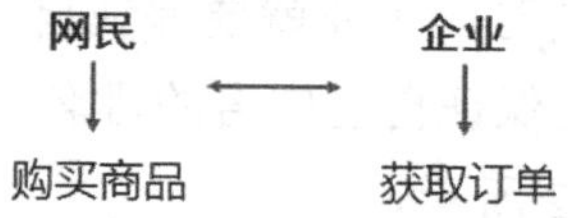

图 2.15　企业迎合网民购买

最终总结“网民的购买流程”与“企业的推广流程”之后，企业推广与网民搜索一一对应，如图 2.16 所示。

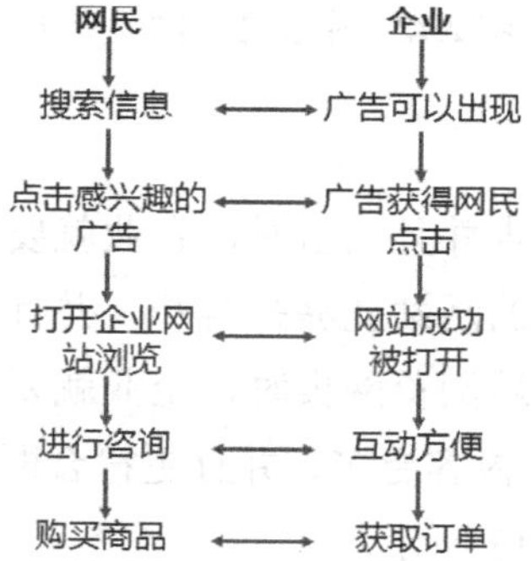

图 2.16　“网民的购买流程”与“企业的推广流程”

2.2.3　搜索推广漏斗层级介绍

（1）企业在迎合网民搜索时，创意或广告出现的数量，企业在进行数据统计时叫作“展现量”。

（2）企业在迎合网民点击时，创意或广告被网民点击的数量，企业在进行数据统计时叫作“点击量”。

（3）企业在迎合网民打开网站浏览时，网站能够被网民打开的数量，企业在进行数据统计时叫作“访问量”。

（4）企业在迎合网民咨询时，客服能够与网民沟通的数量，企业在进行数据统计时叫作“咨询量”。

（5）企业在迎合网民购买时，产品或服务的售卖数量，企业在进行数据统计时叫作“订单量”。

综合“网民的购买流程”与“企业的推广流程”，我们总结出搜索推广漏斗，如图 2.17 所示。

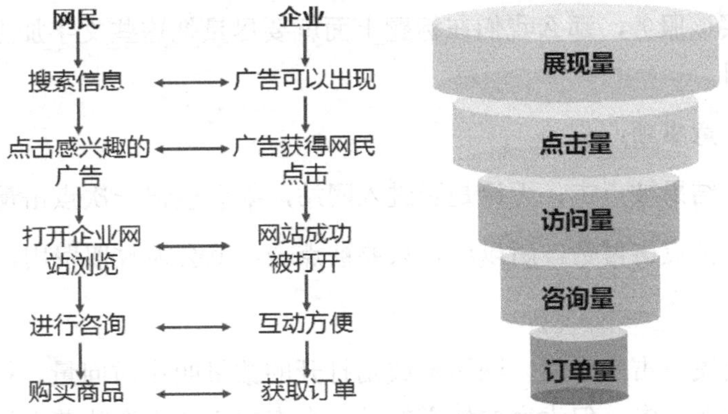

图 2.17　搜索推广漏斗

1．展现量

广告一段时间内在搜索结果出现的次数叫作展现量。在展现量层级，影响因素为推广关键词的词量、使用的匹配模式、区域投放模式等。关键词的词量越多，推广地域越广，匹配性质越广，获得的展现量就越多。

但企业推广范围广并不意味着就能面向明确的目标客户，只有面向明确的目标客户进行的大范围推广才叫合理展现，盲目提高展现量只会提升企业推广成本。面向目标人群的推广要选择合理区域投放，要精确选择关键词，合理设置关键词匹配模式。通过细致操作，才能更准确地让潜在目标客户用各种相关的搜索词搜索到企业网站，达成最终交易。

展现量概念注意事项：

（1）网民搜索之后，所打开页面的所有广告结果都会被计一次展现量，无论网民是否看到该结果。

（2）如果网民未翻到第二页、第三页，那么第二页、第三页的广告结果不会被计为展现量。

（3）展现量根据页面加载计算，如第一页被打开，则证明整个页面已经加载完成，所有推广结果被记一次展现量；后面的页面没有被打开，也就未被加载，故不算展现量。

2．点击量

广告一段时间内被网民点击的次数叫作点击量。点击量的大小主要取决于企业关键词的排名，以及关键词所匹配的创意的文字。比如想学车的人，他可能会从价格、车型、距离来判断是否购买该服务，那么我们在标题上面就要尽量把这些文字加上去，让网民第一时间就被标题吸引。

点击量概念注意事项：

（1）只要推广结果被点击，无论是否进入网站，都会被记一次点击量。

（2）搜索推广按点击付费，所以广告只要被点击，就会被收取费用。

3．访问量

一段时间内网民点击广告后，网站被成功打开的数量叫作访问量。很多人认为访问量与点击量一样或者差不多，但大家要知道的是，有点击量并不意味着有访问量。下面我们分析一下访问量与点击量不同的原因。

原因一：网站打开速度。

网站是否有过多、过大的图片、Flash 等，需要很长时间才能被完全加载，即使网民不赶时间，也不希望看见每个模块一点一点地被打开。

原因二：网站所在空间/服务器带宽。

这体现了访问者与网站的信息传播带宽，很多人应该都知道，南电信北网通。也就是说，南方人用电信较多，北方人用网通较多。而线路之间的互联互访是有所欠缺的，经常会出现网络延时等情况。所以，这一层要解决的问题是，思考目标群体会采用什么网络来访问自己的网站。

原因三：恶意点击。

同行可能利用软件来点击广告，但是这些点击并没有访问网站，也就是点开就关，所以只能记为点击量，而不能算作访问量。

访问量概念注意事项：

（1）如果网站因到期或者被攻击等原因无法被打开，那么只计一次点击量，不被计访问量。

（2）扣费不以访问量为准，而以点击量为准，即使网站打不开，百度也会正常收取费用。

（3）如果因网民电脑网速问题无法打开企业网站，则不计访问量，但正常收取企业推广费用。

4．咨询量

一段时间内网民与企业沟通的次数叫作咨询量。如果网民愿意浏览我们网站的内容，那么接下来就要尽量想办法利用网站的内容去吸引网民并留住他们，让他们感兴趣，进而与我们进行沟通。需要综合网民的访问浏览习惯，探索网民的需求，做出有效内容结构设置。也就是说，尽量拿出一些优惠或者更强的优势吸引网民，促成咨询。

5．订单量

一段时间内企业最终产品或服务的售卖数量为订单量。从网民咨询到最后的成交，这需要一个服务过程。企业的服务态度、销售人员的能力是这一层的关键，只有把握住机会的销售人员或客服人员才能促成订单成交。需要注意的是，每个企业的订单量定义标准也有所不同，如电商行业（京东、淘宝）以卖出一个产品为一个订单，服务行业可能以交款的额度为相应订单量，订单依据行业本身而定。

2.2.4　为什么叫“漏斗”

由于网民搜索之后并不一定点击所有的广告，点击广告后并不一定能进入网站，进入网站后不一定咨询，咨询后不一定购买，所以正常来讲，展现量>点击量>访问量>咨询量>订单量。五个层级的数值会依次减小，故叫作推广“漏斗”。下面我们根据网民的搜索习惯，分别分析一下每个层级数值依次变小的原因。

1．展现量>点击量

商家广告在百度前台展现，排名越靠前，被点击的概率越高，网民会选择自己喜欢的搜索结果点击。通常网民也会“货比三家”，但正常来讲不会把所有的搜索结果全部点个遍儿，就像我们买西瓜，找两个看着不错的才会敲一敲，并不会把每个西瓜都敲一遍。所以，展现量大于点击量。排名越靠后、创意越不好看，展现量和点击量的差值就会越大。

2．点击量>访问量

我们平时打开一个网站时，如果遇到打不开或者打开过慢的情况就会直接关闭页面，出现这种情况的原因可能是企业的网站问题，也可能是我们自己的网速问题。一定时间内，只要点击的数量足够大，点击量就会明显大于访问量，这也是无法避免的。

3．访问量>咨询量

只要有访问量，就证明网民已经成功进入网站，是否有咨询量在很大程度上取决于企业网站的质量，网民在浏览斟酌的过程中会受到产品或服务的价格、质量、外观等因素的影响。对于大多数行业来说，访问并咨询的网民，只占原本访问量的一小部分。

4．咨询量>订单量

就像我们在淘宝上买东西一样，与客服聊天证明有购买意向，但最终未购买也属正常，可能由于网站的信息真实性、客服的反应速度、客服的态度等原因影响最终的决定。

如果用数据表示每个层级之间的差值，以教育行业来举例，则大概如图 2.18 所示（仅供参考）。

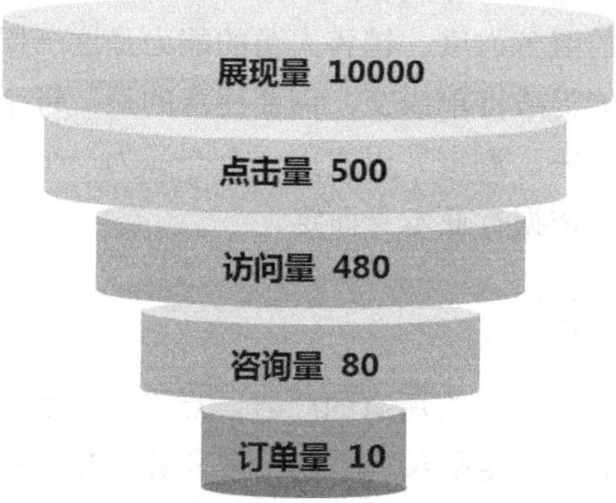

图 2.18　漏斗每个层级正常数据举例

2.2.5　搜索推广漏斗的三个阶段

企业网络营销部门大致由网站建设人员、文案、SEMer、SEO 人员、咨询客服人员等共同组成，部门内各职位的人员互相合作，共同为最终转化率负责。

根据网络营销各职位分工不同，搜索推广漏斗可分为三个阶段：百度推广阶段、企业网站阶段、线下销售阶段，如图 2.19 所示。

1．第一阶段：百度推广阶段（展现量+点击量）

有关展现量与点击量的高低，后台推广账户可以直接控制，其数据主要受账户关键词的数量、匹配模式、出价和质量度，以及创意的质量好坏、相关程度的影响，也是作为 SEMer 主要负责的阶段，展现量与点击量的高低完全取决于 SEMer 在推广后台设置及把控的程度。

2．第二阶段：企业网站阶段（访问量+咨询量）

访问量与咨询量的大小，仅仅在推广账户中是无法控制的，需要企业建站人员对网站的打开速度和网站的质量负责。如果网站打不开，就不会有更高的访问量；如果网站做得不好，就不会让网民感兴趣并咨询。所以，作为 SEMer，要时刻关注企业网站，出现问题时能与企业建站人员及时沟通并解决。

3．第三阶段：线下销售阶段（订单量）

任凭我们后台账户设置得再好，网站做得再“高大上”，如果公司没有高能力的客服或销售人员，那么前面的努力也是白费。百度推广阶段的作用是把意向客户引到网站，企业网站阶段的作用是让网民成功浏览网站并产生兴趣去咨询，最后的成败则取决于客服或销售人员的营销能力。所以，客服和销售人员的沟通方式及态度，也是 SEMer 需要关注的地方。

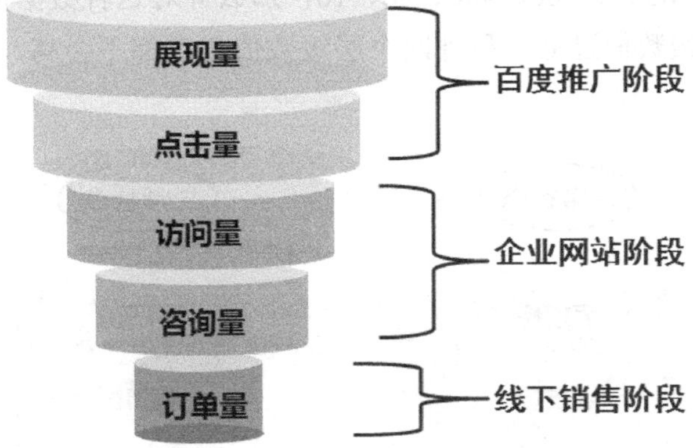

图 2.19　搜索推广漏斗的三个阶段

如果仅从百度推广阶段进行优化，那么一般无法完整解决企业网站阶段、线下销售阶段产生的问题。

企业最终转化率低的问题与网民在网站中的体验有着重要联系，即使通过百度推广阶段为网站带来了优质流量，也需要通过优质的网站体验促成最终的转化，所以企业在面对转化率的问题时，需要综合网站分析的数据做出有针对性的优化，如网民在网站的停留时间及浏览的页面数量等。

但是也不能为了创意与网站的华丽而过分夸张文案，比如推广创意做了太多吸引网民的承诺，导致网民期望值过高，但网站或实际产品不能满足用户的期望，导致意向客户流失。针对这种情况，需要立即对创意文字进行调整，保证创意描述、网站描述、产品的真实质量的一致性。

2.3 搜索推广漏斗层级问题分析

企业做推广是为了更多的转化量，如果想要在最后层级有更多的订单，就要保证漏斗的每个层级都不出现问题，所以在推广时就要对数据指标进行持续观测，无论哪一个层级出现问题，都会在相关指标上清楚地反映出来，之后只要有针对性地进行调整即可，也就是所谓的“对症下药”。下面对漏斗每个层级的问题进行一一说明。

2.3.1 展现量异常

第一层级展现量出现问题，则意味着创意的曝光量不足，推广不能覆盖更多的受众人群，使企业主错失更多潜在客户。如果按照正常状态时展现量、点击量、访问量、咨询量、订单量分别为 10000、500、480、80、10，那么针对这种数据情况，企业已经输在了起跑线上，第一层级数值过低，另外四个层级数值相对都不会高，如图 2.20 所示（数值仅供参考）。

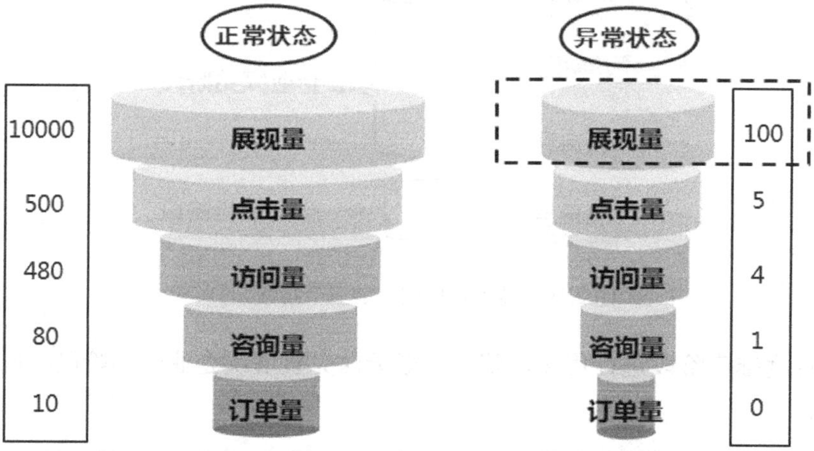

图 2.20　企业推广“展现量”出现问题

1．企业首先要考虑的便是账户中的基础设置问题

（1）账户预算设置过低。账户如果在短时间内费用耗尽，账户推广下线，那么当网民搜索时就无法看到企业广告，从而损失了更多的展现机会。

（2）账户地域范围设置过窄。搜索量在相应推广地区内受到局限，账户未设置的推广地域看不到企业广告，账户广告覆盖面窄。

（3）推广时段设置时间较短。在设置的时间段内短时间投放，可能错过了投放的最佳时机，网民无法在其他时段看到企业广告，从而影响展现量。

2. 诊断关键词本身可能存在的问题

（1）关键词词量不足。在对关键词进行选择添加时，是否存在关键词类型单一或者关键词数量不足的问题。如果存在，则需要对关键词进行有针对性的拓展，添加更多有商业价值的关键词，拓宽受众来源。

（2）关键词匹配模式过窄。如果仅使用精确匹配或者精确包含，就会错过相当一部分流量，建议适当使用相对宽泛的匹配模式，如核心包含及广泛匹配，及时添加更多的否定关键词来阶段性观察效果。

（3）关键词排名是否过于靠后。关键词排名如果一直保持出现在首页是不会影响展现量的，但当关键词排名过于靠后，只能出现在第二页、第三页及更靠后的位置时，网民翻页的概率并不高，展现量会受到很大影响。

2.3.2 点击量异常

点击量异常，是指在推广数据有足够的展现量的基础上，点击量不足。点击量低不仅会造成用户流失，而且对账户的质量会有巨大的负面影响，如图 2.21 所示(数值仅供参考)。在处理这一问题时，企业需要考虑如下问题。

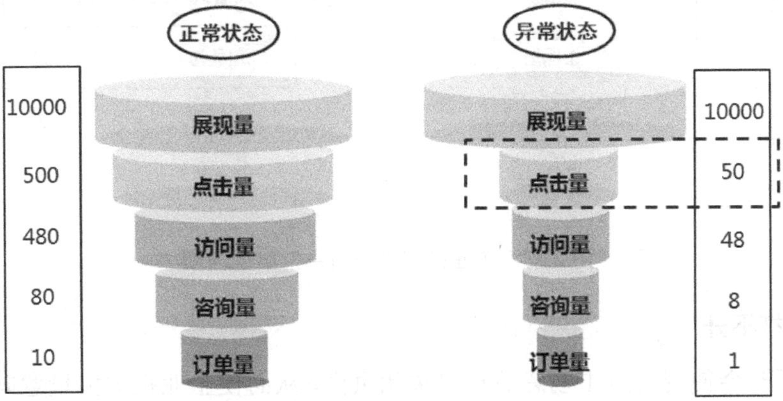

图 2.21 企业推广“点击量”出现问题

1. 关键词的排名

关键词排名过于靠后，使网民不容易发现企业广告，会直接影响网民对创意的关注度。企业需有针对性地对排名位置进行调整，点击率会得到明显提高。

2．关键词与创意的相关性

检查关键词与推广创意的相关性是否出现问题，是不是投放了很宽泛、流量很大的关键词，或者匹配模式过于宽泛，如英语培训行业添加了关键词“英语”，因为该关键词含义广泛，很难用一个推广创意涵盖所有的搜索需求，所以造成了点击量过低。

3．创意的吸引力

检查推广创意是否过于平淡俗套，没有突出自身产品的卖点及折扣信息，在搜索结果展现时不能脱颖而出，与竞争对手的差异度不足，无法吸引用户点击。

2.3.3 访问量异常

访问量异常，是指在展现量、点击量正常的前提下，访问量过低，如图 2.22 所示（数值仅供参考）。企业在推广时，点击量和访问量存在一定的差值属于正常情况，但如果这个差值过大，就需要及时检查。

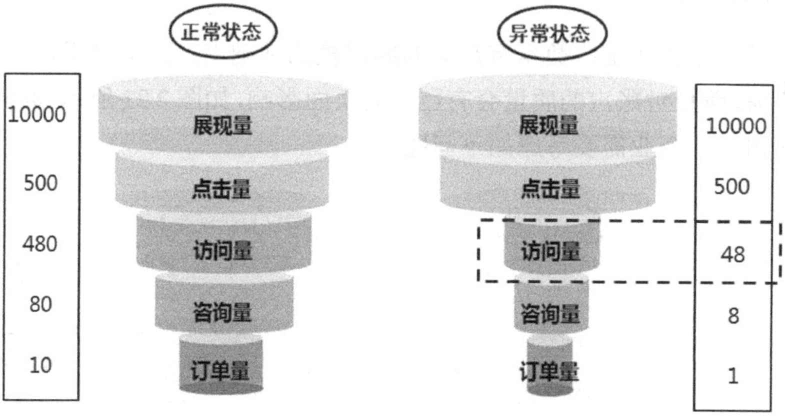

图 2.22 企业推广“访问量”出现问题

1．网站打不开

网站打不开会使网民点击创意后直接关闭页面，从而使企业损失大量意向客户及成本。网站打不开的原因可能是域名到期、被恶意攻击、服务器不稳定等问题，遇到这种情况需要及时与公司建站人员沟通并解决。

2．加载速度

检查页面的加载速度是否过慢，最常见的是使用 Flash 页面，过长的加载时间会耗尽用户的耐心，使用户大量流失。

3. 网站跳转

检查网站是否使用了跳转，跳转有可能会使访问的来源信息丢失，也可能会给网站的稳定性造成问题。

4. 恶意点击

企业之间相互的恶意点击也会造成访问量过低，需要使用统计软件来判断是否属于恶意点击，并及时统计相应 IP 等数据进行屏蔽处理。

2.3.4 咨询量异常

咨询量异常，是指在展现量、点击量、访问量均正常的情况下，咨询量偏低，如图 2.23 所示（数值仅供参考）。这证明用户已经成功进入网站并进行浏览，但是没有进行咨询，问题可能如下。

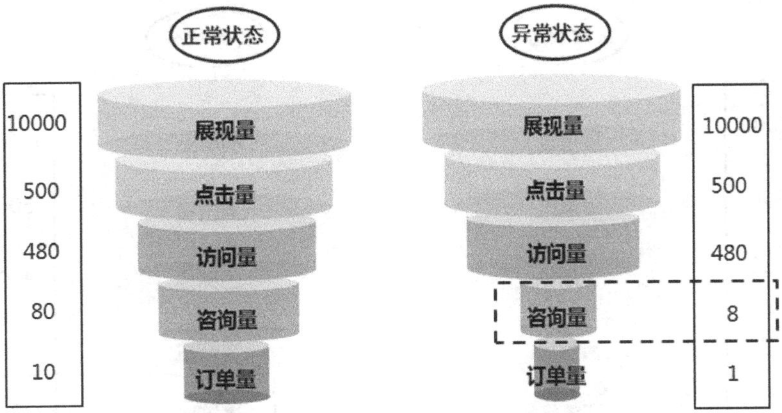

图 2.23 企业推广“咨询量”出现问题

1. 相关性

检查推广创意内容与着陆页面是否存在相关性低的问题，如创意中已经明确标明有相应折扣，但是着陆页没有任何体现折扣的信息，网民感觉自己上当后自然会关闭页面，此时需及时更改创意内容或网站文案。

2. 页面样式

网站页面效果太差，整体色调及排版不协调，都会影响网民对网站及企业的整体印象，最终导致潜在客户流失。

3. 无咨询窗口/电话

网民对产品或服务产生购买意向后，想要进一步与企业沟通，此时如果没有相应的咨询窗口或电话号码，则会大大增加潜在客户的流失率。

4. 客服不在线/电话无法接通

网民点开咨询窗口后迟迟等不到客服的回复，打电话也无法接通，那么自然会失去耐心，关闭页面后另找其他公司。

2.3.5 订单量异常

订单量异常，是指当展现量、点击量、访问量、咨询量都正常时，订单量过低，如图 2.24 所示（数值仅供参考）。其实我们都在淘宝或者天猫买过产品，也进行过咨询，最终没有购买的原因相信大家也有自己的心得，以下是笔者的简单总结。

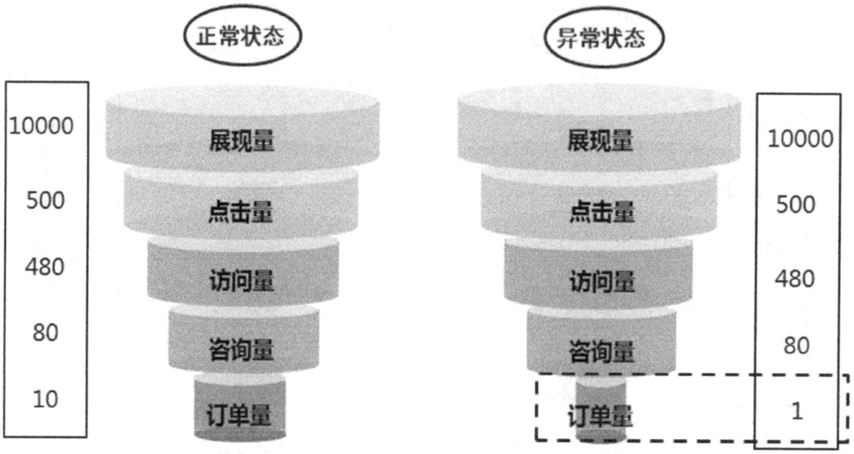

图 2.24 企业推广“订单量”出现问题

1. 客服/销售人员的技术能力

客服或销售人员对产品不熟悉，无法快速解决意向客户的问题，使客户产生疑虑，最终放弃购买。

2. 客服/销售人员的态度

所有的买家内心深处都特别注重客服或销售人员的态度，如客服或销售人员对买家“爱答不理”，解答问题时速度过慢、语言过激，都会让买家快速放弃购买。

第 3 章

百度搜索推广——账户结构

百度搜索推广账户结构由推广账户、推广计划、推广单元、关键词和创意四个层级构成，其中关键词和创意同为一个层级，如图 3.1 所示。

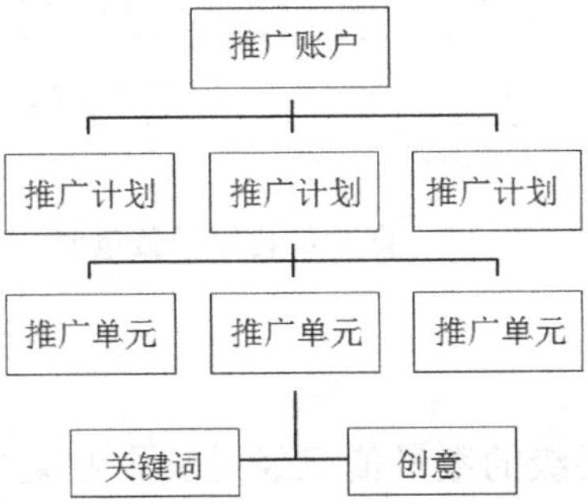

图 3.1　百度搜索推广账户结构组成

3.1 账户结构搭建

账户结构主要用来对关键词与创意进行分类，一个好的账户结构是企业进行推广和优化的基础，可以在后期管理和优化时给我们带来优势，便于数据统计与分析。

3.1.1 账户结构层级数量值

百度搜索推广账户结构如同 QQ 账户一样，在 QQ 账户中，我们为了能够轻松找到好友，会把所有好友进行分类，分别安放在不同的好友分组中，如“小学同学”、“初中同学”、“家人”、“朋友”等。同理，我们可以把关键词想象成 QQ 分组中的好友，对关键词按照账户层级、计划层级、单元层级进行分组。这样，账户下可以有多个不同的计划，计划下可以有多个不同的单元，单元下可以有多个不同的关键词和创意。但在创建账户结构时，每一层级所提交的数量有相应的限制，所以我们在对账户进行操作时，关注相应层级已有的数量值，避免超出，如图 3.2 所示。

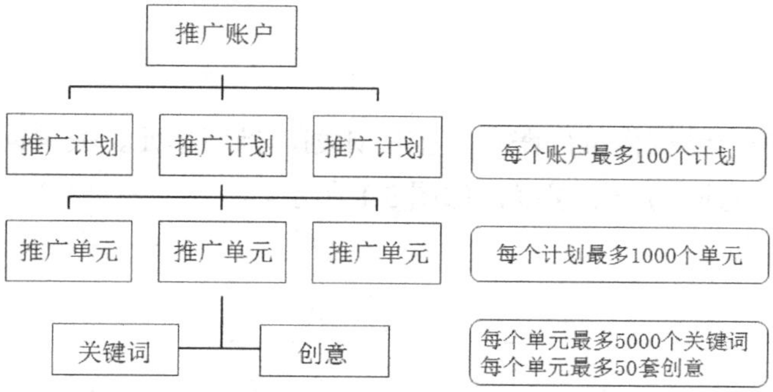

图 3.2　账户结构层级数量值

3.1.2 客户权益功能

正常来讲，账户中每个层级的数量值已经足够企业某项业务的推广使用，如果某些公司推广业务多样，账户结构复杂或词量庞大，那么可以在百度开通多个账号推广。另外，百度目前已推出“客户权益”功能，其功能类似于将账户按照消费进行等级区分，如果账户日均消费达到一定值，那么账户结构层级所提交的限额也会相应有所提升，如图 3.3 所示。

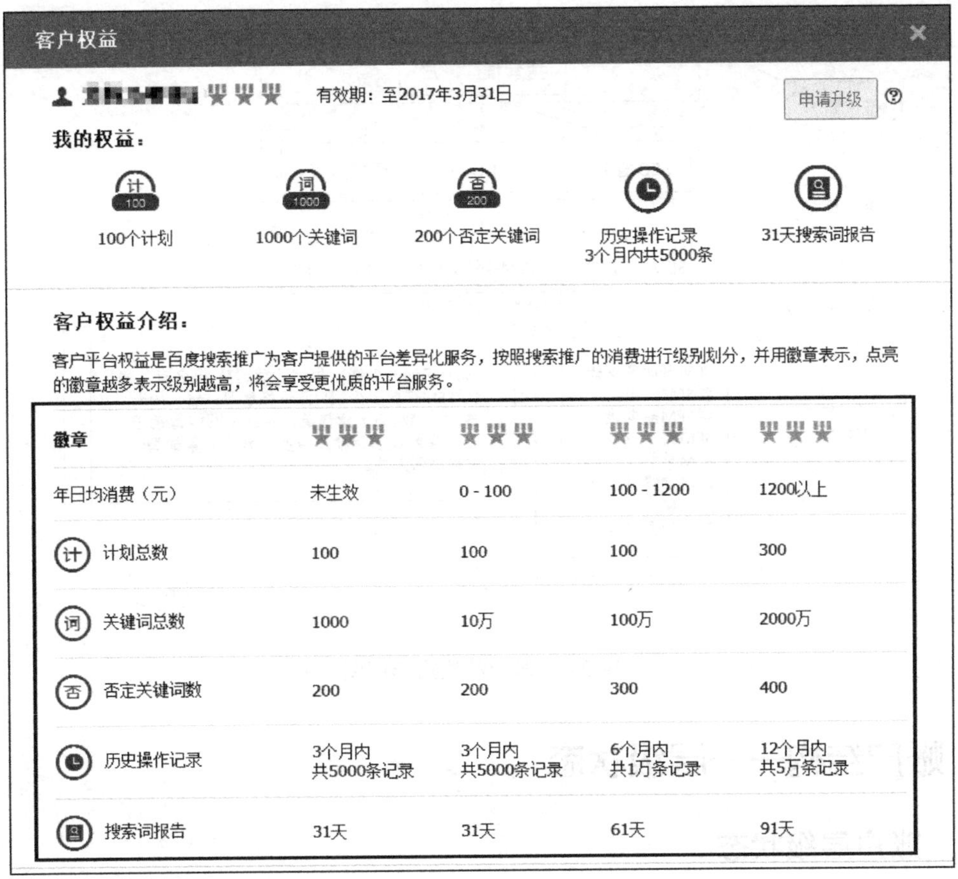

客户权益

有效期：至2017年3月31日　申请升级

我的权益：

100个计划　1000个关键词　200个否定关键词　历史操作记录 3个月内共5000条　31天搜索词报告

客户权益介绍：

客户平台权益是百度搜索推广为客户提供的平台差异化服务，按照搜索推广的消费进行级别划分，并用徽章表示，点亮的徽章越多表示级别越高，将会享受更优质的平台服务。

徽章				
年日均消费（元）	未生效	0 - 100	100 - 1200	1200以上
计划总数	100	100	100	300
关键词总数	1000	10万	100万	2000万
否定关键词数	200	200	300	400
历史操作记录	3个月内 共5000条记录	3个月内 共5000条记录	6个月内 共1万条记录	12个月内 共5万条记录
搜索词报告	31天	31天	61天	91天

图 3.3　客户权益功能

3.1.3　账户结构搭建规则

账户结构如同一所建筑物的地基，如果地基质量出现问题，那么大楼建得再好、再高，也会存在风险，就如同一个杂乱的账户结构，会给我们以后推广账户增加很多困难。图 3.4 所示为某网络营销培训机构账户结构例图，通过例图可以看出，一个优质的账户结构要保证：

- 推广计划要围绕公司的推广业务创建。
- 推广单元要根据所对应计划的核心创建。
- 关键词要根据对应的单元分类添加。
- 创意的内容要围绕单元内的关键词撰写。

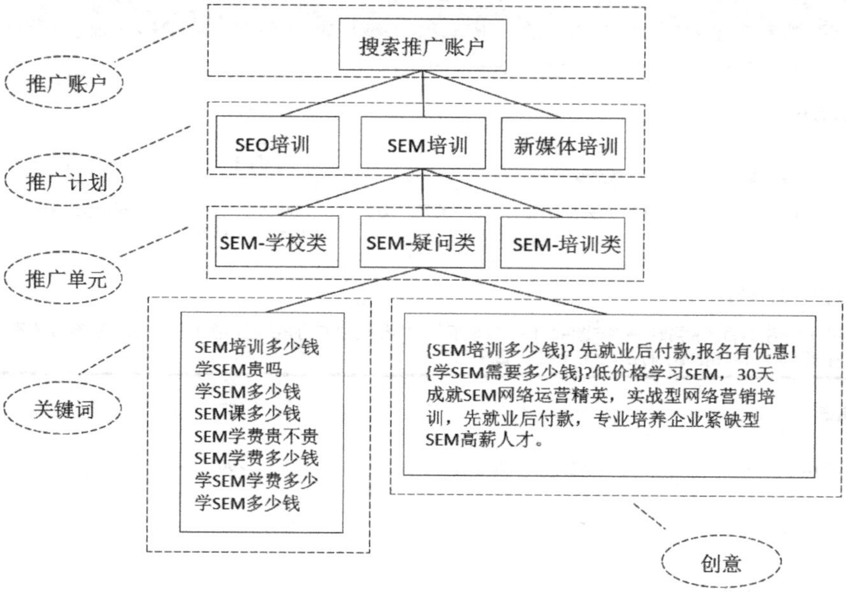

图 3.4　账户结构搭建例图

3.2　账户结构——层级状态

3.2.1　账户层级状态

账户层级状态主要有“正常生效”、“开户金未到”、“余额为零”、“未通过审核”、“审核中”5 种状态。进入“推广管理”界面，选择账户层级后，可以看到相应的显示状态，如图 3.5 所示。

- “正常生效”状态：账户及网站没有问题，可以正常上线推广。
- “开户金未到”状态：账户开户金还未缴纳，需要充值，处于无法推广阶段。
- “余额为零”状态：账户余额不足，需要续费，所推广的信息已下线，无法正常使用。
- “未通过审核”状态：因为账户的内容或网站及资质等原因，与百度推广要求不符，账户被拒绝，无法上线推广。
- “审核中”状态：账户已提交相应的资质或内容，等待系统或人工审核，审核通过后账户才能上线推广。

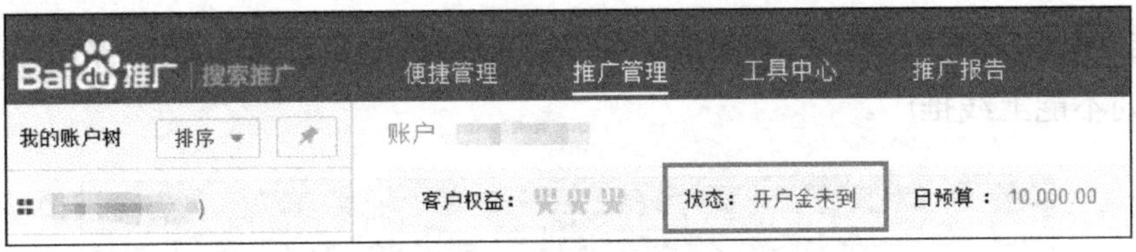

图 3.5 账户层级状态

3.2.2 计划层级状态

计划层级状态主要包括“有效”、“暂停推广”、“处于暂停时段”、“推广计划预算不足”、“账户预算不足”5 种状态。进入“推广管理”界面，选择计划层级后，可以看到相应的显示状态，如图 3.6 所示。

- “有效”状态：推广计划生效，可以正常使用。
- “暂停推广”状态：推广计划已暂停，计划下所有关键词不能上线推广。
- “处于暂停时段”状态：计划处于暂停的推广时段内，期间无法上线推广。
- “推广计划预算不足”状态：计划消费已达到计划预算所设置的上限，计划不能正常推广。
- “账户预算不足”状态：推广计划预算未达到上限，但账户的消费已达到账户预算所设置的上限，计划无法正常推广。

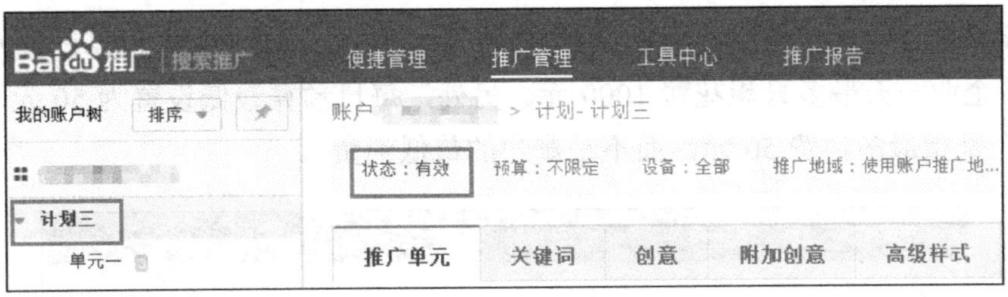

图 3.6 计划层级状态

3.2.3 单元层级状态

单元层级状态主要包括“有效”、“暂停推广”、“推广计划暂停”3 种状态。进入“推广管理”界面，选择单元层级后，可以看到相应的显示状态，如图 3.7 所示。

- “有效”状态：推广单元正常生效。
- “暂停推广”状态：推广单元已暂停，单元下所有关键词不能上线推广。

- “推广计划暂停”状态：此单元未暂停，但所在的推广计划已暂停，单元内所有关键词不能上线推广。

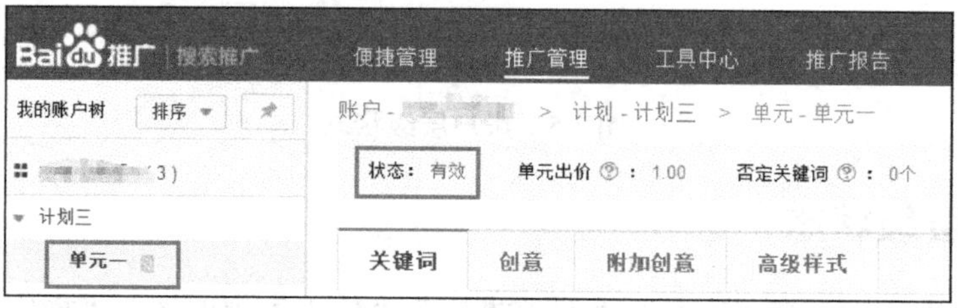

图 3.7 单元层级状态

3.3 账户结构——层级功能

3.3.1 预算设置

推广预算的设置可以帮助企业控制消费，日预算的多少依据企业月预算或年预算去分配，当消费金额大于预算时，账户自动下线并停止推广。

账户层级和计划层级都可以设置推广预算，企业可以根据“每日预算”与“不限定预算”两种方式进行消费控制。

1. 每日预算

每日预算是企业最常使用的设置预算方式，如图 3.8 所示，账户预算设置为 1000 元，也就意味着企业一天最多只想花费 1000 元。另外，每日预算最低设置为 50 元（注：这里的“50 元”是指最多消费 50 元，而不是账户的最低消费）。

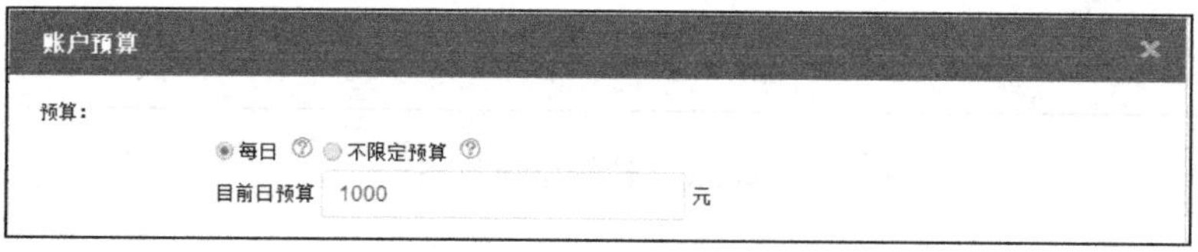

图 3.8 每日预算设置

2. 不限定预算

不限定预算是指账户无消费限额，也就是“能花多少花多少”。单一设置“不限定预算”的企业相对较少，多数企业即使设置“不限定预算”，也会设置计划层级预算，控制整体账户消费限额，如图 3.9 所示。

图 3.9　不限定预算设置

3. 预算执行规则

- 账户层级和计划层级都可以设置推广预算。
- 账户层级与计划层级同时设置预算时，以少的为准。
- 账户层级不设置预算时，以计划层级为准。
- 计划层级不设置预算时，以账户层级为准。

例 1：

某账户下有两个计划，即计划一、计划二，如图 3.10 所示。账户层级预算设置为 1000 元，计划一预算设置为 300 元，计划二预算设置为 500 元。则：

- 计划一每日最多消费 300 元。
- 计划二每日最多消费 500 元。
- 在不添加其他计划的情况下，账户最多消费 800 元（300 元+500 元）。

账户：1000 元（预算）
　　计划一：300 元（预算）
　　计划二：500 元（预算）

图 3.10　账户与计划同时设置预算 例 1

例 2：

某账户下有两个计划，即计划一、计划二，如图 3.11 所示。账户层级预算设置为 1000 元，计划一预算设置为 800 元，计划二预算设置为 1500 元。则：

- 计划一每日最多消费 800 元。
- 计划二每日最多消费 1000 元。

- 在不添加其他计划的情况下，账户最多消费 1000 元。

账户：1000 元（预算）
计划一：800 元（预算）
计划二：1500 元（预算）

图 3.11　账户与计划同时设置预算 例 2

例 3：

某账户下有两个计划，即计划一、计划二，如图 3.12 所示。账户层级预算设置为不限定预算，计划一预算设置为 300 元，计划二预算设置为 500 元。则：

- 计划一每日最多消费 300 元。
- 计划二每日最多消费 500 元。
- 在不添加其他计划的情况下，账户最多消费 800 元（300 元+500 元）。

账户：不限定预算
计划一：300 元（预算）
计划二：500 元（预算）

图 3.12　账户与计划同时设置预算 例 3

例 4：

某账户下有两个计划，即计划一、计划二，如图 3.13 所示。账户层级预算设置为 1000 元，计划一不设置预算，计划二预算设置为 500 元。则：

- 计划一每日最多消费 1000 元。
- 计划二每日最多消费 500 元。
- 在不添加其他计划的情况下，账户最多消费 1000 元。

账户：1000元（预算）
计划一：未设置预算
计划二：500元（预算）

图 3.13　账户与计划同时设置预算 例 4

3.3.2　地域设置

推广地域的设置可以让企业做到“指定地域的人群才能看见广告”。例如，企业推广地域设置为“河北省”，那么只有河北 IP 下的网民才有机会看到企业的推广信息，其他地区的网民则无法看到，如图 3.14 所示。

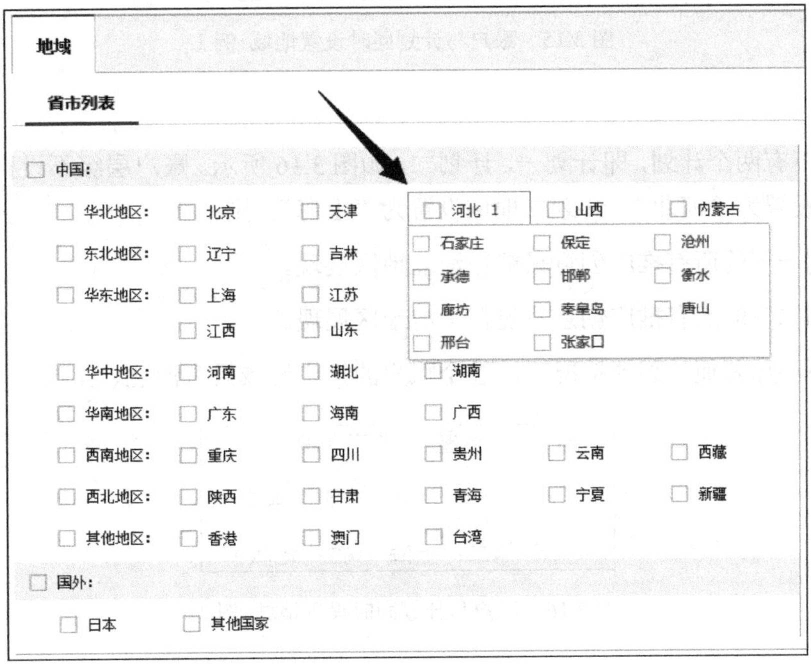

图 3.14　推广地域设置

1. 执行规则

- 账户层级和计划层级都可以设置推广地域。
- 账户层级和计划层级同时设置地域时，以计划层级地域为准。
- 计划层级未设置推广地域时，以账户层级为准。

例 1：

某账户下有两个计划，即计划一、计划二，如图 3.15 所示。账户层级地域设置为“北京”，计划一地域设置为“河北”，计划二地域设置为“上海”。则：

- 计划一下的所有推广创意只能在河北地区展现。
- 计划二下的所有推广创意只能在上海地区展现。

- 在不添加其他计划的情况下，整个账户的推广地域只有河北、上海。

账户：北京 （推广地域）
计划一：河北 （推广地域）
计划二：上海 （推广地域）

图 3.15　账户与计划同时设置地域 例 1

例 2：

某账户下有两个计划，即计划一、计划二，如图 3.16 所示。账户层级不设置推广地域，计划一地域设置为“河北”，计划二地域设置为“上海”。则：

- 计划一下的所有推广创意只能在河北地区展现。
- 计划二下的所有推广创意只能在上海地区展现。
- 在不添加其他计划的情况下，整个账户的推广地域只有河北、上海。

账户：不设置 （推广地域）
计划一：河北 （推广地域）
计划二：上海 （推广地域）

图 3.16　账户与计划同时设置地域 例 2

例 3：

某账户下有两个计划，即计划一、计划二，如图 3.17 所示。账户层级地域设置为“北京”，计划一不设置地域，计划二地域设置为“上海”。则：

- 计划一下的所有推广创意只能在北京地区展现。
- 计划二下的所有推广创意只能在上海地区展现。
- 在不添加其他计划的情况下，整个账户的推广地域只有北京、上海。

账户：北京（推广地域）
计划一：不设置 （推广地域）
计划二：上海 （推广地域）

图 3.17　账户与计划同时设置地域 例 3

2. 设置范围

推广地域选择可以精确到省、直辖市、地级市，不能选择直辖市的区（如北京市海淀区）。

3. 设置依据

企业依据不同的产品面临不同市场设置推广地域，比如，企业是做“英语培训”的，培训地域只针对北京、天津、河北，那么就可以通过推广地域来选择自己产品或服务所推广的地区。设置推广地域后，只有当地的网民搜索相应的词后，才能看见企业的推广创意。

企业只设置推广业务能覆盖到的地域，比如北京的一所驾校，这所驾校的推广地域只设置北京即可，因为外地学员基本不会跋山涉水来北京学车，这样也就能省下更多的推广费用。

千万不要小看推广地域的设置，认为操作简单、只要勾选即可，其实这里面有很多学问。不同的推广计划可以面向不同的地域推广，可以对不同地区的潜在客户制订差异化的投放计划，针对性更强。推广地域设置得好，可以给企业节省更多的开销。

同一个关键词在不同的地区点击价格也是不同的，如关键词“英语培训”在北京点击一次可能需要 100 元才能排到第一页，但这个关键词在黑龙江省可能需要 50 元就能排到第一页，而在西藏，可能只需要 20 元就能排到第一页。产品在哪个城市竞争激烈，价格就会被同行抬高；反之，在其他城市竞争不激烈，价格自然会偏低。

3.3.3　时段设置

企业可以自主在推广账户中设置推广时间段，如图 3.18 所示，根据企业受众人群上网的时间，灵活设置推广信息在哪一天展示和一天当中的哪些时间段展示，帮助企业节省推广费用。

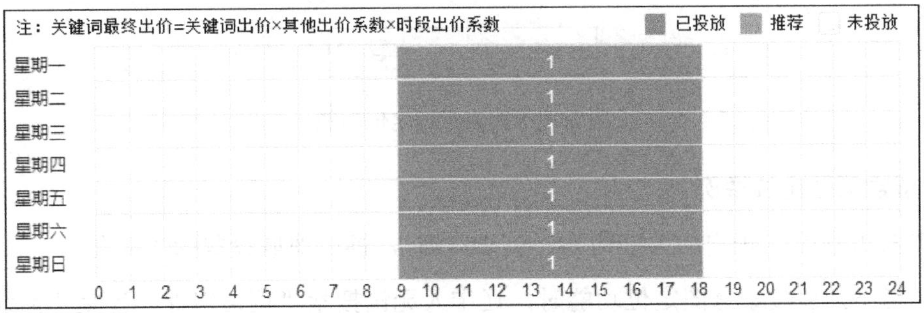

图 3.18　推广时段设置

1. 设置说明

（1）推广时段设置只能精确到某个小时，如 8:00—17:00，不能精确到分钟或者半点，如 8:30—17:30。

（2）推广时段设置以后是循环的，不需要每天修改，系统会自动按照设置的时间推广。

2. 设置技巧

（1）企业在百度推广账户设置推广时段时，要考虑到受众人群上网的时间，避免错过商机。

（2）对于一般企业推广时段设置，适合在周一至周五的“早八晚五”或“朝九晚六”推广，而做游戏等类别的企业则适合在晚间或者凌晨推广。

（3）设置时段也要考虑公司客服的上班时间，设置以后，在投放时间段内最好有客服值班。如因为客服人员不在而导致意向客户流失，对于企业来说是一个损失。

（4）企业刚刚开始进行百度推广时，可以设置推广时段为全天投放，并且安排好客服值班。之后用精确的数据统计，计算出一天之中的哪些时间转化量更高，后期更改投放时段，集中投放。

（5）因为搜索结果页上的推广位置是有限的，如果所有的企业都集中在同一时段推广，那么会形成很大的竞争，大部分企业的创意可能无法得到展现，所以需要根据自己的情况设置推广时段，从而增加更多的展现机会。

3.3.4 搜索意图定位

正常来讲，当企业设置好推广地域后，创意只能在设置的相应地区展现，但“搜索意图定位功能”可以让设置地域以外的意向网民找到企业。单击“推广地域设置”按钮后，在页面最下方打开“搜索意图定位功能”，如图 3.19 所示。

图 3.19　搜索意图定位功能

1. 搜索意图定位举例

如图 3.20 所示，账户的关键词为“英语培训”，推广地域设置为“河北”。

（1）当不开启搜索意图定位功能时，辽宁人无论搜索“英语培训”还是“河北英语培训”，企业的创意都无法展现。

（2）当搜索意图定位功能开启时，辽宁人搜索“英语培训”，企业的创意不能展现，但搜索“河北英语培训”时，企业的创意有机会展现。

关键词	推广地域	搜索意图定位	网民地理位置	网民搜索词	网民是否能看到推广内容
英语培训	河北	关闭	河北	英语培训	是
			辽宁	英语培训	否
			辽宁	河北英语培训	否
		开启	河北	英语培训	是
			辽宁	英语培训	否
			辽宁	河北英语培训	是

图 3.20 搜索意图定位举例

2. 功能核心

搜索意图定位功能的重点在于，当该功能开启后，其他地区网民的搜索词，只要包含企业推广的地域与企业的关键词组合，企业的创意就有机会展现。

3. 注意事项

（1）账户推广时，系统默认此功能开启，如不使用，需要手动关闭。

（2）使用统计软件统计点击 IP 时，如发现有推广地区以外的点击 IP，原因有可能是开启了搜索意图定位功能。

（3）搜索意图定位功能，不仅可以依据省级名称判别地域意图，而且也可以将每个省下的小地名映射至各个省份，如将海淀区映射至北京、中关村映射至北京。

（4）该功能开启后，全国的网民都有机会看到企业广告，但必须是有相应意向的网民，才会看到企业的广告，所以建议尝试开启，观察推广效果。

3.3.5 精确匹配扩展

在关键词匹配模式“精确匹配”的前提下，“精确匹配扩展”功能可以帮助企业扩充更多精准流量。“精确匹配扩展”功能在账户层级功能的“账户其他设置”界面中，如图 3.21 所示。

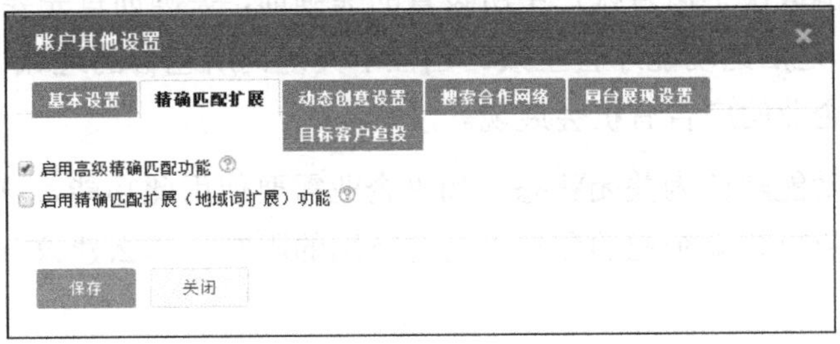

图 3.21 精确匹配扩展功能

1．精确匹配扩展——高级精确匹配

高级精确匹配功能，能使广告主获得与精确匹配关键词意图高度一致的流量，如企业购买的“鲜花价格”关键词在高级精确匹配下能够获得“鲜花价钱”的流量，如图 3.22 所示。

关键词	匹配模式	高级精确匹配	网民搜索词	网民是否能看到推广内容
鲜花价格	精确匹配	关闭	鲜花价钱	否
		开启	鲜花价钱	是

图 3.22　精确匹配扩展——高级精确匹配功能举例

2．精确匹配扩展——地域词扩展功能

例如，某企业所添加的关键词为“邯郸英语培训”，并且匹配模式设置为精确匹配，推广地域设置为河北，如图 3.23 所示。

（1）当地域词扩展功能关闭时，邯郸与河北其他市区搜索“英语培训”，企业创意不能展现。

（2）当地域词扩展功能开启时，邯郸 IP 下的所有网民搜索“英语培训”时，都有机会看到企业创意；除邯郸外的河北其他市区下的网民搜索“英语培训”时，无法看到企业创意。

关键词	匹配模式	推广地域	地域词扩展功能	网民地理位置	网民搜索词	网民是否能看到创意
邯郸英语培训	精确匹配	河北	关闭	邯郸	英语培训	否
				保定	英语培训	否
			开启	邯郸	英语培训	是
				保定	英语培训	否

图 3.23　精确匹配扩展——地域词扩展功能举例

3．地域词扩展功能核心

地域词扩展功能取决于后台账户中所设置的关键词，关键词首先要包含“地域词”，并且是“精确匹配”，之后此功能才会生效。当位于关键词所包含的地域 IP 下的网民搜索除地域外的部分时，企业的广告有机会展现。

精确匹配扩展功能默认为关闭状态，如果企业需要使用此功能，则需要手动开启。由于流量相对精准，所以如果企业的预算不是有特别的限制，那么建议开启，能够覆盖更多意向网民。

第 4 章

百度搜索推广——关键词

当我们利用搜索引擎查找自己想要的信息时，都会输入自认为最有可能帮助我们找到有价值的信息的搜索词，这种用户的搜索词如果被添加到推广账户中，就被称为关键词。好的关键词能够帮助企业快速定位意向客户，搜索只是工具，正确的关键词才是推广的灵魂。

4.1 解析关键词

对一家企业而言，当然是希望更多的潜在客户通过某种形式的渠道在最短的时间内找到自己，而这在搜索营销中，则反映为你所选择的关键词是否正好迎合了用户特定的搜索目标。用户在查找产品或服务信息时，通常会以产品服务的特有名称、行业名称，甚至是公司名称等为条件进行搜索，而这些搜索条件正是我们搜索营销的诉求点。因此可以说，关键词是决定我们竞价推广成败的关键因素。

4.1.1 关键词的作用

关键词是企业在百度推广账户中选择的，并且具有商业价值的、用来迎合潜在客户搜索需求的词。

这里的“商业价值”，指的是企业添加这个词后可以通过这个词获得利润，并不是所有词都有必要添加，因为过多的无用词会给企业带来点击浪费。例如英语培训行业，企业基本不会添加“英语电影”这类词，因为网民搜索这类词的时候意向并不是想学英语，所以不会给企业带来利润，也就没有相应的商业价值。

另外，所谓的“迎合潜在客户搜索需求”，指的是我们添加关键词，为的就是等着网民去搜索，只有添加与网民搜索相匹配的关键词才有意义。如果网民从来都不会搜索这类词，那么我们添加也没有用，不仅占据了位置，还做了无用功。

关键词就像一座桥，如图 4.1 所示，连接着网民和企业，网民通过关键词才能看到企业的推广广告，所以要架好这座桥就要选择准确的关键词，这样才能给网民“指对路”，否则网民就会“原路返还”，企业也就浪费了大量的金钱。

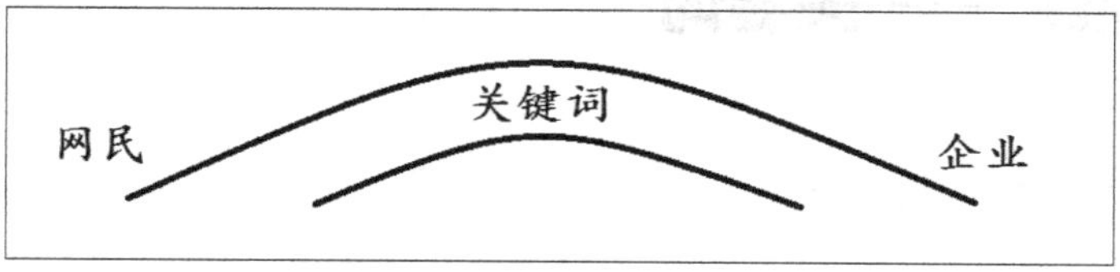

图 4.1　关键词作为网民与企业的桥梁

4.1.2　正确选择关键词

当网民的搜索词与关键词足够相关时，就能“触发”关键词，企业的推广信息就能在网民面前展现，关键词就是用来定位潜在客户的，所以我们添加关键词的出发点就是按照潜在客户的搜索习惯提交。

网民的搜索习惯各不相同，词类也是千变万化，所以关键词并不一定是规规矩矩的“普通话”，也可以是“接地气儿”的。例如，网民会经常搜索“某某英语学校咋样”，这个词就是一个非书面用语，但是网民确实搜索了，并且还有一定的搜索量，所以企业就应该把这类词添加为关键词。

另外，一些网民经常输入错别字，这也可能跟我们的输入法有关。例如，网民搜索“英语培训那家好”，注意这里是“那家好”，而非“哪家好”，显然是错别字，可能是网民大意，但是这类搜索词的搜索次数也不在少数，那么企业也要把这类词添加为关键词。

所以企业到底将哪些词作为账户中的关键词，并不是仅靠自己空想的，而是要根据网民的搜索去判断。例如，企业的业务为“商务英语外教”，如图 4.2 所示，我们判断以下三个词是否需要添加为账户的关键词。

1．词“商务外教”

这个词是不需要添加为关键词的，因为并未说明是哪方面的商务外教，可能是德语，也可能是日语，网民在搜索的时候也会表明自己的意向，搜索自己想学的商务外教的类型。如果网民搜索“日语商务外教”后看到了企业的推广广告，那么点击后也不会报名，因为无法满足网民的需求，从而白白浪费了点击费用。

2．词“北京的商务外教英语哪家比较好”

这类词可以添加，不要因为词“太长”就不把这类词当成关键词。如果网民搜索这个词，则表明网民有明确的意向想要找一个北京市口碑比较好的商务英语培训机构，所以当企业添加这类词时，更容易吸引网民点击。

3．词“一对一授课”

这种词也不添加，与第一个词比较相似，没有主语，没有写明是哪方面的一对一授课，最重要的是，网民不会单纯地只搜索“一对一授课”这 5 个字。

备选词	是否需要添加为关键词
商务外教	否
北京的商务外教英语哪家比较好	是
一对一授课	否

图 4.2　关键词选择举例

4.1.3　选择关键词的注意事项

正确的关键词实际上是其重要性的具体体现。在选择关键词的问题上，一般都会认为是一件很简单的事，其实不然。如果不注意其中的技巧，则往往会误入歧途，造成投入和产出不成正比。那么，在选择关键词时应该注意哪些方面呢？

1．选择与业务内容相关的关键词

即便是一个对关键词选择技巧一无所知的人，常识也会让他避免在做“英语培训”业务时却选择像“装修”之类的毫不相干的关键词。事实也是如此，靠不相关的关键词吸引来的用户，对企业产品或服务的营销起不到任何作用。

2．选择具体的关键词

关键词覆盖范围并不是越宽越好，因为意义越宽泛的关键词，其对应的信息需求种类也越多。有的用户以该关键词搜索的目的可能是要购买相关的产品，但更多的也许是其他方面的需求，并不一定会导致消费行为。例如，“英语培训”行业很少会添加“英语”这个关键词，因为搜索这个词的网民意向太模糊。在竞价推广中，企业必须为用户的每一次点击付费，企业当然是希望尽量只为那些能够转化为自己客户的人支付点击费，而含义宽泛的关键词却恰好会带来相反的结果。

4.1.4　关键词的状态

由于每个行业都有数量庞大的关键词，并且又受关键词的类型、关键词的出价等因素影响，所以关键词在推广账户中有多种状态。

1．有效状态

有效状态是指关键词无任何推广规则，可以正常上线推广。对于一个正常推广的账户来说，账户中的关键词都保持着有效状态，如图 4.3 所示。

关键词	状态	推广单元
[网络营销学院]	有效	单优-网营学院
"网络营销师培训"	有效	单优-网师培训
"[网络营销师课程]"	有效	单优-网师课程
"网络营销技能培训"	有效	单优-网技培训

图 4.3　账户中有效状态的关键词

2．暂停推广状态

暂停推广状态是指企业为了使关键词暂时停止推广，对关键词手动暂停，再次开启后可正常推广，如图 4.4 所示。

		关键词	状态	推广单元
	-	总计 - 4	-	-
		"{英语辅导学校}"	暂停推广	英语培训学校
		"{英语培训机构}"	暂停推广	英语培训学校
		"{英语学校}"	暂停推广	英语培训学校
		"{培训英语学校}"	暂停推广	英语培训学校

图 4.4　账户中暂停推广状态的关键词

3．审核中状态

审核中状态表示该关键词可能刚刚提交，系统或人工还未对其审核，或者该关键词出现推广问题，系统对其重新审核，如图 4.5 所示。

		关键词	状态	推广单元
	-	总计 - 4	-	-
		"{英语辅导学校}"	审核中	英语培训学校
		"{英语培训机构}"	审核中	英语培训学校
		"{英语学校}"	审核中	英语培训学校
		"{培训英语学校}"	审核中	英语培训学校

图 4.5　账户中审核中状态的关键词

4．搜索无效状态

搜索无效状态是指关键词的出价低于计算机或移动最低展现价格，因此关键词不能上线推广，若要正常上线推广，需要提高关键词出价并高于最低展现价格，如图 4.6 所示。

		关键词	状态	推广单元	出价
	-	总计 - 4	-	-	-
		"{英语辅导学校}"	搜索无效	英语培训学校	0.01
		"{英语培训机构}"	搜索无效	英语培训学校	0.01
		"{英语学校}"	搜索无效	英语培训学校	0.01
		"{培训英语学校}"	搜索无效	英语培训学校	0.01

图 4.6　账户中搜索无效状态的关键词

5．不宜推广状态

不宜推广状态是指关键词触犯了百度推广规则，如百度禁止添加代办证件、卖答案等类型关键词，如果发现此类关键词，系统或人工审核后会给予拒绝，并且可能拒绝整个账户，此账户就无法再进行推广。如图 4.7 所示，为总结的部分推广限制关键词。

类别	限制关键词
1、军、警类	解放军、军服、军装、军徽、警服、警徽、警棍、警灯、警车等
2、办证/代办类	代办、销售、制作与文凭、学历、资格证书、职称证书、假证
3、非法避税类	销售、买卖 、代售 、代开 、代为 、代购 、求购
4、代考/替考类	替考、代考、代写论文、论文写作、论文定制
5、非法药品类	迷香、迷魂药、三唑仑
6、非法偷电类	电表倒数器、反转电表、倒表、调校表
7、赌博/占卜类	巫毒、赌、博彩、赔率、盘口、下注、足彩
8、医药类关键词	偏方、秘方、根治、根除、治愈
9、色情类关键词	成人电影、小电影、激情电影、黄色电影、色情服务
10、数码产品类	走私、水货、盗版、口岸价、港行
11、枪支武器类	枪、武器、管制刀具、仿真枪、爆炸品、雷管
12、窃听/作弊类	窃听、窃像、作弊、破解、反作弊克、反监考大师
13、股票类	内幕、内幕信息、内部信息、内幕交易、内部交易

图 4.7　百度推广部分限制关键词

4.2　关键词匹配模式

关键词的匹配模式是 SEM 中的重点内容，也是核心的知识点。SEMer 通过关键词的匹配模式可以灵活控制推广流量及推广费用，若是能够熟练并且有技巧地使用匹配模式，则可以大大减少企业的推广成本，带来更多的订单。

关键词匹配模式可以分为三大类：精确匹配、短语匹配、广泛匹配。其中，短语匹配分为三种：精确包含、同义包含、核心包含。下面我们按照覆盖范围由窄到宽的顺序详细介绍精确匹配、精确包含、同义包含、核心包含和广泛匹配。

4.2.1　精确匹配

1. 精确匹配的概念

精确匹配是覆盖范围最小的一种匹配模式，是指只有当关键词与网民的搜索词一模一样时，企业推广信息才有机会展现。例如，关键词“英语培训班”，如果设置的匹配模式为精确匹配，只有网民在搜索“英语培训班”时，企业的推广信息才有机会展现，其他的搜索词都不能触发，如图 4.8 所示。

关键词	搜索词	推广信息是否有机会展现
英语培训班	英语培训班	√
	英语培训	×

图 4.8　精确匹配触发规则举例

2. 精确匹配的优势

只有当网民的搜索词与关键词完全一致时，企业信息才会有机会展现，所以精确匹配最大的优点就是“定位精准”，只要关键词添加合理，企业可以保证大部分通过推广进入企业网站的网民都是意向客户，提高了推广转化率。“其他想法”的网民因为没有搜索相应的关键词，所以看不到企业的推广信息。

3. 精确匹配的劣势

由于网民的搜索习惯不同，使用的搜索词也千变万化，如果账户中的关键词使用精确匹配，那么就需要把网民所有可能搜索的搜索词全部作为关键词提交到后台账户中。但由于不可能把所有的搜索词添加完成，所以使用精确匹配会大大降低广告展现的机会，错过部分意向客户。

4. 什么时候使用精确匹配

（1）当企业预算受到限制时。例如，小企业可能无法承担大量的推广费用，账户中会使用大量的精确匹配来控制推广成本，这样企业可以抓住精准网民来到网站，但是自然也会错过大量意向客户。

（2）部分关键词出价过高。例如，某推广账户中关键词平均出价为 20 元，但个别竞争激烈的关键词出价达到 200 元，那么这类关键词企业可能设置为精确匹配，让贵的词只“抓”精准客户，普通的词扩充覆盖面。

（3）词量大的账户。某些企业认为自己账户中的关键词已经基本覆盖了所有网民的搜索词，所以就会把所有的关键词都设置为精确匹配。

4.2.2　短语匹配

百度早期并未对短语匹配进行拆分，后期才扩充短语匹配为精确包含、同义包含、核心包含，为了使推广企业针对自己的推广模式有更多的选择。

1. 精确包含

精确包含是指当网民的搜索词完全包含关键词时，系统才有可能展现推广结果。其覆盖范围比精确匹配略广，如账户中的关键词为“英语培训班”，在设置精确包含后，网民搜索“北京英语培训班”、“英语培训班哪家好”都能触发关键词。

使用精确包含时，搜索词完全包含关键词，但关键词本身不能拆分。例如，账户关键词为“英语培训班”，在设置精确包含后，网民搜索“英语培训提高班”是无法触发关键词的，如图 4.9 所示。

关键词	搜索词	推广信息是否有机会展现
英语培训班	北京英语培训班	√
	英语培训班哪家好	√
	英语培训提高班	×

图 4.9　精确包含触发规则举例

2．同义包含

同义包含是指当网民的搜索词与关键词意思相近、与关键词相比位置颠倒、在关键词插入文字时，企业的推广信息才有机会展现，如图 4.10 所示。例如，账户中的关键词为“英语培训班”，在设置同义包含后，能够触发企业关键词的搜索词举例如下：

- 意思相近（搜索词）：英语辅导班、英语培训学校、英文辅导班。
- 位置颠倒（搜索词）：培训英语班、英语班培训。
- 插入（搜索词）：英语考试培训班、英语口语培训班、英语培训提高班。
- 既意思相近又位置颠倒、插入：学习英文班、学习英语提高班、英语培训的学校、北京学英语班。

关键词	规则	搜索词	推广信息是否有机会展现
英语培训班	意思相近	英语辅导班	√
	位置颠倒	培训英语班	√
	插入	英语口语培训班	√

图 4.10　同义包含触发规则举例

由于设置同义包含的关键词所对应的搜索词也保持着较高的相关性，覆盖范围既不过窄也不过宽，所以同义包含是企业推广中最常用的匹配模式。

3．核心包含

核心包含又被叫作“去冗余包含”，“去冗余”就是“去除多余”的意思，当网民的搜索词包含触发的关键词核心部分时，企业的推广信息就有机会展现。例如，账户中的关键词为“英语培训班”，在设置核心包含后，系统认为“英语培训”为此关键词的核心部分，所以当网民搜索“北京英语培训”、“英语辅导书”、“最好的英语培训网站”时，都有可能触发关键词，如图 4.11 所示。

关键词	规则	搜索词	推广信息是否有机会展现
英语培训班	去冗余包含	北京英语培训	√
		英语辅导书	√
		最好的英语培训网站	√

图 4.11　核心包含触发规则举例

4.2.3　广泛匹配

1．广泛匹配的概念

广泛匹配是所有匹配模式中覆盖范围最广的匹配模式，匹配条件是网民的搜索词只要与关键词有一定的相关性，推广信息就有机会展现。所有精确匹配、短语匹配能够匹配的搜索词，广泛匹配都能够匹配。例如，账户中的关键词为“英语培训班”，在设置广泛匹配后，如图 4.12 所示。

关键词	匹配模式	规则	搜索词	推广信息是否有机会展现
英语培训班	广泛匹配	一模一样	英语培训班	√
		完全包含	北京英语培训班	√
		意思相近	英语辅导班	√
		位置颠倒	培训英语班	√
		插入	英语口语培训班	√
		去冗余	北京英语培训	√
		相关	英语	√
		相关	培训班	√

图 4.12　广泛匹配触发规则举例

2．广泛匹配的注意事项

（1）官方表示，当关键词是“英语培训班”并且是广泛匹配时，网民搜索“足球培训”、“钢琴培训”等搜索词时不能匹配此关键词，但是真正推广时这种搜索词也是有机会触发关键词的，所以广泛匹配的范围过于广泛，使用要“适当”。

（2）使用广泛匹配会有大量无用的搜索词触发企业关键词，并且点击企业推广创意，所以要结合能查到搜索词的工具和否定关键词来排除无用搜索词。

3．什么时候使用广泛匹配

（1）预算充足。当企业推广预算充足时，可以大量使用广泛匹配来覆盖大量的意向网民，并且可以扩充品牌曝光量，让更多的网民知道自己的企业，提高网站流量，为后期推广做铺垫。但广泛匹配的关键词较多会使推广费用增加，并且转化率相对较低。

（2）针对性使用。一些企业只把账户中出价较低并且跟自己业务非常相关的关键词设置为广泛匹配，这样即使有大量的点击，企业损失的预算也不会过多，在可以承受的范围内，并且可以适当扩充流量。

（3）刚开始推广的账户。企业在刚刚开始推广时，为了通过搜索词找到更精准的关键词，会暂时把大部分关键词设置为广泛匹配，推广一段时间后可以在相关工具中找到网民的搜索词，并且选择搜索量相对较大、相关性较强的搜索词作为推广账户中的关键词，是非常有效的扩词方法。

4. 广泛匹配的优势

- 定位更多的潜在客户，捕捉更多的商机。
- 展现机会最多，能给大量网民留下印象，从而最大可能地提升品牌知名度。
- 节省时间和精力，不需要提交所有相关的关键词，不必担心漏掉关键词。

5. 广泛匹配的劣势

- 覆盖大量网民，相对于其他匹配模式而言，花费更多的推广费用。
- 覆盖的网民中意向客户比例过低，最终的推广转化率较低。
- 由于对应单个关键词的搜索词量大，无法灵活地控制关键词排名与出价。

4.2.4 各匹配模式的显示符号

在百度推广账户中，每种匹配模式都有自己独特的符号表示，对 SEMer 的账户日常管理有一定的帮助，如图 4.13 所示。

- [ ] 表示精确匹配，如[英语培训]。
- “[ ]”表示精确包含，如“[英语培训]”。
- “ ”表示同义包含，如“英语培训”。
- “{ }”表示核心包含，如“{英语培训}”。
- 不加任何符号表示广泛匹配，如英语培训。

关键词	匹配模式 ⑦
总计 - 5	-
[英语培训班]	精确
"[英语辅导学校]"	短语-精确包含
"英语培训机构"	短语-同义包含
"{英语学校}"	短语-核心包含
培训英语学校	广泛

图 4.13　账户中各匹配模式的显示符号

4.2.5　5 种匹配模式的展现概率

同一个关键词不同的匹配方式被展现的概率不同，通常来讲，展现概率顺序依次是：广泛匹配>核心包含>同义包含>精确包含>精确匹配。

就每种匹配模式所覆盖的搜索词而言，若同一个关键词分别设置 5 种匹配模式，将所覆盖的相应搜索词范围进行对比，如图 4.14 所示。

- “精确包含”所匹配的搜索词中包括“精确匹配”所匹配的搜索词。
- “同义包含”所匹配的搜索词中包括“精确包含”所匹配的搜索词。
- “核心包含”所匹配的搜索词中包括“同义包含”所匹配的搜索词。
- “广泛匹配”所匹配的搜索词中包括“核心包含”所匹配的搜索词。

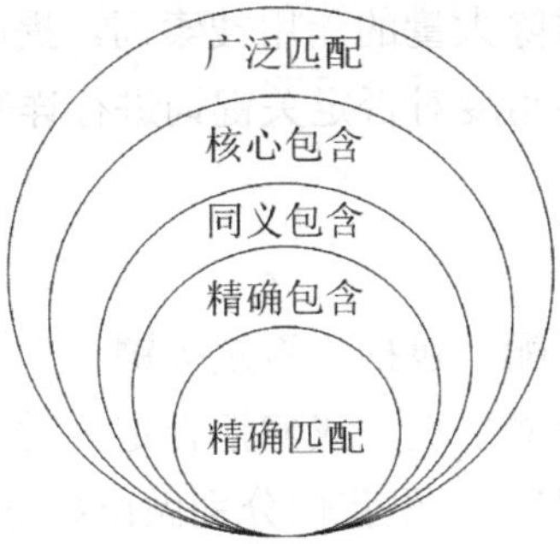

图 4.14　各种匹配模式覆盖范围图

4.2.6 匹配模式的作用与选择

1. 匹配模式的作用

当网民在百度前台搜索时，百度系统会自动挑选账户中对应的关键词，并将该关键词所对应的创意展现在网民眼前。关键词可以定位潜在受众，选择不同的匹配模式将帮助企业通过不同的方式定位潜在受众。企业可以根据自己的需要、推广目的，灵活选择匹配模式，更精准或更广泛地控制推广信息展现给哪些客户群。

不同的匹配模式会影响企业在百度前台展示页面中出现的概率，合理利用匹配模式会帮助企业吸引更精准的潜在客户。不同的匹配模式，不仅改变了推广信息所覆盖的网民，而且还会进一步影响客户的消费、点击率、转化率等。

2. 匹配模式的选择

每种匹配模式都有自己的优势和劣势，所以在选择哪种匹配模式时，不能局限其中一种固定的匹配模式，要灵活使用。广泛匹配覆盖面广，消耗费用多，在账户中使用的比例要尽量小，并且要结合否定关键词使用。精确匹配虽然匹配的用户精准，但曝光量过低，所以也要结合其他匹配模式同时使用。

企业如果希望迅速扩大企业知名度，增加曝光量，则可以考虑大量使用广泛匹配，但需要投入较高的成本；对于预算有限、求质高于求量的企业，可以考虑短语匹配和精确匹配。最终目的是尽量减少不必要的消费，并且增加潜在客户的点击量，这样才能有更好的推广效果。

4.3 否定关键词

否定关键词是百度搜索推广账户中的一个工具，此工具绝对可以称得上竞价推广中的“神器”。利用否定关键词可以排除大量的无用搜索词，提高投放精准度，为整个推广降低投入成本。下面我们通过不同的角度对否定关键词进行详细分析。

4.3.1 否定关键词的概念

否定关键词也被叫作否定匹配，包括“否定关键词”与“精确否定关键词”。“否定关键词”的叫法容易混淆，为了分清主次，我们把否定关键词的两种形式分别叫作“短语否定关键词”与“精确否定关键词”，这里我们分别做出如下定义。

1. 短语否定关键词

当企业在账户中添加“短语否定关键词”后，只要网民的搜索词完全包含这个“短语否定关键词”，企业的推广信息就不会展现。

例如，推广关键词为“英语培训”，匹配模式设置为广泛匹配，如图 4.15 所示。在搜索时发现，搜索“日语培训”也能找到企业的推广结果，我们可以分析出搜索“日语培训”的网民并不是我们的意向客户，所以就可以利用短语否定关键词否定“日语”，这样以后只要网民的搜索词包含“日语”，如“日语学习”、“北京日语培训”这类词时，企业的推广信息都不会展现。

关键词	匹配模式	短语否定关键词	网民搜索词	企业信息是否展现
英语培训	广泛匹配	日语	日语培训	否
			日语学习	否
			北京日语培训	否

图 4.15　短语否定关键词例图

2. 精确否定关键词

当企业在账户中添加“精确否定关键词”后，网民的搜索词必须与“精确否定关键词”一模一样，企业的推广信息才不会展现。

再以推广关键词为“英语培训”为例，并且匹配模式是广泛匹配，如图 4.16 所示。当网民搜索“培训”时，也能找到企业的推广结果，这时我们不能把“培训”设置为短语否定关键词，否则当网民搜索“英语培训”时也不会找到企业广告。我们把“培训”设置成“精确否定关键词”，这样网民在只搜索“培训”的时候，企业的信息才不会展现。

关键词	匹配模式	精确否定关键词	网民搜索词	企业信息是否展现
英语培训	广泛匹配	培训	日语培训	是
			培训	否

图 4.16　精确否定关键词例图

4.3.2　否定关键词的作用

在推广的关键词中，企业为了扩展更多的流量会使用大量的短语匹配或部分广泛匹配，但是只要存在短语匹配或者广泛匹配，就会有没有用的搜索词触发企业关键词，这部分网民即使点击进入企业网站也不会进行购买，所以 SEMer 要利用否定关键词工具尽量排除这些没有用的搜索词。这样企业就可以避免部分无效点击，降低转化成本，提高投入产出比，让关键词更精准地展现，把钱尽量花在刀刃上。

否定关键词否定了部分没有用的搜索词，也就减少了关键词大部分无效的展现，这也就提高了关键词的点击率，从而侧面提高了关键词的质量度。

例如，做空调维修的企业，提交了关键词“海尔空调维修”，并且设置为“广泛匹配”。当网民搜索“海尔空调维修”、“空调修理”、“北京空调维修”、“空调图片”、“海尔空调”、“代理海尔空调”时都能触发关键词“海尔空调维修”，如图 4.17 所示。

企业提交关键词：海尔空调维修（广泛匹配）						
网民搜索词	海尔空调维修	空调修理	北京空调维修	空调图片	海尔空调	代理海尔空调
推广信息是否展现	是	是	是	是	是	是
企业是否希望展现	是	是	是	否	否	否

图 4.17　否定关键词案例图

其中，搜索词“海尔空调维修”、“空调修理”、“北京空调维修”都是企业的意向客户，都有“修空调”的需求。

但通过分析后可知：

- 搜索“空调图片”的网民目的可能是有购买空调的意向。
- 搜索“海尔空调”的网民目的可能是打算购买海尔品牌的空调。
- 搜索“代理海尔空调”的网民目的可能是想成为代理去卖空调。

搜索这三个词的网民都不是企业的意向客户，即使点击企业广告，也基本不会“修空调”，所以企业利用“短语否定关键词”与“精确否定关键词”来排除这些非意向客户。

- 将“图片”添加为“短语否定关键词”，当网民的搜索词包含“图片”时，企业的推广信息不会展现。
- 将“代理”添加为“短语否定关键词”，当网民的搜索词包含“代理”时，企业的推广信息不会展现。
- 由于不能将“海尔空调”添加为“短语否定关键词”，故将“海尔空调”添加为“精确否定关键词”，当网民只搜索“海尔空调”时，企业的推广信息才不会展现。

4.3.3　否定关键词设置规则

1．否定关键词的设置位置

在搜索推广的推广管理中，计划层级与单元层级的功能中都可以设置否定关键词。在弹出的对话框中手动输入否定关键词与精确否定关键词，分别单击“保存”按钮，否定关键词在对应的计划层级或单元层级便会生效，如图 4.18 所示。

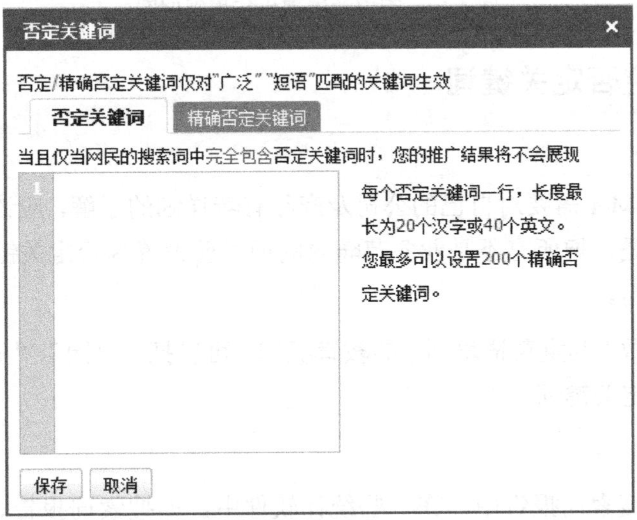

图 4.18　否定关键词对话框

2．否定关键词只对广泛匹配和短语匹配生效

由于“精确匹配”的含义是只有当网民的搜索词与账户中的关键词完全一致时，企业的推广信息才会展现，所以在精确匹配下，网民不会通过不相关的搜索词找到企业。

那么，否定关键词只针对账户中存在短语匹配或广泛匹配的关键词账户才有意义。

3．计划层级与单元层级同时设置否定关键词的执行规则

在凤巢账户中，计划层级与单元层级都可以设置否定关键词，其执行规则为计划层级与单元层级“相加执行”。

例如，某推广计划下有两个单元，即单元一、单元二。计划层级的否定关键词为“甲”，单元一的否定关键词为“乙”，单元二的否定关键词为“丙”，如图 4.19 所示。则：

- 计划下的否定关键词对本计划下的所有单元都生效。
- 单元下的否定关键词只对本单元生效。

- 单元一的否定关键词有“甲”和“乙”。
- 单元二的否定关键词有“甲”和“丙”。

计划一：甲　　　（否定关键词）
　单元一：乙（否定关键词）
　单元二：丙（否定关键词）

图 4.19　否定关键词执行规则例图

4.3.4　如何选定否定关键词

1. 思考法

一位专业的 SEMer 需要对自己的公司及产品有着详细的了解，应该知道哪些词是业务范畴内的，哪些不是，把所有不是业务范畴内的词提前设置为否定关键词，这样就能预先节省一定的推广费用。

比如一家专门做“儿童英语培训”的教育机构，可以把“出国”、“成人”、“四级”、“六级”作为账户的否定关键词。

2. 工具法

在凤巢账户的搜索词报告中，在一些统计软件中，如搜索词报告、百度统计、CNZZ 等，或在一些在线沟通软件中，如商务通、百度商桥、乐语等，都可以查看到网民是通过哪些搜索词找到企业的，我们通过对搜索词的分析，就可以把那些没有用的搜索词添加到否定关键词工具中。

比如某企业的业务为电脑培训，通过统计软件查看到触发关键词“电脑培训”的部分搜索词，我们就可以通过搜索词选定否定关键词，如图 4.20 所示。

关键词	匹配模式	网民搜索词	否定关键词	精确否定关键词
电脑培训	广泛	电脑培训		
		厨师培训讲师	厨师	
		护工培训	护工	
		培训		培训
		培训中心		培训中心
		英语培训	英语	
		买电脑	买	
		计算机		计算机

图 4.20　工具法添加否定关键词

4.3.5　否定关键词设置技巧

1. 能省则省

在凤巢账户中，否定关键词是有上限的，有些较大的账户会出现否定关键词的个数不够用的情况。在日积月累大量否定关键词后，作为专业的 SEMer，要精通否定关键词合并技巧，这样能节省否定关键词的个数，如图 4.21 所示。

关键词	匹配模式	网民搜索词	否定关键词	合并后否定关键词
电脑培训	广泛	芭蕾舞培训	芭蕾舞	舞
		交际舞培训	交际舞	
		舞蹈培训	舞蹈	

图 4.21　否定关键词合并

我们要优先考虑短语否定关键词，再考虑精确否定关键词。能用短语否定关键词否定的尽量用短语否定关键词否定，因为精确否定关键词只能否定一个词。当然，有些词只能精确否定，筛选出来的搜索词要进行认真分析。

2. 能增则增

否定关键词列表也需要不断补充、完善，定期查看搜索词报告，及时监控无效流量。除每天查看外，还可以按周、月查看，最终进行总结，从而对某个时间段的无效关键词流量有一个全局的观念。长期添加否定关键词后，企业的转化成本自然会逐渐降低，这也是否定关键词的最大意义。

3. 能记则记

作为 SEMer，平时一定要整理一份本行业常用的否定关键词，在新建计划或者更换账户时，可以直接复制粘贴到计划或单元，从而节省大量的时间并快速降低推广成本。

4.4　关键词移动出价

账户中的关键词可以在移动设备上展现，但在推广管理的关键词列表中，所展示的出价为计算机出价，不能直接看到移动端的出价，所以我们需要设置移动比例来控制关键词移动出价。

4.4.1　移动出价比例设置

在计划层级的功能中，我们单击“价格系数设置”功能后，会出现移动出价比例设置对话框，如图 4.22 所示。

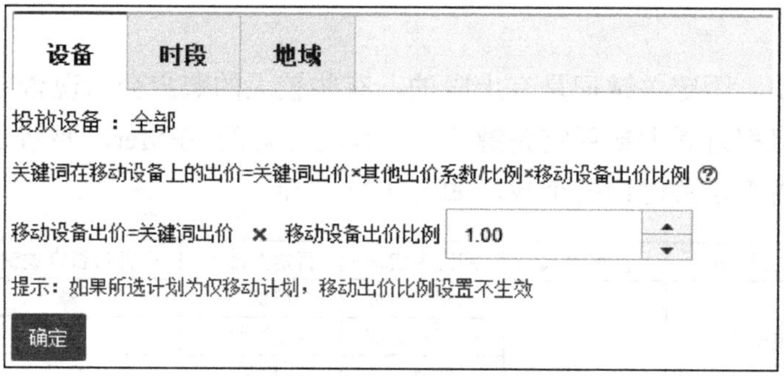

图 4.22　移动出价比例设置

在推广账户中，如果未做修改，移动出价比例默认为“1”，意味着在本计划下，所有关键词的移动出价与计算机出价相同。但如果我们对移动出价比例进行调整，那么整个计划下的所有关键词移动出价都会发生变化，若我们修改移动出价比例为“2”，如图 4.23 所示。

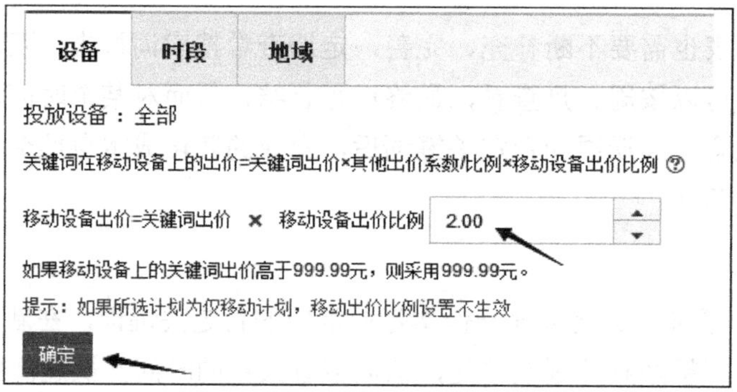

图 4.23　移动出价比例设置为“2”

单击“确定”按钮后，移动设备出价=关键词出价×2，意味着整个计划下所有关键词的移动出价都为计算机出价的 2 倍，以“英语培训”行业为例，如图 4.24 所示。

关键词	计算机出价（元）	移动系数	移动出价（元）
英语培训	30	2	60
英语学习	20		40
学英语哪家好	26		52
英语培训学校	17		34

图 4.24　乘以系数后的移动出价

4.4.2　移动出价比例设置的注意事项

1．只推广 PC 端，不推广移动端

如果企业只推广 PC 端，不推广移动端，那么移动系数通常设置为 0.1（移动系数的设置范围为 0.1～10）。设置后，再以 PC 端十分之一的价格去移动端推广，基本上是没有展现的，也就间接停止了移动端推广，如图 4.25 所示。

关键词	计算机出价（元）	移动系数	移动出价（元）
英语培训	30	0.1	3
英语学习	20		2
学英语哪家好	26		2.6
英语培训学校	17		1.7

图 4.25　只推广 PC 端

2．只推广移动端，不推广 PC 端

企业的某些计划只打算推广移动端，不推广 PC 端。相信大多数读者想到的是提高移动系数，但是这里要强调的是不能单单只调高移动系数，如图 4.26 所示。

关键词	计算机出价（元）	移动系数	移动出价（元）
英语培训	30	10	300
英语学习	20		200
学英语哪家好	26		260
英语培训学校	17		170

图 4.26　乘以系数后的移动出价过高

通过图 4.26 我们可以看到，如果把移动系数调整到 10，那么在计算机出价乘以 10 以后移动出价会“过高”，所以企业如果只推广移动端，那么一定要把关键词本身的出价降低后再提高移动系数，这样也就避免了大量的成本损失，如图 4.27 所示。

关键词	计算机出价（元）	移动系数	移动出价（元）
英语培训	3	10	30
英语学习	2		20
学英语哪家好	2.6		26
英语培训学校	1.7		17

图 4.27　只推广移动端

4.5 容易混淆的关键词“三价”

4.5.1 关键词出价

1. 关键词出价的概念

关键词出价是指企业愿意为关键词被点击一次所支付的最高价格。通过定义我们可以看出，出价是由企业自己设定的，而不是由搜索引擎设定的。另外，关键词被点击一次的价格不能高于出价，所以出价也是点击上限。

2. 如何设置关键词出价

在账户推广管理中，我们可以对关键词进行出价设置，可以针对某个关键词单独修改出价，如图 4.28 所示；也可以选定部分关键词在“编辑”中批量修改出价，如图 4.29 所示。

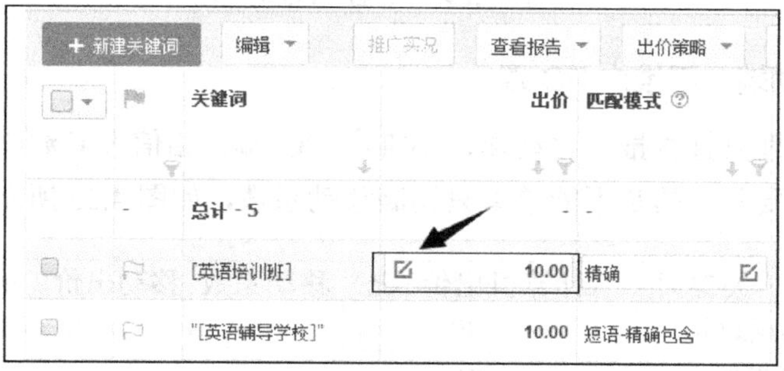

图 4.28　单独设置出价

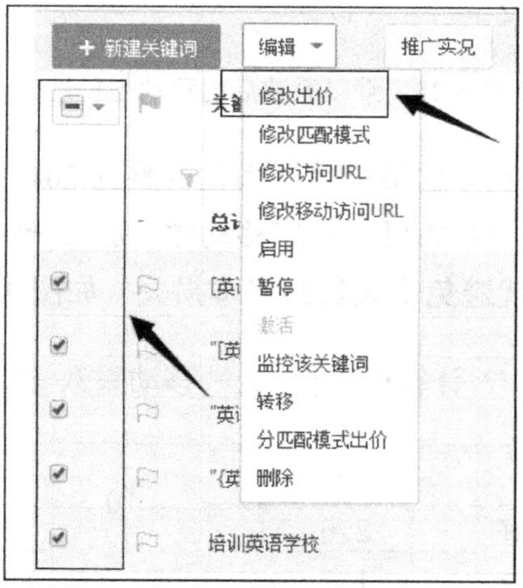

图 4.29　批量设置出价

单击“修改出价”后，会出现相应的修改出价对话框，我们可以将某个关键词或某些关键词统一调整到某一出价，也可以将某些关键词统一提高或降低一定出价，如图 4.30 所示。

图 4.30　修改关键词出价

4.5.2　点击价格

1．点击价格的概念

点击价格是指网民点击广告后所支付的实际费用，通常又被叫作实际扣费。关键词的点击价格不会超过关键词所设定的出价。

2．点击价格的算法

点击价格的计算方法是下一名的出价乘以下一名的质量度，再除以自己的质量度，再加上 0.01 元，计算公式如图 4.31 所示。例如，首位的出价是 20 元，质量度为 5，第二名的出价为 10 元，质量度为 6，那么首位的点击价格为(10×6)/5+0.01=12.01 元。

$$\text{点击价格} = \frac{\text{下一名的（出价} \times \text{质量度）}}{\text{自己的质量度}} + 0.01$$

图 4.31　点击价格计算公式

通过公式我们可以得知，关键词的点击价格主要和下一名的出价和质量度，以及自己的质量度有关，我们无法知道下一名关键词的出价和质量度，所以可以把控的只有自己的质量度，为了使自己的点击价格更低，我们可以尽量提高自己关键词的质量度。

4.5.3 最低展现价格

1. 最低展现价格的概念

最低展现价格是指，企业为了使关键词上线，所要给关键词出的最低价格。百度系统对每个关键词都给出了一个最低展现价格，相当于能够在百度展现的门槛价，企业给关键词出价时，所出的价格必须大于等于最低展现价格，才有资格在百度结果中出现。如果关键词出价小于最低展现价格，那么在账户中的状态为“搜索无效”，如图 4.32 所示。

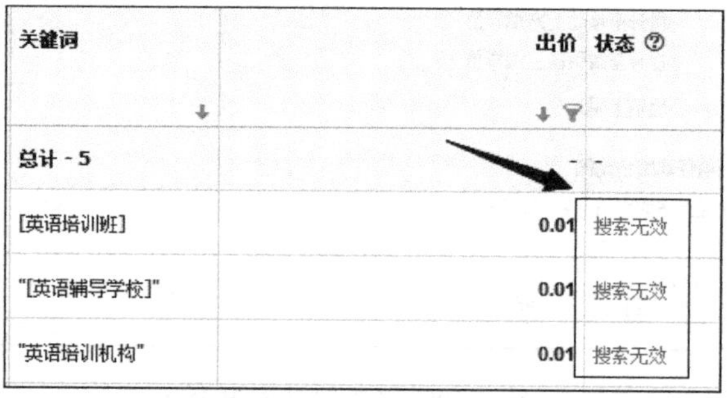

图 4.32　低于最低展现价格“搜索无效”状态

2. 最低展现价格的影响因素

关键词的最低展现价格受这个关键词的商业价值和质量度影响。所谓的商业价值，就是指这个关键词所在行业的竞争大小与利润高低。例如，医疗行业的竞争特别大，商业利润也特别高，那么关键词的最低展现价格普遍都高；某些产品行业的利润低，竞争也没有那么大，那么关键词的最低展现价格相对于医疗行业也就较低，如图 4.33 所示。

关键词	公司业务利润	行业竞争程度	最低展现价格
腰间盘突出	高	大	0.5元
鲜花	低	小	0.2元

图 4.33　关键词最低展现价格举例

3. 相同关键词不同最低展现价格

商业价值与关键词质量度共同决定了关键词最低展现价格的高低，由于不同关键词的商业价值不同，所以不同关键词的最低展现价格也会不同。另外，由于相同关键词的质量度也会不同，所以相同的关键词在不同的企业中最低展现价格也是不同的。即使在同一个账户中，如果在不同的单元添加了两个或多个相同的关键词，那么这些关键词的最低展现价格也是不同的。

4.5.4　一个例子区分关键词“三价”

- 关键词出价是指企业愿意为关键词被点击一次所支付的最高价格。
- 点击价格是指网民点击广告后所支付的实际费用。
- 最低展现价格是指企业为了使关键词上线，所要给关键词设置的最低出价。

由于关键词的“三价”特别容易混淆，为了更好地区别“三价”的定义，这里举一个好理解的例子。假如我们去参加一场拍卖会：

（1）我们一共带了 10000 元去参加这场拍卖会。

（2）到了现场后得知，想要拍卖的产品底价是 1000 元。

（3）经过与其他人竞争后，我们用 8000 元拍下了这件产品。

现在，我们把三个数据 10000、1000、8000，对应到出价、最低展现价格、点击价格的定义，如图 4.34 所示。

（1）我们带的 10000 元，就相当于我们这次买卖最多只能出这些钱，就像是“出价”定义。

（2）起拍价 1000 元，就意味着如果低于这些钱是没有竞拍资格的，就像是“最低展现价格”定义。

（3）最后花费 8000 元得到了产品，指的是实际所花的费用，就像是“点击价格”定义。

1.	一共带的钱	10000元	最高只能出这些钱	如“出价”
2.	拍卖的起拍价	1000元	低于这个价没有竞拍资格	如“最低展现价格”
3.	最后成交价	8000元	最后实际拿出了多少钱	如“点击价格”

图 4.34　关键词“三价”举例

4.6　监控文件夹

英国的经济学家分析发现，社会上 20%的人占有 80%的社会财富，后期不同行业的人发现生活中到处都存在这种“二八”关系，之后“二八法则”便用来形容这种不平等的关系。

一个企业的大部分利润可能只来自于它的一小部分客户，如在百度上做推广的行业和公司很多，但百度最大的收入来源就是医疗行业和教育行业。

在凤巢推广账户中也存在这种“二八”关系，如企业推广成本的 80%都被 20%的关键词所消费，当然这里的“二八法则”中的“二”和“八”都是形容词，意思是少部分和大部分，并不一定真的只占有 20%和 80%。所以占有“二”的这部分关键词可能就是我们的重要关键词，针对于重要关键词我们要每天关注它的数据，有针对性地进行调整出价和排名等。这些重要的关键词分配在不同的计划及不同的单元中，我们要从一个庞大的账户中找出这一小部分关键词并对它们单独调整是很困难的，必须到每一个单元去人工寻找，这非常耗时、耗力。通过监控文件夹，可以快速找到这些关键词。

4.6.1 什么是监控文件夹

监控文件夹是管理推广物料的得力助手，它可以将百度推广不同计划内、不同推广单元内的某些关键词放在同一文件夹内进行监控，如图 4.35 所示。

我们可以根据关键词的重要程度，依据自身需要，将关键词挑选出来放到监控文件夹中，通过监控文件夹系统实现虚拟整理、监控及管理关键词。

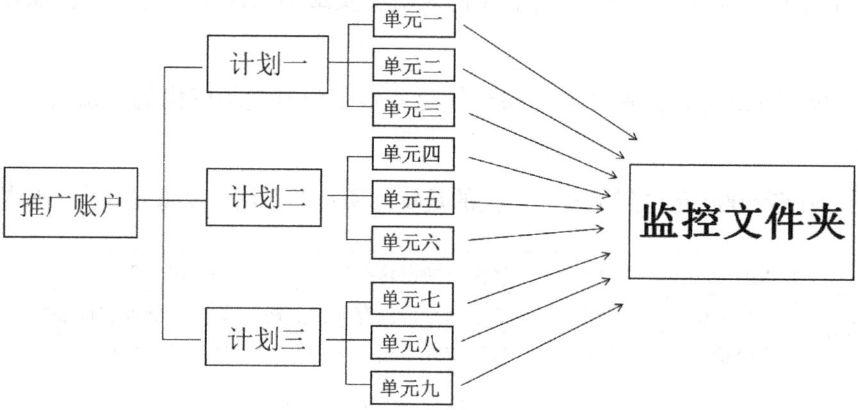

图 4.35　不同单元内的关键词可以放在同一监控文件夹

4.6.2 监控文件夹的使用方法

（1）监控文件夹的设置位置在搜索推广推广管理页面的左下侧，如图 4.36 所示。

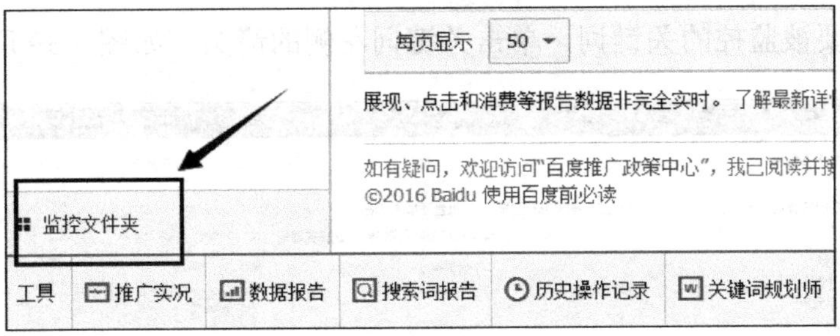

图 4.36　监控文件夹的位置

（2）单击“监控文件夹”按钮，进入监控文件夹管理页面。单击“新建监控文件夹”按钮创建监控文件夹，如图 4.37 所示。

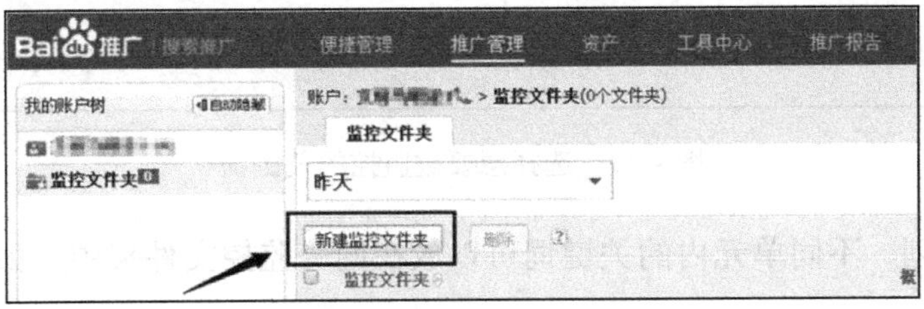

图 4.37　新建监控文件夹

（3）选择想要添加到监控文件夹的关键词所在的推广计划、推广单元，如图 4.38 所示。

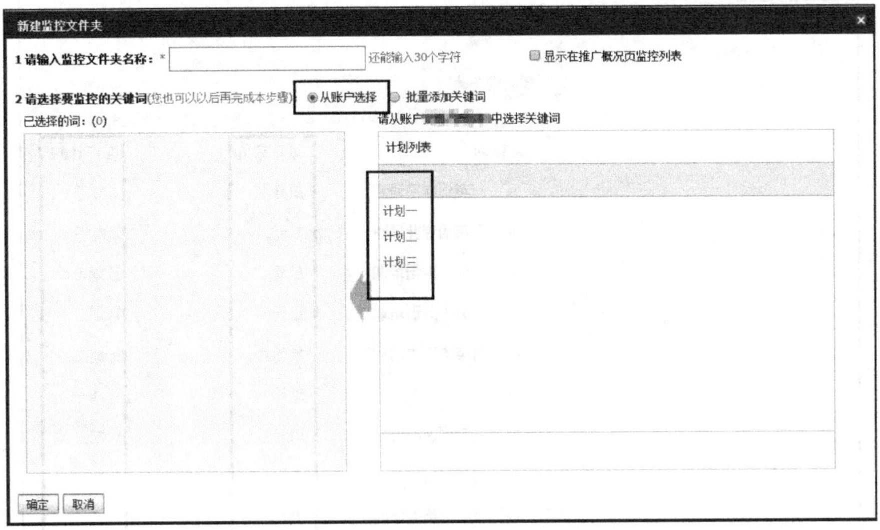

图 4.38　选择计划与单元

（4）选择想要被监控的关键词，单击关键词左侧的箭头，如图 4.39 所示。

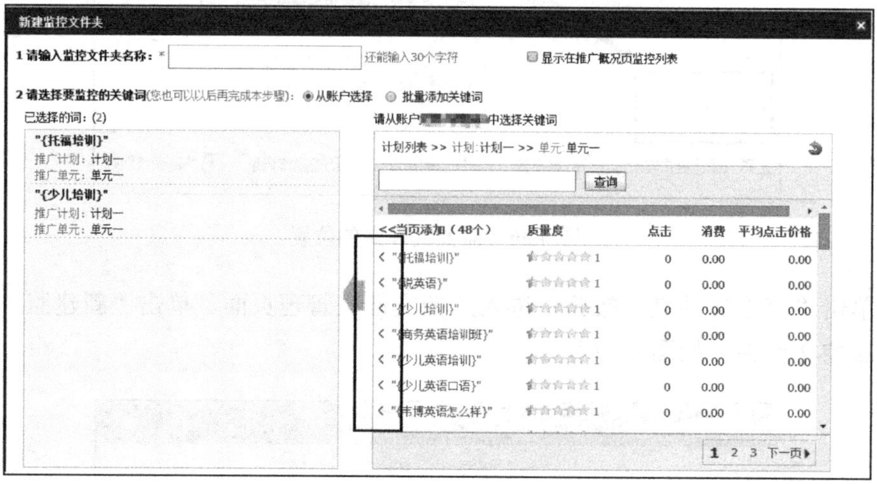

图 4.39　选择想要被监控的关键词

（5）不同计划、不同单元内的关键词可以放在同一监控文件夹中，如图 4.40 所示。

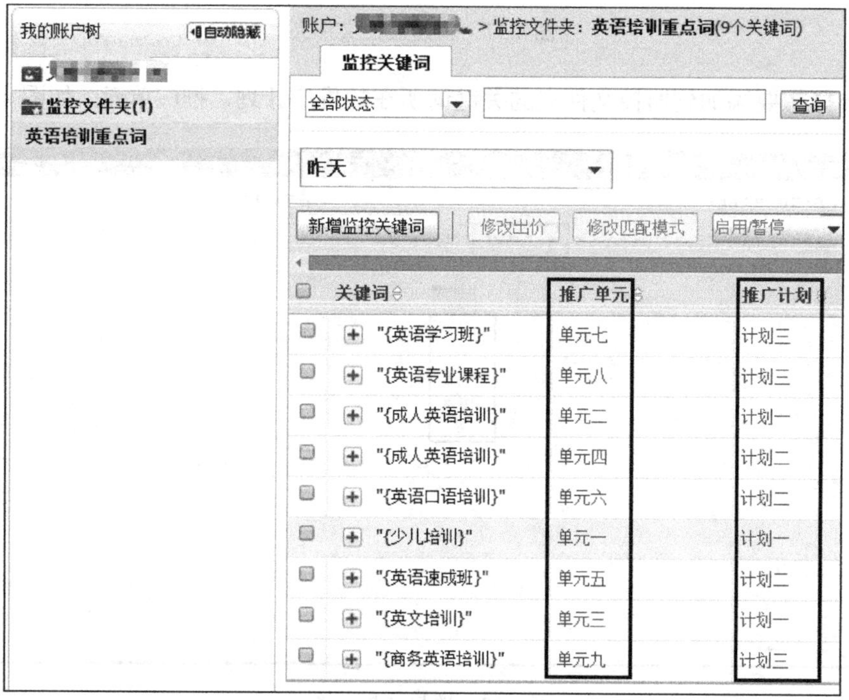

图 4.40　不同单元下的关键词同时被监控

（6）被监控关键词在账户中显示时会多出一个标签，如图 4.41 所示。

图 4.41　关键词监控标签

4.6.3　哪类关键词需要被监控

1．消费占比较高的关键词

账户中消费占比较高的关键词通常为账户中核心的关键词，这些关键词的消费往往决定了整个推广的投入产出比，所以监控这类关键词，可以及时查看其数据，快速调整关键词出价控制排名、调整匹配模式控制曝光量。

2．质量度较低的核心关键词

账户中如果核心关键词质量度过低，则会严重影响企业的转化成本，这也是让 SEMer 最困惑的问题。与同行比较，同样的出价这类关键词排名过低，所以对其进行监控，每日关注其质量度变化并进行记录，及时调整创意及着陆页面等。

4.6.4　监控文件夹的优势

1．多对多管理

每个单元内的关键词可以放进多个监控文件夹。一个监控文件夹可以监控多个单元内的多个关键词，操作灵活。

2. 虚拟监控

不需要打开原始各单元关键词列表，通过监控文件夹就可以直接了解重点关键词的推广数据，包括点击、消费、平均点击价格等。

3. 虚拟管理

监控文件夹的使用完全不会影响推广账户结构。对监控文件夹内的关键词进行修改，对应单元内的关键词也将被修改，如出价、匹配模式。监控文件夹内的关键词如果被移出监控文件夹，那么对应单元内的关键词不会受到任何影响。

4.7 分匹配模式出价

我们在管理账户时，大多都会有同一个关键词在账户中添加多个的现象，原因大致为不同的地域添加多个相同的关键词，不同的推广时段添加多个相同的关键词，不同的推广平台（PC 端/移动端）添加多个相同的关键词。

那么在相同的地域中，相同的时段内，相同的推广平台推广同一关键词的原因大多都是按照不同的匹配模式推广，因为精确匹配覆盖面较窄、定位精准、出价偏高；短语匹配、广泛匹配覆盖面较大，出价偏低。这样设置可以减少推广预算的浪费，但操作成本较高，使账户的管理复杂化。搜索推广中的“分匹配模式出价”功能，可以让这个问题简单化。

4.7.1 什么是分匹配模式出价

分匹配模式出价可以使关键词同时有精确匹配、短语匹配和广泛匹配三种匹配模式，以及这三种匹配模式下对应的不同出价。当网民的搜索词触发关键词时，系统就会自动判断适合哪种类型的匹配模式，同时会自动选择与匹配模式相对应的出价进行竞价。

例如，企业中的关键词“英语培训”设置了分匹配模式出价，并且精确匹配、短语匹配、广泛匹配的出价分别为 30 元、20 元、10 元，如图 4.42 所示。

- 如果网民搜索“英语培训”，那么系统会自动判断关键词为精确匹配，并且对应的出价为 30 元。
- 如果网民搜索“英语培训哪家好”，那么系统会自动判断关键词为短语匹配，对应的出价为 20 元。
- 如果网民搜索“英语网站”，那么系统会自动判断关键词为广泛匹配，所对应的出价为 10 元。

关键词	分匹配模式出价	搜索词	系统选择匹配模式	对应出价
英语培训	已设定	英语培训	精确匹配	30元
		英语培训哪家好	短语匹配	20元
		英语网站	广泛匹配	10元

图 4.42　“分匹配模式出价”概念举例

4.7.2　分匹配模式出价设置

1．设置位置

分匹配模式出价系数只能在单元层级设置，如图 4.43 所示。可以对多个单元批量设置，也可以对一个单元单独设置。如果一个单元启用了分匹配模式出价功能，则设置的分匹配模式出价系数将会作用到该单元下的所有关键词。

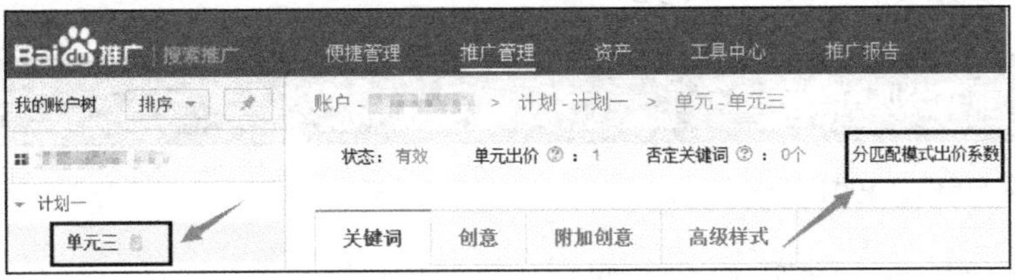

图 4.43　分匹配模式出价设置

2．分匹配模式出价“不接受”

分匹配模式出价可以在单元层级设置，针对的是整个单元内的关键词，但是单元内的关键词也可单独设置“不接受”。如果有关键词选择了不接受分匹配模式出价控制，那么此类关键词就不受分匹配模式出价功能控制。

如图 4.44 所示，选择不想被控制的关键词，单击“编辑”→“分匹配模式出价”，在弹出的对话框中选择“不接受”，单击“确定”按钮后即可生效。

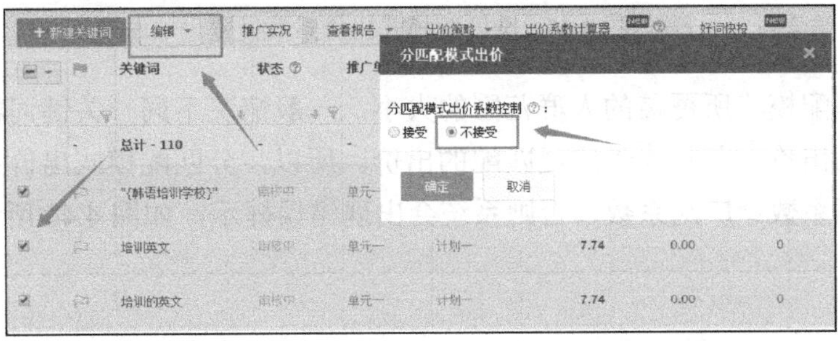

图 4.44　分匹配模式出价“不接受”设置

4.7.3 分匹配模式出价系数设置

打开单元层级“分匹配模式出价”，会出现分匹配模式出价系数对话框。所以，分匹配模式出价是通过系数设置实现的，需要在对话框中分别设置精确匹配系数、短语匹配系数、广泛匹配系数，系统会按照相应匹配系数计算每种匹配模式下的最终出价。

例如，企业关键词为“英语培训”，匹配模式为精确匹配，出价为 10 元。现开启分匹配模式出价功能，如图 4.45 所示，出价系数分别设置为：精确系数为 3，短语系数为 2，广泛系数为 1。那么，关键词“英语培训”在各种匹配模式下的最终出价为：

- 精确匹配模式下，10×3=30 元。
- 短语匹配模式下，10×2=20 元。
- 广泛匹配模式下，10×1=10 元。

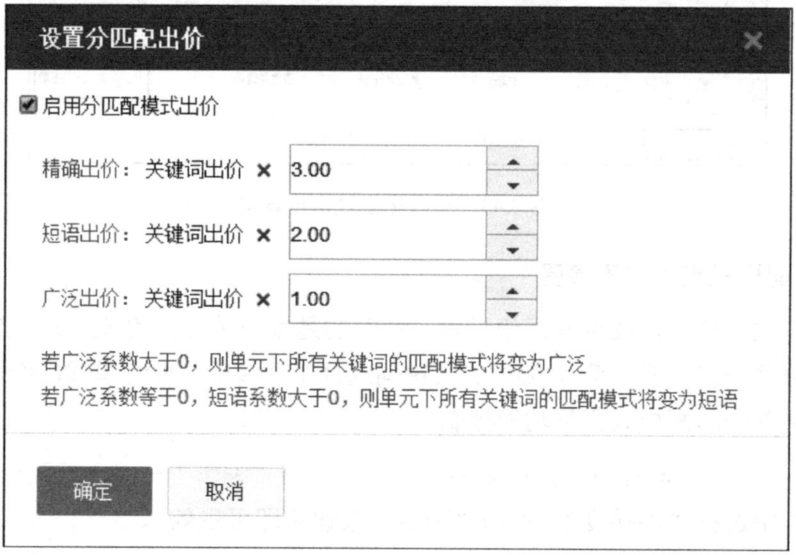

图 4.45 分匹配模式出价系数设置

根据每种匹配模式所覆盖的人群范围的大小，一般情况下同一关键词精确匹配的出价大于短语匹配的出价，并且大于广泛匹配的出价。所以，分匹配模式出价系数必须满足：精确系数≥短语系数≥广泛系数，否则系统会出现错误提示，如图 4.46 所示。

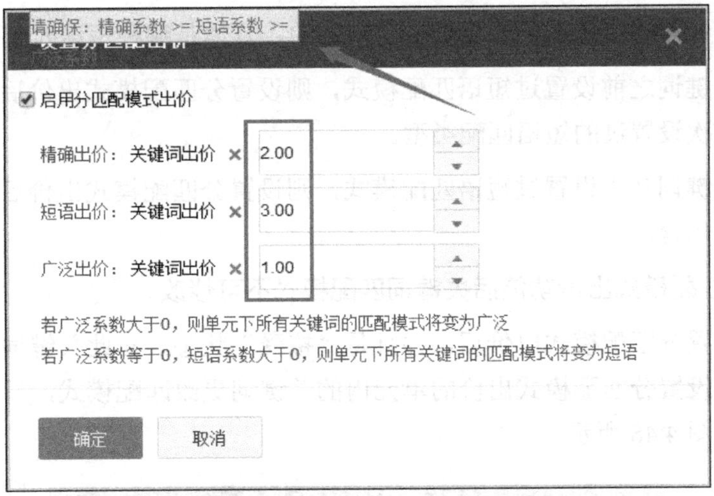

图 4.46　精确系数≥短语系数≥广泛系数

4.7.4　分匹配模式出价设置注意事项

1．设置之后匹配模式统一显示“*广泛*”

单元内的关键词设置分匹配模式出价以后，该关键词的原匹配模式的显示也会发生变化，在账户中匹配模式统一显示为：斜体“广泛”并且带有下画线，如图 4.47 所示。

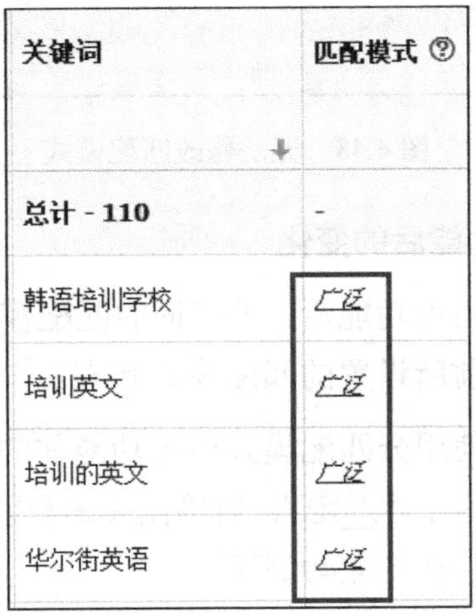

图 4.47　匹配模式统一显示“*广泛*”

2．功能中的短语匹配类型

由于关键词短语匹配分为精确包含、同义包含、核心包含，所以当关键词设置分匹配模式出价后，所针对的短语匹配的类型也是不同的，具体是哪种短语匹配分两种情况：

（1）如果关键词之前设置过短语匹配模式，则设置分匹配模式出价后，关键词短语匹配模式为最近一次设置过的短语匹配类型。

（2）如果关键词从未设置过短语匹配模式，则设置分匹配模式出价后，关键词的匹配模式为短语同义包含。

3．使用分匹配模式出价功能后关键词匹配模式不可修改

当关键词设置分匹配模式出价后，并且是“接受”状态，对此关键词更改匹配模式是无效的。对已经设置分匹配模式出价的单元内的关键词更改匹配模式，只能在“不接受”状态下进行，如图 4.48 所示。

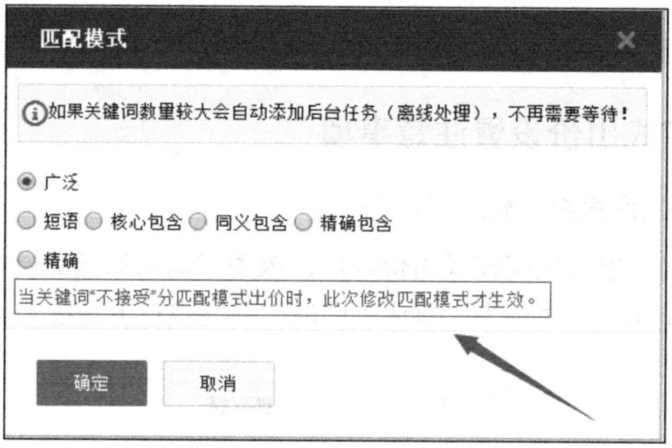

图 4.48　无法修改匹配模式

4．关闭分匹配模式出价功能后的变化

当关键词关闭分匹配模式出价功能后，关键词的匹配模式显示样式会由“*广泛*”，恢复到设置分匹配模式出价功能之前所设置的匹配模式状态。

例如，关键词“英语培训”使用分匹配模式出价功能前的匹配模式设置为“精确匹配”，使用分匹配模式出价功能后变为了“*广泛*”，当单元关闭分匹配模式出价功能后，其匹配模式就会回到“精确匹配”状态，如图 4.49 所示。

关键词	设置分匹配模式出价功能前	设置分匹配模式出价功能后	关闭分匹配模式出价功能后
英语培训	精确匹配	*广泛*	精确匹配

图 4.49　匹配模式变化

第 5 章

百度搜索推广——创意

网民进行搜索后，第一眼看到的就是企业的推广创意，创意是网民对企业的第一印象。企业可以通过关键词覆盖更多的目标客户，而创意的好坏则决定了是否能够把这些目标客户吸引到企业网站中，有了这些优质的流量，才能实现最终的转化。所以，对于获得流量与转化而言，创意功不可没！

5.1 创意基本概念与设置

每个单元最多可以添加 50 条创意，每条创意都有可能被展现，一条优质的创意能够呈现企业的推广信息，并且迅速满足网民对信息的需求，最终达到引流、转化的目的。

5.1.1 创意的结构

创意的结构包括标题、描述、显示 URL 及访问 URL 四部分。其中，“标题”是指在搜索结果看到创意中的“大字”部分，“描述”指创意中的“小字”部分，显示 URL 是网民在推广结果中看到的最后一行网址，如图 5.1 所示；访问 URL 是网民点击推广结果后实际访问的网站页面，在打开的网址框中可以看到访问 URL，如图 5.2 所示。

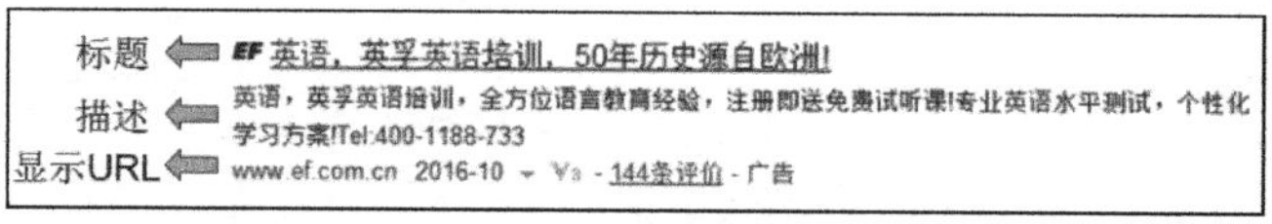

图 5.1　创意结构

图 5.2　访问 URL

5.1.2　创意字符限制

创意标题最多为 50 个字符，创意描述第一行最多为 80 个字符，创意描述第二行最多为 80 个字符，默认访问 URL 字符限制为 1017 个字符，默认显示 URL 字符限制为 36 个字符，如图 5.3 所示。

中文汉字，全角英文、标点符号为两个字符；半角英文、标点符号，数字、空格为一个字符。

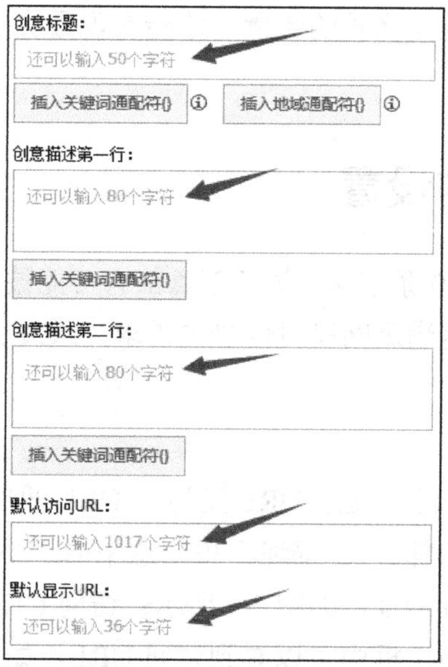

图 5.3　创意字符限制

5.1.3　创意的作用

1. 让网民看

搜索推广按点击付费，创意的展现是不收费的，即使网民没有点击创意，但创意也能给网民留下一定印象，在多次影响之后，也可以起到占有市场、宣传品牌的作用。就像我们平常在路边总接到像健身房等各种各样的传单，你可能当时对此很反感，但如果总是这个品牌的传单“烦”你，那么你可能在不经意间就记住了这个品牌，并且在以后有需求的时候想起来，形成购买。

2. 让网民点击

一切广告的目的大多都是为了促成订单，创意也是广告，所以也不例外。那么创意最重要的作用就是让网民去点击，把网民引到企业网站，之后利用网站的吸引力、客服及销售人员的能力来促成最终订单。

5.1.4　创意的状态

创意在凤巢账户中共有 4 种状态，包括有效状态、暂停推广状态、审核中状态、不宜推广状态。

- 有效状态：表示创意当前无问题，可以正常展现。
- 暂停推广状态：表示该条创意被设置暂停，此时创意将无法正常展现，直到取消暂停。
- 审核中状态：对于新提交的创意或者对创意进行修改，创意的状态为审核中，表示系统正在对创意进行审核，审核通过后创意即可正常推广。
- 不宜推广状态：表示创意因不符合推广规则而被系统拒绝，无法正常展现。系统会告知不宜推广的具体原因，企业需要进行修改，修改后进入审核中状态。

5.1.5　创意的展现方式

关键词与创意是多对多的关系，指单元内的任意一个关键词可能匹配单元内的任意一条创意，所以为了保证创意足够丰富，能够吸引更多目标客户的关注，单元内需要添加多条创意。百度官方资料建议添加两条或两条以上创意，根据笔者的操作经验，至少要添加三条创意，如果平常工作时有空余时间，就可以继续添加，目的就是为了在关键词匹配单元内的一条创意时，有更多的选择空间。

关键词到底匹配哪条创意去展现，与我们所选择创意的展现方式有关。创意的展现方式包括优选和轮替两种模式，可以在计划层级的“其他设置”中选择，如图 5.4 所示。

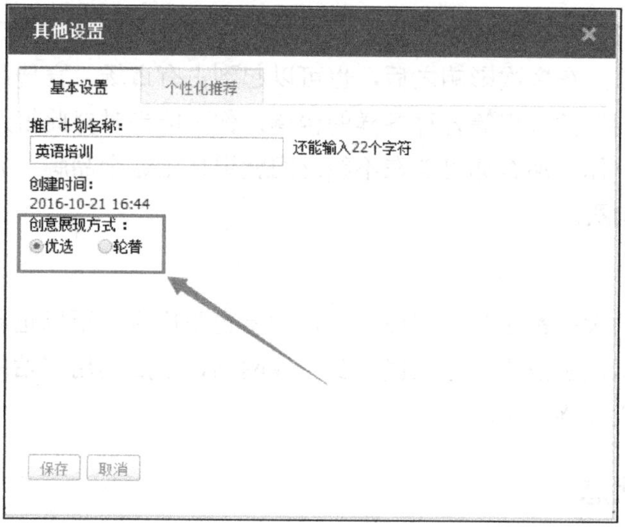

图 5.4　创意展现方式

1．优选

当选择优选的创意展现方式后，系统将选择与搜索词、关键词相关程度更高、表现更优、网民更认可更关注的创意予以更多的展现，从而吸引更多潜在受众点击推广信息，提高点击率，改善关键词质量度。

例如，本单元共有五个关键词，分别为 A、B、C、D、E，三条创意，即甲、乙、丙，如图 5.5 所示。当选择创意优选的展现方式后，系统认为“创意乙”更符合网民的需求，这时会把更多的展现机会给“创意乙”，当单元内创意的展现共 1000 次时，可能“创意乙”的展现次数占更大部分。

2．轮替

当选择轮替的创意展现方式后，关键词对应的本单元内的多条创意轮换着出现，每条创意的展现可能性是一样的。

例如，本单元共有五个关键词，分别为 A、B、C、D、E，三条创意，即甲、乙、丙，如图 5.6 所示。当选择创意轮替的展现方式后，系统会让三条创意有同等的展现概率，当单元内创意的展现共 1000 次时，三条创意的展现次数大致相同。

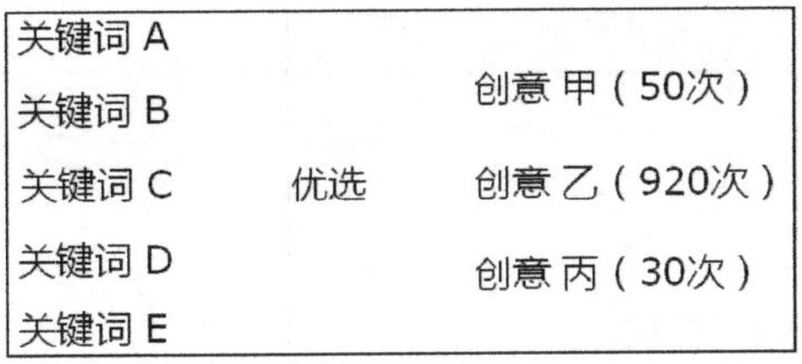

图 5.5　创意展现方式——优选

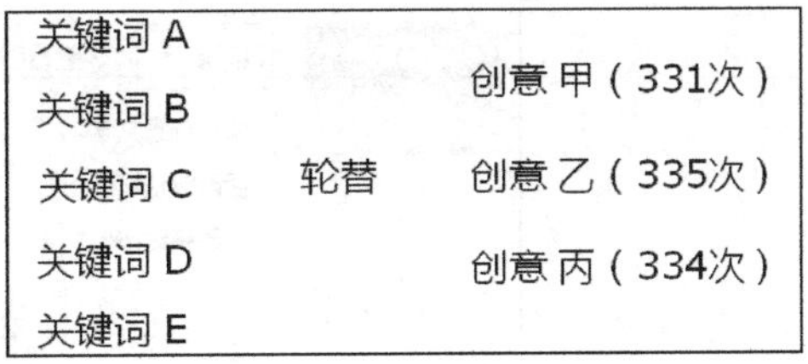

图 5.6　创意展现方式——轮替

3．创意展现方式的选择

在账户推广后，建议创意展现方式尽量选择优选，这样能够使网民更喜欢的创意被展现。这条创意之所以能够被展现，也可以说明这条创意是系统“最喜欢”的，由于账户中关键词的质量度由系统评测得出，所以只有系统“喜欢”，才能让我们的关键词质量度更好。系统中默认的创意展现方式为“优选”。

5.1.6　创意设备偏好

搜索推广可以在移动端推广，那么创意也可以在移动端展现。账户设置中可以设置创意的设备偏好，当选定的创意设置移动设备优先后，如果关键词在移动端被触发，那么关键词就会优先选择这类创意展现。

创意“设置偏好”可以在创意的编写对话框中勾选，如图 5.7 所示；也可以在创意目录的编辑栏中设置，如图 5.8 所示。

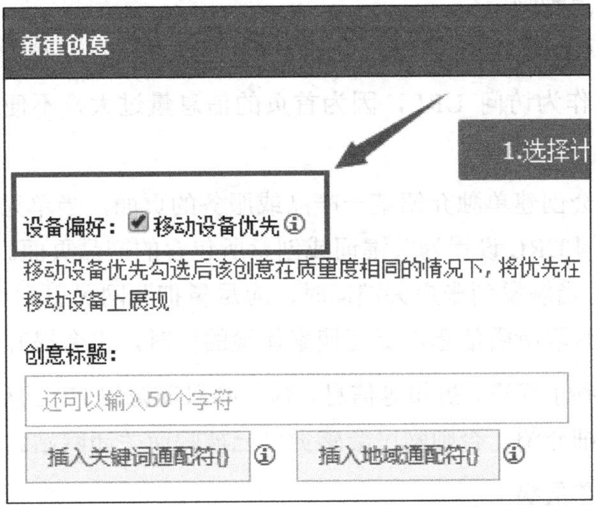

图 5.7　编写创意时选择设备偏好

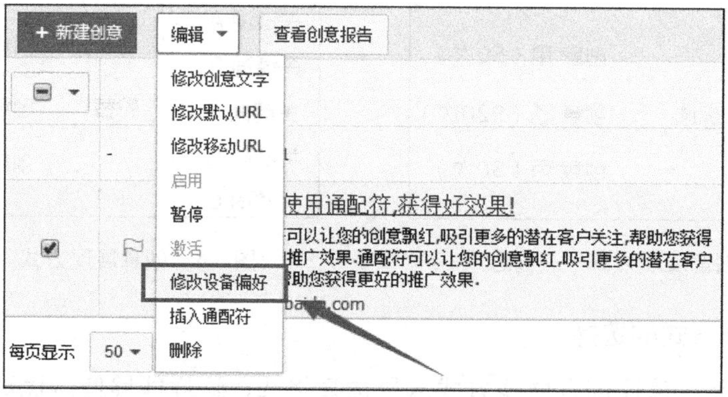

图 5.8　在编辑栏中修改设备偏好

5.1.7　访问 URL

访问 URL 是网民点击企业推广创意后，实际进入页面的网址。关键词和创意都能添加访问 URL，且以关键词优先。访问 URL 的填写根据创意和关键词的不同而不同，为保证推广效果，应按照网民的搜索意图，将网民直接带至包含推广创意中所提供内容的网页。如果网民进入网站后不能立刻找到创意中所宣传的内容，那么很可能就此关闭网站。

访问 URL 在行业中还有其他几种叫法，包括“着陆页”、“到访页面”、“Loading Page”、“LP”。其中被称作“着陆页”的数量居多，当网民点击创意后进入的页面就为着陆页，所以设置一个优质的着陆页尤为重要。

1. 访问 URL 设置规则

大多数 SEMer 在设置访问 URL 时，喜欢将网址指向首页。一般情况下，除品牌词外，其他最好不要用首页作为访问 URL，因为首页的信息量过大，不便于网民快速获取所需信息。

通常推广网站上会创建单独介绍某一产品或服务的页面，当单元内的关键词以产品类为主时，应尽量将访问 URL 设置为关键词或创意所包含的产品页面。例如，网民的搜索词为“少儿英语培训”，当触发到账户关键词时，应尽量把此网民引到“少儿英语”专题页，从而使网民可以快速获取所需信息，保证搜索体验的同时，也会提升推广效果。

如果在创意中提到了优惠、折扣等信息，则务必保证访问 URL 所指向的页面中包含关于价格优惠信息的详细介绍，否则网民会感觉自己被骗而关闭网站。

2. 访问 URL 设置层级

访问 URL 在创意和关键词中都可以设置，当同时设置时，以关键词的页面为主，如关键词不设置，则以创意为主。这里把前几章所讲过的所有层级功能的优先规则做一个总结，如图 5.9 所示，填写“√”表示此层级可以设置相对应的功能。

- 推广预算可以在账户层级与计划层级设置，两层级同时设置以少的优先。
- 推广地域可以在账户层级与计划层级设置，两层级同时设置以计划层级优先。
- 出价可以在单元层级与关键词层级设置，两层级同时设置以关键词层级优先。
- 移动比例可以在计划层级与单元层级设置，两层级同时设置以单元层级优先。
- 否定关键词可以在计划层级与单元层级设置，两层级同时设置相加执行。
- 暂停可以在计划层级、单元层级、关键词层级、创意层级设置，多层级同时设置以高层级优先。
- 访问 URL 可以在关键词层级与创意层级设置，两层级同时设置以关键词层级优先。

	账户	计划	单元	关键词	创意	执行规则
推广预算	√	√				两层级同时设置以少的优先
推广地域	√	√				两层级同时设置以计划层级优先
出价			√	√		两层级同时设置以关键词层级优先
移动比例		√	√			两层级同时设置以单元层级优先
否定关键词		√	√			两层级同时设置相加执行
暂停		√	√	√	√	多层级同时设置以高层级优先
访问URL				√	√	两层级同时设置以关键词层级优先

图 5.9　账户结构功能设置优先级

5.2　通配符

通配符是创意中能够替代单元内所有关键词的符号，可以增加创意飘红概率和点击率，使用标志为“{默认关键词}”（大括号），其中的“默认关键词”可以替换为任意一个单元内的已有关键词。在编写创意时，标题、描述都可以插入通配符，被插入通配符的部分在账户的预览图中飘红，如图 5.10 所示。

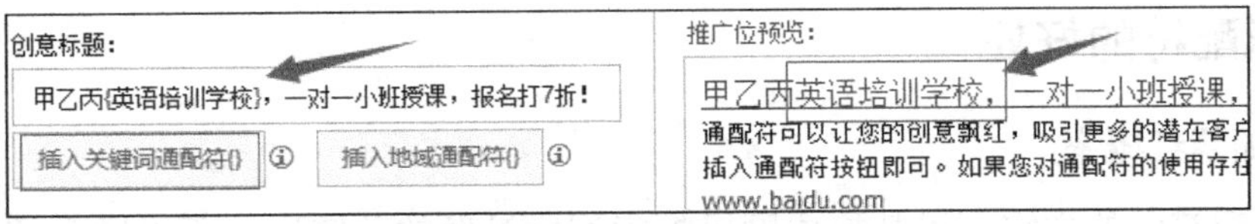

图 5.10　通配符

5.2.1 通配符的替换功能

创意通配符有替换功能，当网民的搜索词触发单元内的某个关键词时，此关键词会替换创意通配符内的关键词，之后创意展现、被点击、有访问、有网民咨询、有订单，连接了搜索推广漏斗，流程如图 5.11 所示。

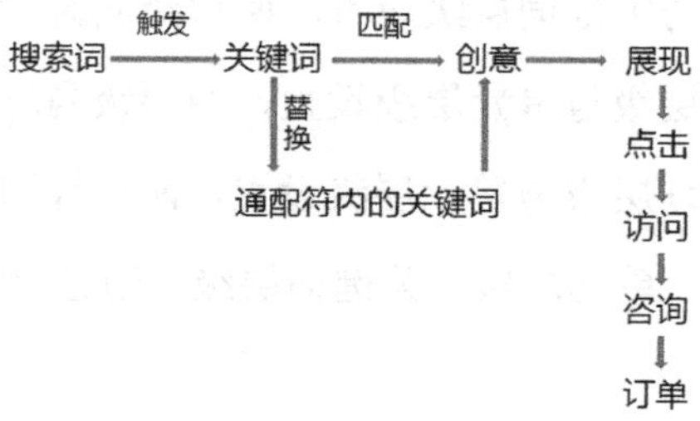

图 5.11 通配符替换流程图

例如，某账户推广单元内有三个关键词，分别为“英语学习”、“英语培训”、“学英语”，并且单元内添加了一条创意，如图 5.12 所示。

当网民的搜索词为“学英语”时，会触发单元内的关键词“学英语”，那么关键词“学英语”会替换创意通配符中的关键词“英语培训”，最终展现的创意如图 5.13 所示。

关键词	创意
英语学习	标题： ABC{英语培训}学校，一对一授课，报名打7折。
英语培训	描述1：北京ABC{英语培训},专注英语教育15年，量身定制，
学英语	描述2：个性化学习，外教专家授课，报名免费试听。

图 5.12 单元内创意样式

搜索词	展现结果
学英语	标题：ABC学英语学校，一对一授课，报名打7折。 描述：北京ABC学英语,专注英语教育15年，量身定制，个性化学习，外教专家授课，报名免费试听。

图 5.13 创意前台展现样式

5.2.2 通配符的好处

1. 增加飘红概率

由于通配符中的文字可以替换成网民搜索词所触发的关键词，所以通配符中所展现的文字，能够与网民搜索词一致或者相近，那么通配符也就可以增加创意的飘红概率。

但通配符所展现出的关键词并不一定全部飘红，例如某账户单元内关键词为“英语培训哪家好”，并设置为广泛匹配。当网民的搜索词为“英语”时，触发此关键词，创意得到展现，但是此创意及通配符的关键词“英语培训哪家好”中，只有“英语”才会飘红，因为飘红与网民的搜索词有关，与关键词无关。

2．锁定眼球

网民在百度搜索某个词，当出现推广结果后，网民会选择一个自己觉得更加匹配的创意点击，并且大多时候网民会点击飘红多以及飘红适当的创意，因为在长期的搜索经验中，网民认为有飘红的创意才与自己搜索的内容相关，点击进去才能找到自己想要的，这是一种“下意识”。所以增加创意飘红，可以迅速锁定网民眼球，增加创意点率，为网站带来更多流量。

5.2.3　通配符使用注意事项

1．保证语句通顺，符合逻辑

当单元内的关键词替换通配符内的关键词后，要确保创意语句通顺，符合政策读取要求，否则会大大降低网民对企业的信任度。如图 5.14 所示，账户中所添加的创意语句通顺，但当网民搜索“英语培训哪家好”触发关键词替换后，创意有明显的逻辑问题。所以在添加创意时，要保证单元内的每个关键词替换通配符中的关键词后，语句通顺，符合逻辑。

关键词	创意
英语学习	标题：ABC{英语培训}学校，一对一授课，报名打7折。
英语培训	描述1：北京ABC{英语培训},专注英语教育15年，量身定制，
英语培训哪家好	描述2：个性化学习，外教专家授课，报名免费试听。

搜索词	展现结果
英语培训哪家好	标题：ABC英语培训哪家好学校，一对一授课，报名打7折。 描述：北京ABC英语培训哪家好,专注英语教育15年，量身定制，个性化学习，外教专家授课，报名免费试听。

图 5.14　通配符替换后保证语句通顺

2．使用最长关键词作为通配符默认关键词

在编写创意时，尽量把本单元内最长的关键词作为通配符中默认的关键词。由于创意的标题与描述都存在字符限制，如果网民的搜索词所触发的关键词替换后，超出标题或描述的字符限制，则系统默认不替换，依然展现通配符本身默认的关键词。这样会降低网民的搜索与创意的相关性，影响网民点击。

所以我们在编写创意时，要用最长的关键词作为默认关键词，无论单元内哪一个关键词被触发，都不会出现替换超长的情况。

3．使用相同关键词作为通配符默认关键词

在编写创意时，尽量使用本单元内的同一个关键词作为通配符中的默认关键词，由于通配符的替换作用，即使不用同一个关键词作为默认关键词，替换后也会变成同一个关键词，这样只会增加我们的工作量，没有任何意义。

如图 5.15 所示，创意编写时标题与描述的通配符分别为“英语学习”与“英语培训”，当网民的搜索词为“学英语”时，通配符内的关键词都会替换成“学英语”。

关键词	创意
英语学习	标题：ABC{英语学习}学校，一对一授课，报名打7折。
英语培训	描述1：北京ABC{英语培训},专注英语教育15年，量身定制，
学英语	描述2：个性化学习，外教专家授课，报名免费试听。

搜索词	展现结果
学英语	标题：ABC学英语学校，一对一授课，报名打7折。 描述：北京ABC学英语哪家好,专注英语教育15年，量身定制，个性化学习，外教专家授课，报名免费试听。

图 5.15　未使用相同关键词作为通配符默认关键词举例

5.3　创意飘红

我们在百度的搜索框中搜索某一词时，出现的推广结果会有红色的词语，这些飘红词语有助于吸引目标客户的关注，并使潜在受众对创意信息的感知更为准确，更容易判断创意是否满足了自己的搜索需求。良好的飘红效果有助于提升创意的点击率和转化率，从而提高投资回报率。

5.3.1　创意飘红的原因

1．内容与搜索词一致或相近

当创意文字包含的词语与网民搜索词包含的词语完全一致或意义相近时，在搜索结果中展现时就会飘红。例如，网民的搜索词是“英语培训哪家好”，那么在推广展现结果中“英

语”、“培训”、“哪家好”都会飘红，如图 5.16 所示。

如果推广结果中有“英文”、“学习”这类词也会飘红，因为这些词语与网民的搜索词包含的词语意义相近。

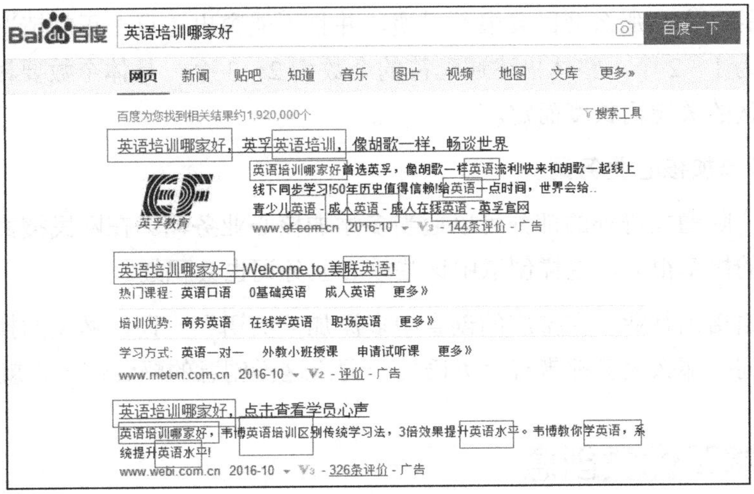

图 5.16　内容与搜索词一致或相近时飘红

2. 创意包含网民所在地的地域名称

如果账户创意标题或描述中含一个国内地名，当网民输入的搜索词中不含地名，但网民所在地（以 IP 为准）包含在上述地名辖区内时，该地名也会飘红。

例如，某账户的创意文字中包含“北京”，当网民在北京的 IP 下搜索某一搜索词并触发这条创意时，创意中的“北京”也会飘红，如图 5.17 所示。

所以要注意，推广结果的文字是否飘红只与网民的搜索词与所在地域有关，与账户中本身的关键词无关。

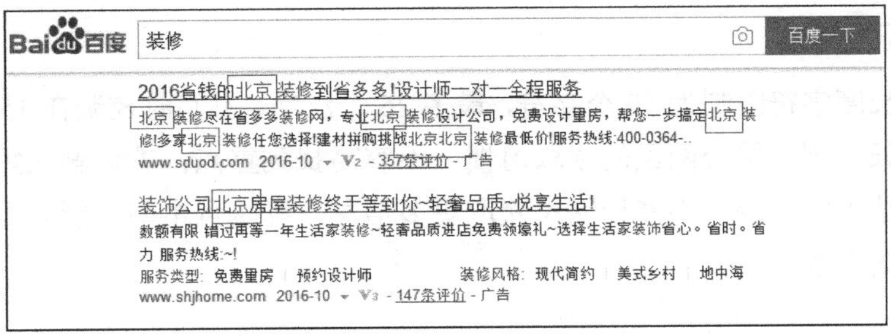

图 5.17　创意包含网民所在地的地域名称时飘红

5.3.2 创意飘红的技巧

1. 适当添加通配符

添加通配符能够增加创意飘红的概率，但通配符的个数要适当，不能过多，如果整条创意都是红色的文字，那么网民会很不习惯，并且不能突出重点。正常情况下，创意标题通配符的个数为 1～2 个，整体描述通配符的个数为 2～3 个，具体个数要根据企业的需求与通配符中默认的关键词长度而定。

2. 创意多添加核心业务词

在创意中，除通配符外的部分可以适当多添加核心业务词。在网民搜索时，搜索词包含核心业务词的概率很大，这样创意中这些核心业务词也会飘红。

例如，英语培训行业，在推广的创意中多添加“英语”一词，网民的搜索词如果能触发账户的关键词，那么大多都带有“英语”一词，这样创意的飘红部分也就会增多。

5.4 如何撰写优质创意

魏则西事件后，百度首页广告位目前只剩下五条，其他搜索引擎也受到不同程度的影响。毫不夸张地说，大多数企业的创意能够展现，都是过五关斩六将取得的成果。如何才能抓住网民的眼球，吸引网民点击，重点就在于创意的质量。

5.4.1 写好标题才是硬道理

作为创意中最重要的部分，标题是吸引潜在客户点击最直接的原因。根据网民的习惯，用户在检索信息时，标题是用户关注和点击的集中区域，网民目光大范围覆盖广告可视范围，哪条创意标题更吸引眼球，就优先点击哪条创意。所以，撰写更优秀的标题，可以有效提高点击率，创造更佳的推广效果。

技巧 1：标题长度

创意标题长度字符限制为 50 个字符，最多 25 个汉字，书写时控制在 15～20 个汉字为宜。若标题过长，则不符合网民的读取习惯，不容易找到重点；若标题太短，又会使创意过于单薄，表达内容过少，不能让网民获取更多信息，影响点击率。所以需要把握好标题长度，抓住意向人群。

技巧 2：标题断句

创意中的句子过长不利于网民的阅读和理解，会有读取疲劳的感觉，如图 5.18 所示。几个字的句子才算合适呢？一般来讲，10 个字以内为一句话，基本不会影响网民阅读。但又不能字数过少，如果一个 20 个字的标题，断句 5 次以上，那么会让标题变得杂乱。因此，字数尽量控制在 5～8 个字为宜，如图 5.19 所示，可以让网民轻松获取主要信息并促成点击。

> 甲乙丙英语培训注册即可免费试听，0元入学
> 通配符可以让您的创意飘红，吸引更多的潜在客户关注，帮助您获得更好的推广效果。点击插入通配符按钮即可。如果您对通配符的使用存在疑问，可咨询您的推广顾问。
> www.baidu.com

图 5.18　创意句子过长

> 甲乙丙英语培训，注册即可免费试听，0元入学
> 通配符可以让您的创意飘红，吸引更多的潜在客户关注，帮助您获得更好的推广效果。点击插入通配符按钮即可。如果您对通配符的使用存在疑问，可咨询您的推广顾问。
> www.baidu.com

图 5.19　创意句子长度适中

技巧 3：品牌与公司名称

一个优质的创意标题，应包含公司品牌、公司名称或简称，出现频率不用过多，一次即可。

创意有两个作用：① 让网民看；②让网民点击。如果创意不能得到点击，那么标题中公司的标志也会给网民留下印象，加强品牌的曝光度，从而使我们的创意没有白白展现。但标题除写品牌外，还要填写公司的优势，来有效吸引网民点击。如果只写名称或品牌，则会使标题表达内容过少，网民无法获取更多有吸引力的信息，从而容易忽略此创意，这也是大多初学者经常会犯的错误，如图 5.20、图 5.21、图 5.22 所示。

> 甲乙丙英语培训
> 通配符可以让您的创意飘红，吸引更多的潜在客户关注，帮助您获得更好的推广效果。点击插入通配符按钮即可。如果您对通配符的使用存在疑问，可咨询您的推广顾问。
> www.baidu.com

图 5.20　标题过于简单（1）

> 英语培训首选甲乙丙
> 通配符可以让您的创意飘红，吸引更多的潜在客户关注，帮助您获得更好的推广效果。点击插入通配符按钮即可。如果您对通配符的使用存在疑问，可咨询您的推广顾问。
> www.baidu.com

图 5.21　标题过于简单（2）

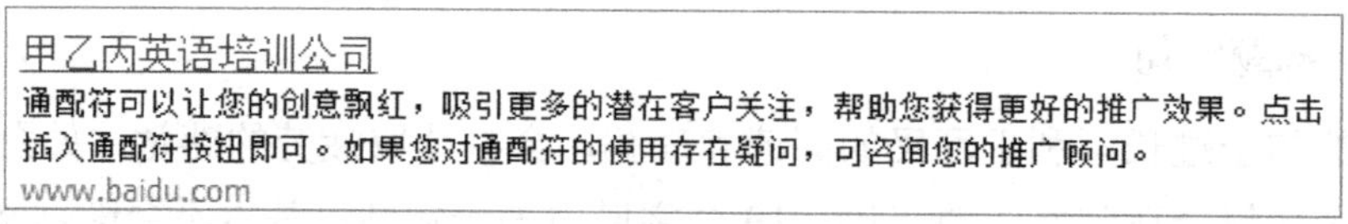

图 5.22　标题过于简单（3）

技巧 4：通配符

创意标题至少要有一个通配符，具体个数根据通配符中的默认关键词长度而定。标题没有通配符的创意，对应的关键词质量度都不会太高。

通配符在标题中的位置要尽量靠前，在搜索推广中，搜索引擎更认可标题通配符位置更靠前的创意，越靠前，重视程度就越高。就像在 SEO 中，通常搜索引擎对于网站的重视是从左到右、从上到下的。

另外，通配符的位置也会影响创意的美观，通配符靠前，会让人感觉红得恰到好处（见图 5.23）；如果通配符靠后，则会给人头重脚轻的感觉（见图 5.24）。

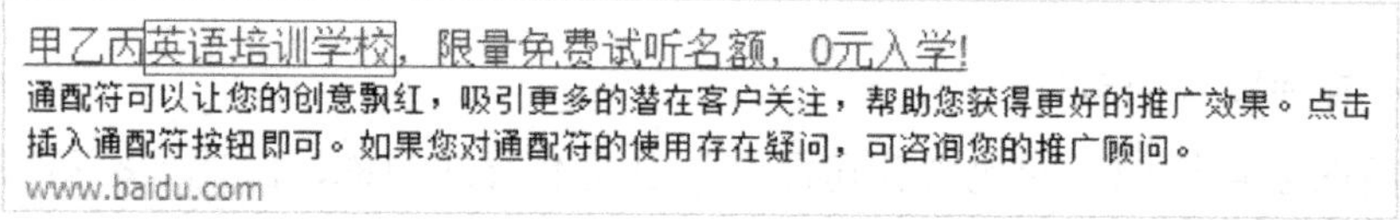

图 5.23　通配符位置靠前

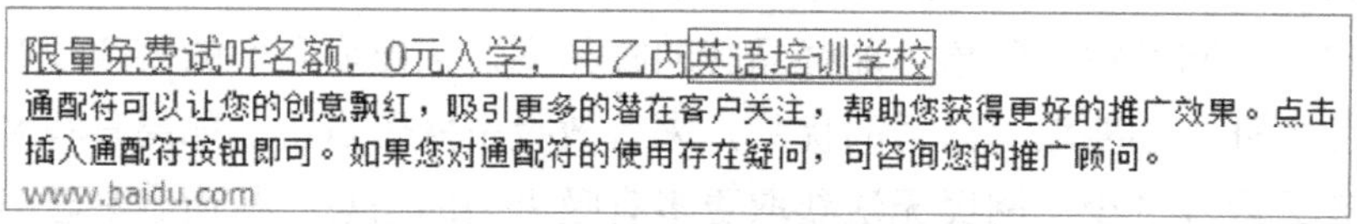

图 5.24　通配符位置靠后

技巧 5：投其所好

网民更喜欢性价比高的服务或者物品，何为性价比？通常是质量/价格，所以质量越高越好，价格越低越好。那么，我们也要在标题中明确给网民传递信息："我们的性价比真的很高"。

因此，标题中含有以下词类，能够投网民所好：

- "免费"、"免"、"折扣"、"优惠"、"送"等促销文字。
- "申请"、"注册"、"报名"、"咨询"、"拨打"等带有行动色彩的动词。

- “立即”、“马上”、“现在”等营造紧迫感的时间副词。
- “自由”、“快乐”等富有感染力的形容词。

但要注意，广告法规定，所有商业广告中不能出现夸张性词汇，所以创意标题中不能含有“最”、“第一”、“百分之百”、“国家级”等词汇。

技巧 6：打动人心

标题优势要突出，明了易懂，避免空洞、无实质意义的词汇，如“效果相当好”、“价钱超低”、“种类最多”等，如图 5.25 所示。网民真正要看到的是效果具体有多好、价钱到底有多低、是否有折扣等实际信息。在这广告遍地的网络时代，网民想看到更真诚的创意，如图 5.26 所示，与图 5.25 相比在推广中有明显的点击优势。

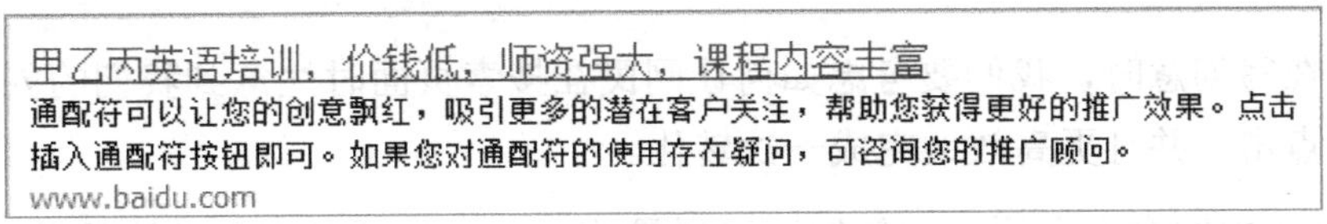

图 5.25　内容无意义，优势不明显

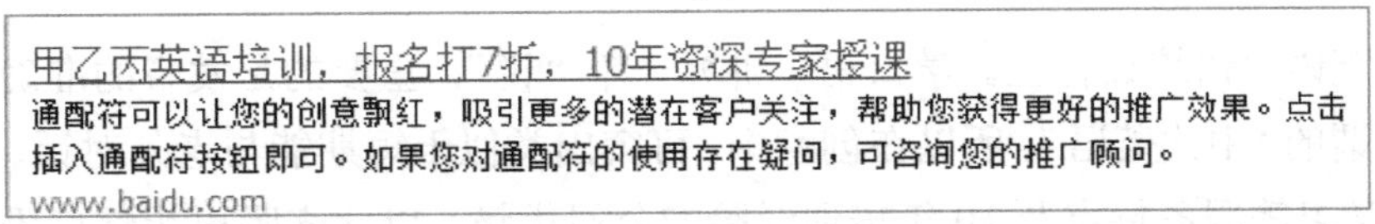

图 5.26　内容真诚实际，有吸引力

技巧 7：标点符号

创意标题要层次分明，善用标点符号（适当添加符合语法的!、?、-、[]、「」、〈〉等标点符号）的特点引人眼球。正常标点符号的使用有助于提升点击率，但一定要合理使用，遵照审核标准，确保网民体验良好。

在图 5.27、图 5.28 中，图 5.28 使用了符号“〈〉”来突出公司品牌名称，大家可以在账户中尝试使用其他符号。

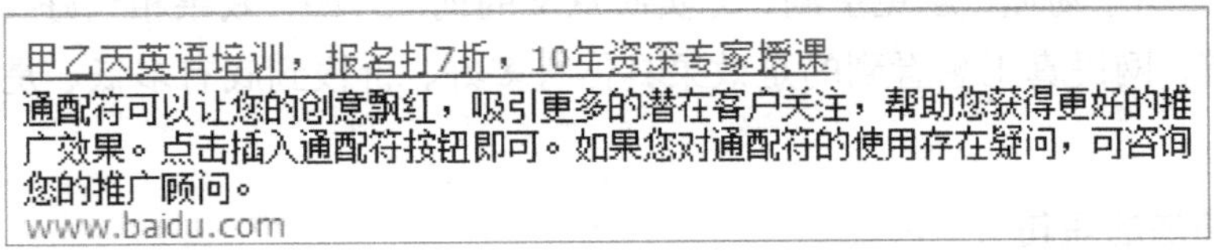

图 5.27　普通创意展示效果

<甲乙丙>英语培训，报名打7折，10年资深专家授课!
通配符可以让您的创意飘红，吸引更多的潜在客户关注，帮助您获得更好的推广效果。点击插入通配符按钮即可。如果您对通配符的使用存在疑问，可咨询您的推广顾问。
www.baidu.com

图 5.28　使用“〈〉”的创意展示效果

5.4.2　巧妙提升创意吸引力

创意以文本内容呈现在用户面前，其实就是用来吸引用户点击的广告。出色的创意能使推广结果在众多结果中脱颖而出，在第一时间抓住网民视线，从而带来更多潜在客户。创意质量的好坏将在很大程度上影响关键词的点击率，并通过质量度进一步影响推广费用和推广效果。

因此，在写创意时，我们要考虑如何让网民在搜索页面时注意到我们的创意，以及让网民看到后点击，并且更高效地完成一次转化。

以下 19 点内容全面介绍了如何编写高质量的创意，从而提高创意的吸引力。

1．内容突出产品、服务特点、公司优势

例如，英语口语培训行业。学口语，讲究一个“说”，重要的是发音的准确，学完之后是否还是所谓的“中式英语”。所以在创意中，可突出类似于短期能与老外对话、外教授课、1 对 1 随时学习等服务特点及 10 年培训经验的公司优势，以此来吸引想学口语的网民，如图 5.29 所示。

甲乙丙英语口语培训，外教授课，30天与老外轻松交流!
英语口语培训首选甲乙丙，欧美资深外教1对1，独特教学方法，深受广大学者喜爱。模拟海外教学环境，学习英语So Easy!,，线上线下同步学口语，咨询:400-123-4567.
www.baidu.com

图 5.29　突出产品、服务特点、公司优势

2．包含信息越具体越好，避免无实质意义的形容语句

优势突出，明了易懂，避免空洞、无实质意义的词汇，如“效果相当好”、“价钱超低”、“种类最多”等，网民真正想看到的是效果具体有多好、价钱到底有多低、是否有折扣等实际信息。

3．采用精炼的短句

（1）避免让过长的公司全称或网站全称的短句占用字符位置，如图 5.30 所示，除非公

司或品牌已有很强的吸引力，在行业中有一定的影响力，如百度、联想等大公司。

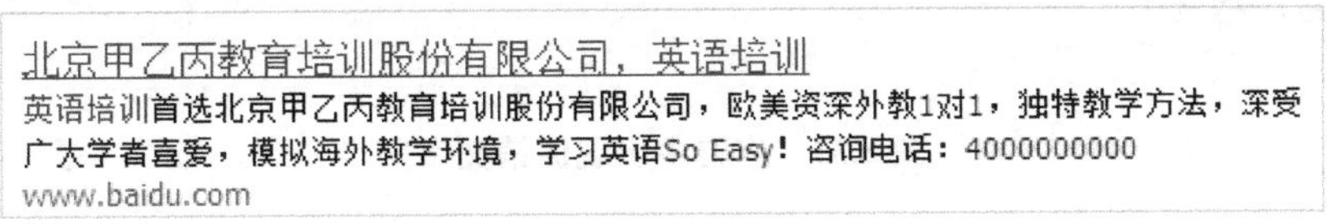

图 5.30　创意文字填写公司全称

（2）即使使用公司简称也不用多次重复，以免占用大量字符，如图 5.31 所示，“甲乙丙”为品牌。

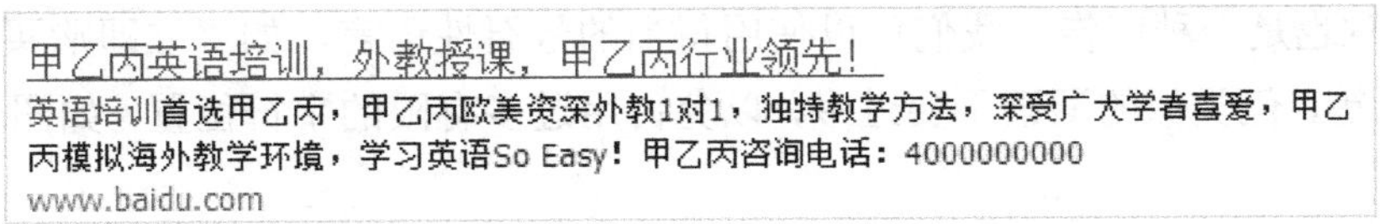

图 5.31　创意多次使用公司简称

（3）如果在编写创意时，企业要求创意添加电话号码，那么填写一次即可，不用过多重复，如图 5.32 所示。

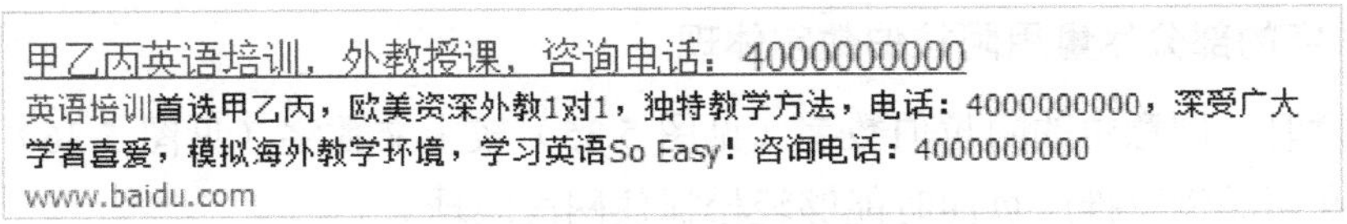

图 5.32　创意多次使用电话号码

4．广告中多出现折扣及优惠信息、活动等

广告中多出现折扣及优惠信息、活动等，如“价格实惠”、“买一送一”、“免费”、“折扣”、“优惠”、“送”等促销文字，如图 5.33 所示。这样写的好处是：

（1）给网民清楚的信息，帮助他们判断是否应该点击，提高转化率。

（2）填写价格后，网民在看到价格后仍然点击创意，说明他们对价格比较满意，很有可能购买。如果他们觉得价格不合适，就不会点击推广结果。

（3）特别是对于个人消费者来说，价格和促销信息很容易吸引他们的关注，尤其是以数字形式出现的优惠幅度、折扣额等。

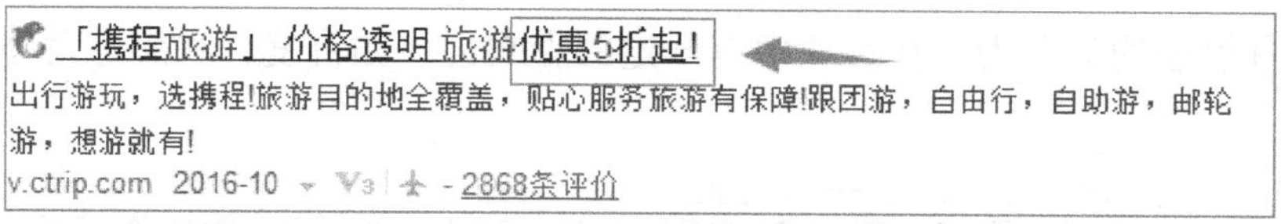

图 5.33　广告中出现促销文字

5．使用得当的号召性语言

什么是号召性语言？我们经常在大街上听到这类广告“由于厂家倒闭，亏本大甩卖，最后三天，只剩三天！”这类广告很多，其实商家会甩卖 *n* 个三天，这无非就是一种心理战术，一种营销的方式，利用了人们爱占小便宜的特点，让消费者产生一种时间紧迫感。

那么创意也是一种广告，我们可以使用得当的号召性语言，如“立即购买”、“马上”、“欢迎抢购”等，但类似的词语不要过多，以免占用过多有限的字符位置，如图 5.34 所示。

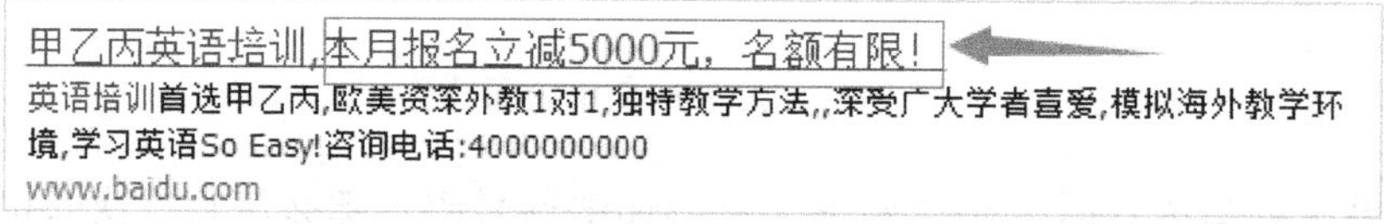

图 5.34　号召性词语占用字符位置过多

6．有数字的部分尽量用阿拉伯数字体现

编写创意时，创意中的阿拉伯数字（见图 5.35）较中文数字（见图 5.36）有更强的视觉冲击感，在网民浏览推广页面时能够轻松抓住网民眼球。

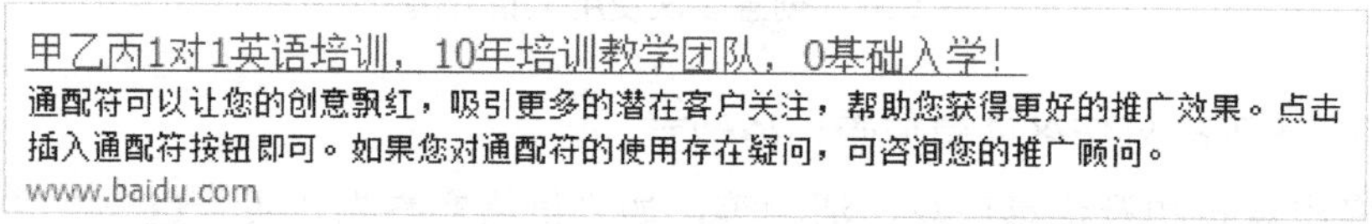

图 5.35　阿拉伯数字创意

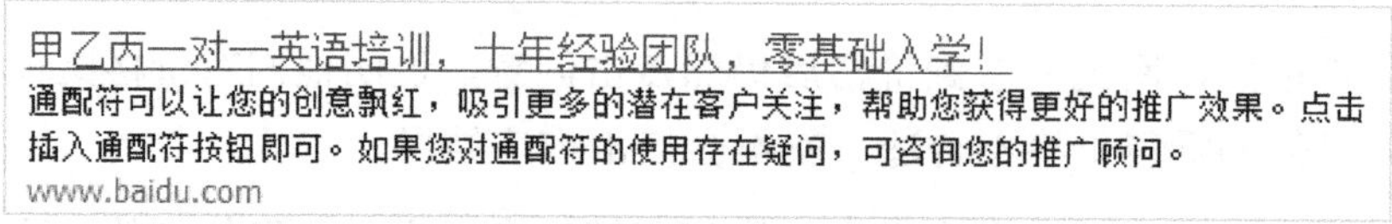

图 5.36　中文数字创意

7. 有品牌案例、权威证明的可用上

问："我在写创意的时候可以使劲儿吹牛吗？"

答：适当"吹牛"是可以的，因为创意就是广告，为了吸引人们的眼球，大多数创意都会有一定的夸张成分在里面。比如一个公司成立 8 年，但其对外宣称有 10 年经验，这很正常。

问："我做某某行业的某某品牌，我能写我们公司跟央视合作过吗？"

答：如果有与央视合作的证明材料，那么可以提交给搜索引擎公司，经过备案后可以推广，这会很受网民认可。但如果没有，这个"牛"吹得就大了，会受到相应的追究。

8. 研究竞争对手的广告，别把自己的缺点与别人的优点作比较

例如，某教育培训公司，已经有 5 年的培训经验。所以这个公司的竞价人员在创意和网站中一直强调"我们有 5 年经验，我们有 5 年经验……"但是他并没有注意到，在众多的竞争对手中，有好多家都是 10 年以上培训经验，这时对于这个年限，就是劣势了，尤其是在前台展现时，形成了鲜明的对比。所以，要挖掘自己公司的其他优势去突出体现。

9. 根据关键词所在的单元撰写相对应的创意

例如，单元为"英语－价格"，关键词为"英语培训多少钱"、"学英语多少钱"、"英语培训贵么"等价格疑问词。

这时网民搜索"英语培训多少钱"触发了此单元关键词，那么我们可以思考：此网民对价格的关注度更高，从而我们可以在相应的创意中明确体现价格优势的词，如折扣、返现、优惠等，会对此网民有很大的吸引力。这就是"对症下药"，针对关键词撰写创意，意味着创意更能符合网民的搜索需求，更能激发网民的关注和兴趣。

10. 每个广告组制作多套不同形式的广告语

针对同一产品或服务，围绕单元主题从不同卖点撰写创意，如卖鲜花的公司：

- 写一条价格方面的创意，体现价格优惠，如图 5.37 所示。
- 写一条配送方面的创意，体现配送速度，如图 5.38 所示。
- 写一条关于花材的创意，体现花材新鲜，如图 5.39 所示。

所以，针对同一产品或服务，从不同卖点撰写创意，抓住潜在受众的心理，并结合点击率的研究成果撰写。

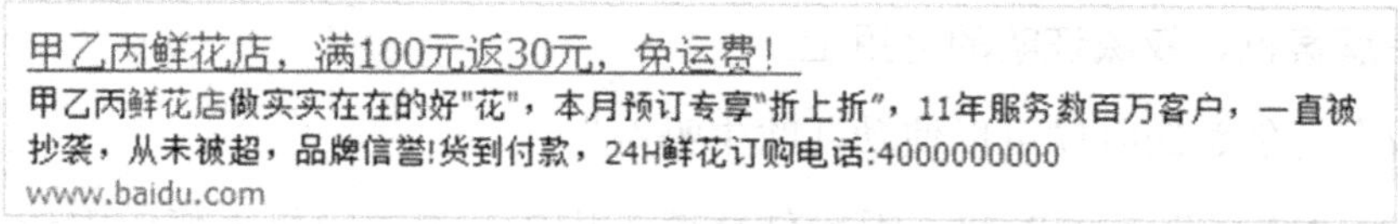

图 5.37　体现“价格优惠”的创意

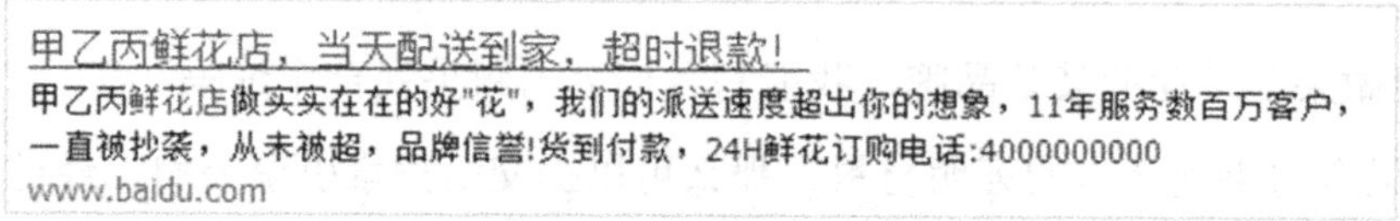

图 5.38　体现“配送速度”的创意

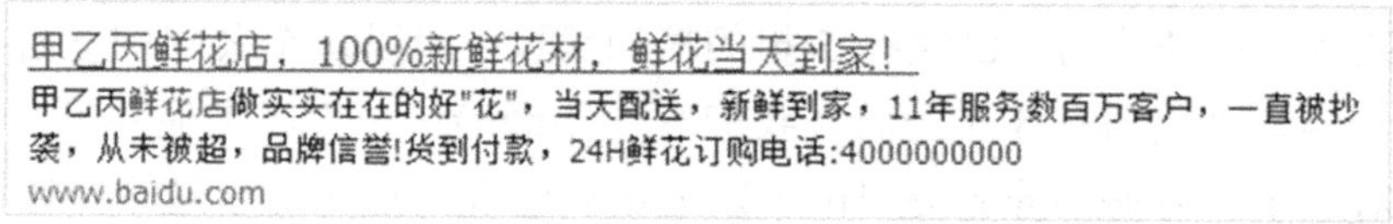

图 5.39　体现“花材新鲜”的创意

11．强调提供的产品或服务的优势、独特性、专业性

在百度上搜索一个词，可以看到大多数创意内容相同，没有什么新鲜的，这时如果哪家公司突出的内容是其他公司没有的，那么其就有很大的竞争力，所以创意需要创新。

例如，一家装修公司的优势是，不间断地拍摄装修照片或者视频发送到业主手机和邮箱，告知其进度。这对于没有时间现场监管的人来说，既放心又节省时间。

那么这家公司的创意针对的是没有时间的装修人群，主要突出的不是价格和质量，而是无须监管，施工视频随时发送。

12．撰写符合标准

根据 2016 年新广告法的相关规定，“国家级”、“世界级”、“首个”、“顶级”、“独一无二”、“王牌”等夸张词汇不可用于推广广告。我们在撰写创意时，要避免这类词汇。另外，如果创意标题或描述含有此类夸张词语，则需要对其进行删除，之后再重新提交创意。

13．多种创意展现形式

我们在为单元添加创意时，可以创建多种展现形式来吸引网民，如箭形（短长短，见图 5.40）、矩形（同长）或梯形（正梯、倒梯）等。

甲乙丙英语培训学校，报名打7折，10年资深专家授课
英语培训学校首选甲乙丙，全方位美式教学，快速提升英语水平，1对1授课，国内领先专业英语培训学校，线上线下同步学习，培训电话：400-123-4567。
www.baidu.com

图 5.40　箭形创意

14．可尝试使用疑问句

更多的网民是抱着疑问的态度去搜索引擎搜索，因此创意中适当使用疑问句可以给网民问答的感觉，下意识地认为“点击进入可以获得答案”。不同行业对于疑问句产生的优势会有所不同，需要经常观察，判断该行业是否适合使用疑问句。

15．创意中包含核心关键词

想要在编写创意时使用更多的核心关键词，就要找出该单元的核心关键词，在创意标题或描述中加入核心关键词。

由于当搜索词与创意有一致或者意义相近的部分时就会飘红，所以包含更多的核心关键词可以增加飘红的概率。如图 5.41 所示，为账户编写时的创意，当网民的搜索词为“英语培训学校”时，展现出的创意飘红文字较多，如图 5.42 所示。

标题：甲乙丙{英语培训学校}，报名打 7 折，10 年资深专家授课
描述 1：{英语培训学校}首选甲乙丙,全方位美式教学培训，快速提升英语水平，1 对 1 授课，
描述 2：国内领先专业{英语培训学校}，线上线下同步学习英语，培训电话：400-123-4567。

图 5.41　账户后台编辑时的创意样式

甲乙丙英语培训学校，报名打7折，10年资深专家授课
英语培训学校首选甲乙丙，全方位美式教学培训，快速提升英语水平，1对1授课，国内领先专业英语培训学校，线上线下同步学习英语，培训电话：400-123-4567。
www.baidu.com

图 5.42　前台展现时的创意样式

16．通配符出现在不同的地方会有不同的效果

通配符出现在创意中的不同地方，会有不同的吸引力效果。吸引力排名如下：标题＋网页描述>标题>网页描述>不出现通配符。

标题和描述都有通配符的创意，其吸引力大于只在标题出现通配符的创意，大于只在描述出现通配符的创意，大于标题和描述都没有通配符的创意。

17. 前台展现有效的红色文字，提高网民注意力

当创意文字包含的词语与用户搜索词包含的词语完全一致或意义相近时，在展现时将以红色字体显示，这样的样式称为飘红。飘红词语有助于吸引潜在受众的关注，并使潜在受众准确理解创意信息，更容易判断创意是否可以满足自己的搜索需求。

18. 确保创意内容之间的相关度。

要确保关键词和创意的相关度，创意和目标网页的相关度。只有保证相关性，才有可能达到网站的潜在客户变成真正客户的意图。

例如，网民搜索“少儿英语培训”，那么就要使此搜索词触发账户中少儿英语类单元的关键词，并且展现的创意围绕着少儿英语撰写，点击创意进入之后还应该是描写少儿英语的页面。

总结：搜索词准确地触发关键词，关键词准确地匹配创意，点击创意进入后为相关页面。

19. 电话号码的使用

在创意中添加电话号码，其吸引力排名为：400 电话>座机号码>手机号码。400 电话在网民的观念中是“高大上”的，没有办理 400 电话的企业可以填写座机号码。试想一下，一个公司，如果连一个座机都没有，只放一个手机号码在创意中，是不是很难以让人信服？

5.4.3 创意编写的误区

误区一：创意与关键词是一对一关系

有的 SEMer 不是特别重视关键词分组，认为只要创意够多，每个关键词都有相对应的创意就没有问题。其实不然，单元内的关键词与创意是多对多的关系。

如图 5.43 所示，账户某单元内有四个关键词，分别是：“成人英语培训”、“少儿英语培训”、“出国英语培训”、“四级英语培训”。

此单元有四条创意，分别如下。

- 创意 A：围绕“成人英语”编辑的创意。
- 创意 B：围绕“少儿英语”编辑的创意。
- 创意 C：围绕“出国英语”编辑的创意。
- 创意 D：围绕“四级英语”编辑的创意。

请思考：

- 网民搜索“成人英语培训”肯定是创意 A 展现？
- 网民搜索“少儿英语培训”肯定是创意 B 展现？
- 网民搜索“出国英语培训”肯定是创意 C 展现？
- 网民搜索“四级英语培训”肯定是创意 D 展现？

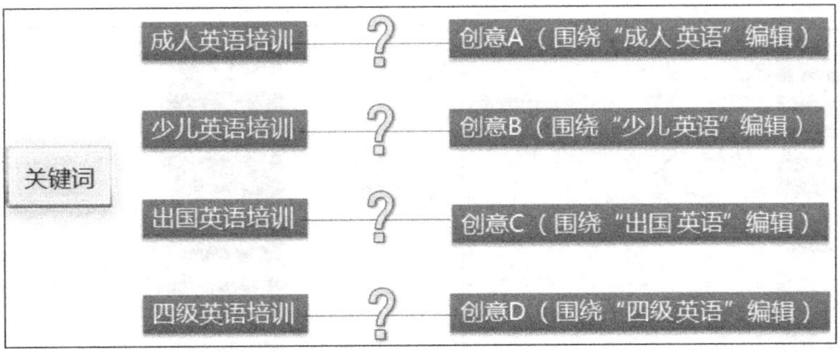

图 5.43　关键词与创意不是一对一

结果是：所有的关键词都不一定匹配相应的创意。“创意与关键词是一对一关系”的观点错误！

原因如下：

（1）关键词与创意不是一对一的关系，而是多对多的关系。每个关键词可以匹配单元内的多条创意，同时每条创意也可以匹配单元内的多个关键词。

（2）创意的展现方式无论是优选还是轮替，都不能做到关键词与创意一对一匹配。

（3）这样添加关键词与创意，容易造成“网民看到的创意并不是其所搜索的内容”，严重影响网民的体验，降低点击率。

（4）单元内的关键词要遵守“结构形同，语义相近”的原则，任何一个关键词匹配到任何一条创意都能语句通顺，有针对性。

误区二：创意写得很好，所以单元内只写一条创意就够了

假设账户下的某单元内只有一条创意，并且有多个关键词，那么当所有的关键词被触发时，关键词没有任何选择，只能匹配这仅有的一条创意，如图 5.44 所示。

打个比方，作为一个 SEMer，就像是一个搞婚介的，我们是在给关键词找女朋友，而这个女朋友其实就是创意。

如果在所列介绍名单中只有一个人，那么关键词没有选择的余地，只能找这个人。如果互相感觉不错还好，否则感情会越来越差，也即我们的关键词质量度会越来越差。

反之，如果在介绍名单中有多个选择对象，那么在众多创意中总会有一条适合这个关键词。所以在单元内编写创意时，数量不能过低，尽量不小于三条创意，这样可以让关键词有更多的选择空间，让系统选择一条与关键词更匹配的创意展现，这样我们的关键词质量度才会更好，如图 5.45 所示。

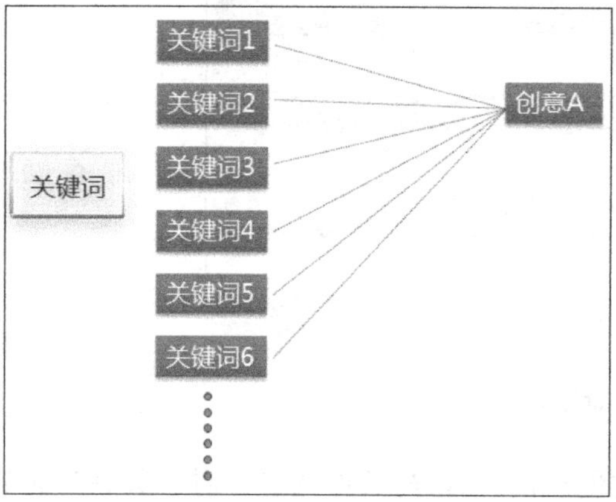

图 5.44　单元内只有一条创意

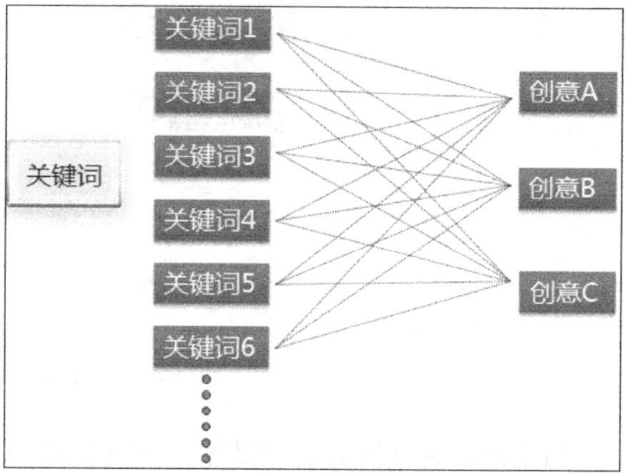

图 5.45　单元内有多条创意

误区三：想让创意中的哪个词飘红，就把这个词作为通配符

例如，某英语培训企业，SEMer 在编写创意时，想要强调创意中的一些文字，包括“7 折”、“10 年”、“美式教学”、“1 对 1”，所以决定把这些文字设置成通配符里默认的关键词，如图 5.46 所示。

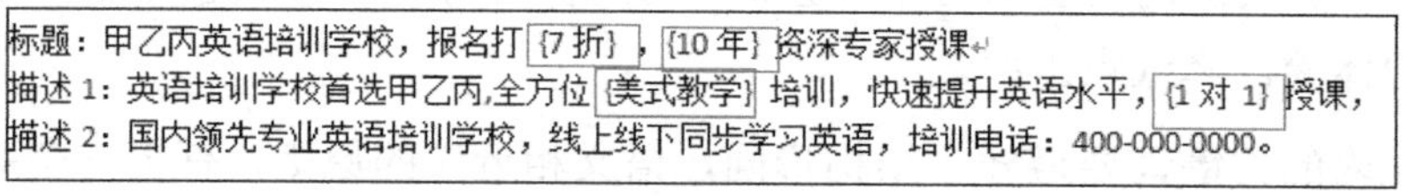

标题：甲乙丙英语培训学校，报名打{7 折}，{10 年}资深专家授课

描述 1：英语培训学校首选甲乙丙,全方位{美式教学}培训，快速提升英语水平，{1 对 1}授课，

描述 2：国内领先专业英语培训学校，线上线下同步学习英语，培训电话：400-000-0000。

图 5.46　错误的通配符

当把这些文字设置为通配符中默认的关键词后，在后台编写创意弹窗的预览图中，想要强调的文字确实已经飘红，如图 5.47 所示，但这并不能证明网民在前台搜索时所看到的创意中这些文字也会飘红。由于通配符有“替换”作用，当网民的搜索词触发账户中的某一个关键词时，此关键词就会替换创意中的所有通配符里的关键词，也就是说，所有通配符中的关键词都会变成一个关键词。

另外，飘红的原则是，当创意中有与网民的搜索词一致或者意义相近的部分时才会飘红。除非网民的搜索词带有“7 折”、“10 年”、“美式教学”、“1 对 1”这些词语，否则这些词永远都不会飘红。这点是初学者在写创意时大多都存在的误区，千万要注意。

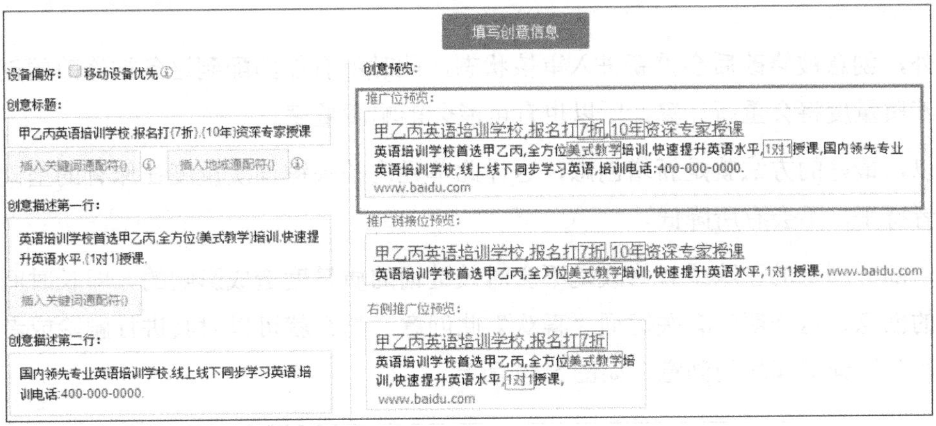

图 5.47　后台预览图中的创意

误区四：创意可以随意删除和修改

查看后台数据时，在一定的时间内，具有一定展现数据的创意不可随意修改和删除，如图 5.48 所示。

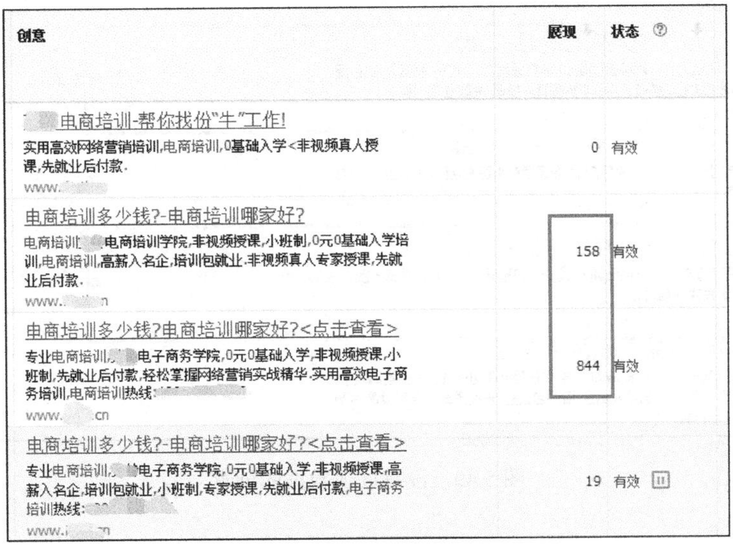

图 5.48　有展现数据的创意

在网民进行搜索时，只有关键词匹配到相应的创意，创意才会展现并且积累一定的展现量。在这个阶段中，关键词已经“习惯”了这条创意，也就是说，系统认为这些关键词和这些创意更“搭”，如果我们贸然删除这类创意，则会直接影响关键词的质量度。

另外，创意被修改后会重新进入审核状态，此时所有能匹配到这条被修改的创意的关键词，其质量度将会重新计算，所以也有可能会影响质量度。

所以，最好的方法就是新增创意，这样此单元内的关键词质量度在原有的基础上只能提升或者持平，不会有所降低。

有一部分创意的删除或者修改是不会对关键词的质量度造成影响的，即长时间没有展现数据的创意，这证明没有关键词“喜欢”此创意，那么就可以对其进行删除或者修改，替换成与关键词更匹配的创意，如图 5.49 所示。

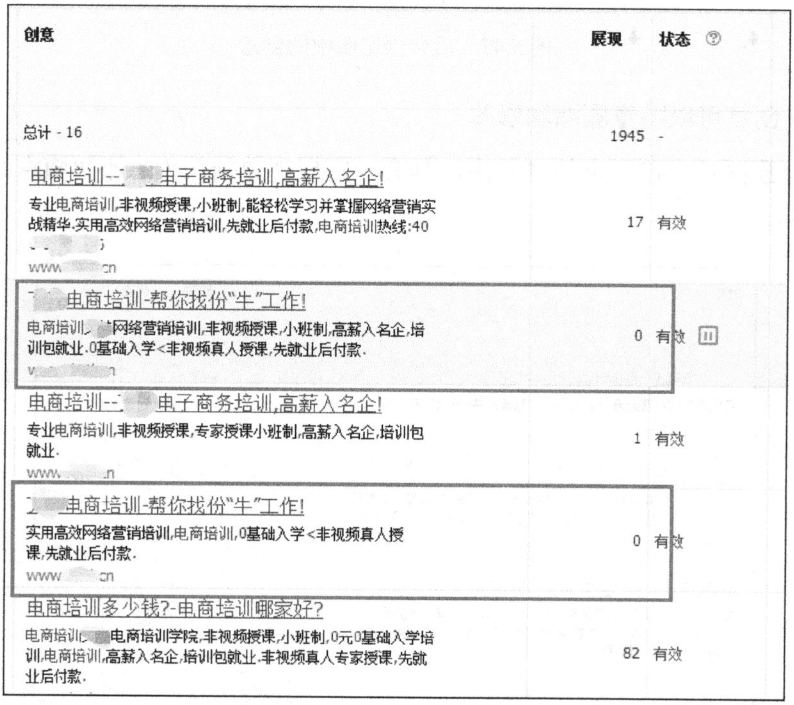

图 5.49　没有展现数据的创意

当然，如果公司的产品或者业务变更，以及更改电话号码等，是必须要删除或者修改创意的。

误区五：单元内创意太多会影响质量度

在创意的展现方式为优选模式下，创意越多，关键词的选择性也就越多，不会影响关键词质量度。但当创意的展现方式为轮替模式时，因为有些创意可能质量不佳，那么这类创意如果被匹配，就会影响到关键词质量度。所以，为关键词质量度考虑，大多数企业设置创意的展现方式为优选模式。

第 6 章

质量度

百度凤巢系统早些年还没有“质量度”这个说法，当时完全靠出价竞争排名，企业的关键词出价越高，其在百度搜索结果的排名也就越高。这样的方式对用户体验产生了负面影响，也就是说，无论这个企业有多烂，创意有多差，只要出价高，就能排名靠前。

2007 年以后，百度凤巢账户引入了质量度系统，从刚开始的三星制到现在的五星制，星级的数量反映了推广信息被网民接受的程度，也会直接影响关键词排名。

6.1 质量度的基本概念

任何一个 SEMer 在去企业面试时，基本都会被问到有关质量度的问题，或者是对质量度的理解，或者是对优化质量度的相关看法。总之，质量度是这个行业永远离不开的话题。

6.1.1 什么是质量度

质量度是搜索推广中衡量推广结果质量的综合性指标，相当于系统依据各种数据指标给关键词打分，并且分为计算机质量度和移动质量度。在搜索推广账户中，每个关键词都会获得一个质量度得分，用“五星+数字分值”的形式表示。每颗星代表两分，比如显示三星半，则表示质量度为 7 分，如图 6.1 所示。

简单来讲，质量度就是网民的认可程度，那么主要是认可哪方面的程度呢？主要有两点，即创意和网站。由于网民能接触到的只有企业这两部分，所以创意和网站的好坏也就决定了网民认可程度的高低。

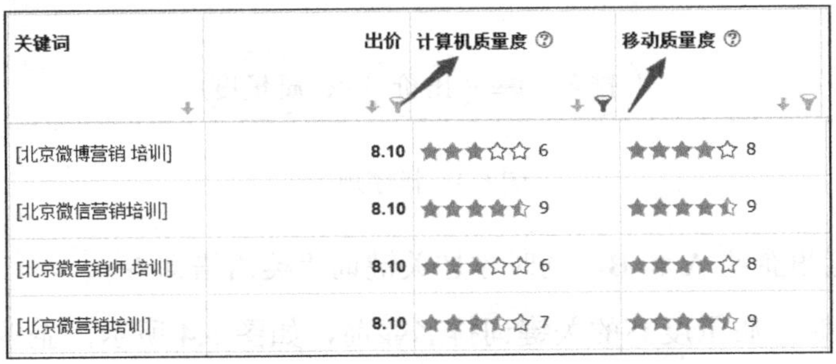

关键词	出价	计算机质量度	移动质量度
[北京微博营销 培训]	8.10	6	8
[北京微信营销培训]	8.10	9	9
[北京微营销师 培训]	8.10	6	8
[北京微营销培训]	8.10	7	9

图 6.1　账户中质量度的显示样式

6.1.2　临时质量度

新提交的关键词或者长时间不推广的关键词，由于数据积累不充分，系统无法判断这类关键词质量度的高低，这时就会给这些关键词一个“临时质量度”。判断质量度状态的方法是将光标悬浮在质量度上，会出现关于质量度状态的弹框，上方会表明此关键词是否为临时质量度，如图 6.2 所示。

临时质量度不稳定，当经过一段时间的数据积累后，系统会重新给出一个正式质量度。如果临时质量度状态下的关键词开启后，依然很长时间内都没有展现、点击等数据，那么会一直保持“临时质量度”状态。

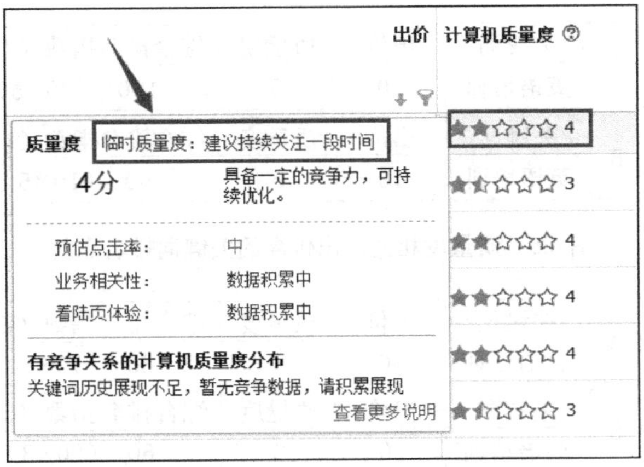

图 6.2　临时质量度

6.1.3 推广排序规则

排名的高低由关键词的“出价”和“质量度”共同决定，综合排名指数 CRI（出价×质量度）越高，排名越高，如图 6.3 所示。

排名 = 出价 × 质量度

图 6.3 排序规则

例如，两家竞争企业 A 和 B，同时添加关键词“英语培训”：

- 出价相同时，质量度高的关键词排名靠前，如图 6.4 所示，企业 B 的关键词排名靠前。
- 质量度相同时，出价高的关键词排名靠前，如图 6.5 所示，企业 A 的关键词排名靠前。
- 质量度和出价都不相同时，出价×质量度高的关键词排名靠前，如图 6.6 所示，企业 A 的关键词排名靠前。

企业	关键词	出价	质量度	综合排名指数（CTR）
企业 A	英语培训	10	5	50 （10×5）
企业 B	英语培训	10	8	80 （10×8）

图 6.4 出价相同，质量度高的关键词排名靠前

企业	关键词	出价	质量度	综合排名指数（CTR）
企业 A	英语培训	20	5	100 （20×5）
企业 B	英语培训	10	5	50 （10×5）

图 6.5 质量度相同，出价高的关键词排名靠前

企业	关键词	出价	质量度	综合排名指数（CTR）
企业 A	英语培训	10	8	80 （10×8）
企业 B	英语培训	20	3	60 （20×3）

图 6.6 质量度和出价都不相同，出价×质量度高的关键词排名靠前

6.1.4 没有相同的质量度

沿用上面的例子，如果企业 A 和 B 同时添加关键词的出价与质量度相同，都是 10 元与 5 分，如图 6.7 所示，那么在这种情况下该如何排名呢？当然，在百度的推广结果中是没有并列排名的，这时系统必须对这种情况下的关键词“分出高下”。

	关键词	出价	质量度	综合排名指数（CTR）
企业 A	英语培训	10	5	50 （10×5）

	关键词	出价	质量度	综合排名指数（CTR）
企业 B	英语培训	10	5	50 （10×5）

图 6.7 显示相同的出价和质量度

其实质量度并不是一个“点”，而是一个“段”。在凤巢系统中，我们可以看到质量度显示为“星”与“分”，并且分数为整数。但在真正的算法中，质量度分值是有小数的。例如，两个账户 A 与 B 的同一关键词出价相同，质量度都为 5 分，这时 A 企业的质量度可能为 4.2 分，B 企业的质量度可能为 4.8 分，那么 B 企业的关键词排名就会排在 A 企业的关键词排名上方，如图 6.8 所示。

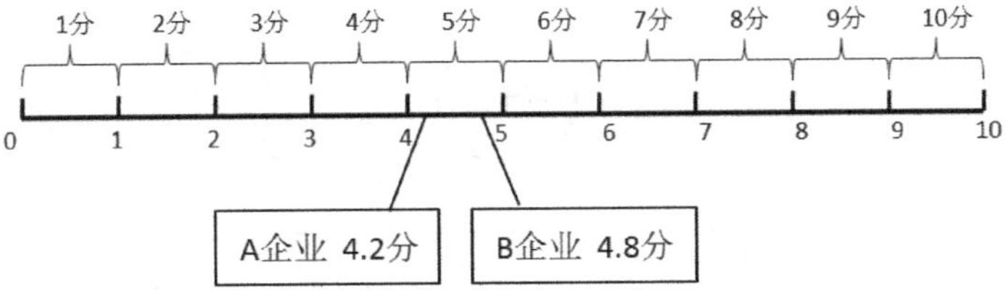

图 6.8 质量度并不是“点”而是“段”

6.1.5 质量度的作用

1. 点击价格更低

由于关键词的点击价格与自己的质量度有关，所以在排名不变的情况下，提高关键词质量度，点击价格自然会降下来，能给账户节省一部分推广费用。利用这些省下来的预算，去支持其他重要的关键词，就会带来更多的转化，这样整体的转化量也会有所提升。另外，根据点击价格的公式，自己关键词的质量度提高后，自然也能让上一名竞争对手消费更多的钱。

2. 排名更靠前

在出价相同的情况下，提高关键词质量度，可以让关键词排名更靠前。网民对企业的信任度是由上到下的，排名降低，信任度也会降低。所以，排名靠前可以让网民的信任度有所提高，更加吸引网民的注意力，增加点击率，从而提升网站整体流量，最终达到增加转化量的目的。

3. 工作更自信

作为SEMer，最烦心的事莫过于质量度一直提不上来，公司成本过高，投入产出比过低，工作状态如履薄冰，就怕哪天自己被替换掉。相反，账户中的关键词质量度普遍都高的话，SEMer在部门中就能“抬起头来”，知道自己没有花过多的冤枉钱，不受同事鄙视，不受领导指责，心情自然也就好了，工作也自然更有干劲儿。

6.2 影响质量度的因素

一个关键词的质量度得分是系统根据多维度给出的，影响关键词质量度的因素主要有四个：点击率、创意相关性、目标页面相关性、账户历史表现，如图6.9所示。高质量度对于广告主来说，可以用更低的点击价格获得更优的排名，从而降低整体推广费用，提高投资回报率。

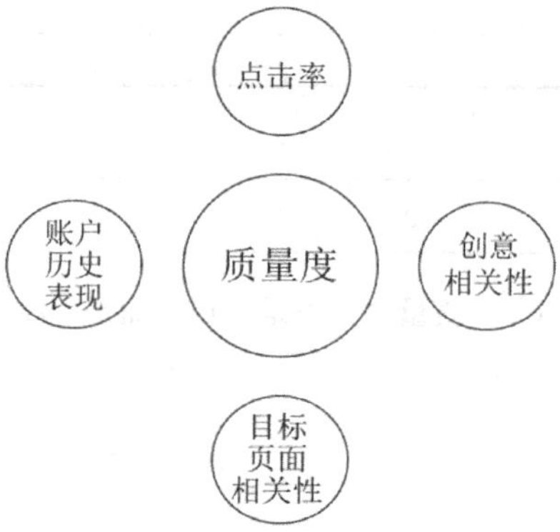

图6.9 质量度的影响因素

6.2.1 点击率

点击率的英文缩写为“CTR”，点击率的高低受点击量与展现量的影响，计算公式为CTR=点击量/展现量×100%。其中，展现量主要受关键词个数、匹配模式、关键词排名的影响；点击量主要受创意吸引力、关键词排名，以及创意与网民搜索意图的相关程度的影响，如图6.10所示。

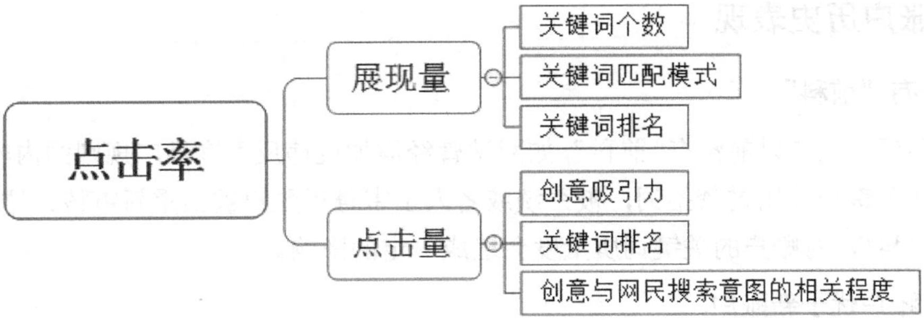

图 6.10　点击率影响因素

在质量度的影响因素中，点击率的占比最大，至于其占比最大的原因我们可以这样想：企业的关键词点击率高可能是因为排名高，那么排名高的关键词相对企业消费也就会高，这时百度就会给这些为百度营业额贡献更大力量的企业一些“福利”，这个“福利”就是“质量度的改善”。

6.2.2　创意相关性

创意相关性指创意要围绕着关键词主题撰写，从搜索词到关键词，再到创意，都要保持高度相关性。例如，网民的搜索词为“英语培训”，但是他所看到的创意却完全是围绕“会计培训”撰写的，那么这就是“创意相关性”的反面教材。

当然这是一个夸张的例子，一般的 SEMer 不会犯这种错误，那么再说一个工作中经常犯的错误。例如，网民的搜索词为“英语培训多少钱”，那么通过搜索词分析，这个网民更在乎的是培训的价格，所以在创意中我们要更多描述价格优惠、折扣等信息，而不能单一地描述企业的规模和产品，这样才能抓住网民的需求点，吸引网民去点击。

6.2.3　目标页面相关性

目标页面相关性，指所访问的页面要与关键词和创意相关。例如，网民的搜索词为“英语培训多少钱”，搜索后看到企业的创意中有相应的折扣信息，但点击进入网站后并没有看到任何相应的优惠信息，这时网民就会认为这家公司“骗人”，自然就会关闭页面，寻找其他商家，那么这样的“目标页面相关性”就很差。

另外，目标页面相关性也与网站的整体质量有关，如网站服务器的稳定性、页面的打开速度、整体页面布局、产品的描述等，都会影响网民的体验，从而决定了网民在页面的停留时间与访问页数。

6.2.4 账户历史表现

1. 没有“前科”

首先要保证账户以前没有“前科”，如网站曾经添加过违反百度推广规则的内容或链接，以及创意和关键词使用过禁推词，被系统或者人工审查后账户被拒重新审核，这样的账户就有了“前科”，对账户的关键词质量度会造成一定的影响。

2. 老账户优于新账户

一般情况下，一个推广很久的账户中的关键词质量度要好于新开启的账户中的关键词质量度，这也算是百度给老客户的一项“福利”。

3. 稳定账户优于不稳定账户

在不考虑其他因素的情况下，如果账户中的推广计划或者单元经常暂停推广，或者账户预算经常超出预算下线，那么这类账户中的关键词质量度就不如那些稳定推广的账户中的关键词质量度。账户长期稳定消费，投放时间越长，推广经验越多，可信程度越高。

6.3 质量度的优化思路

关键词质量度的优化是百度搜索推广账户优化的重要手段，如果关键词的质量度有一个很好的表现，那么公司的百度推广账户就会有一个很好的推广效果。优化关键词质量度需要一个明确的优化思路，这样才能事半功倍，否则只会给自己增加很多没有必要的工作量。

6.3.1 先分析再优化

如图 6.11 所示，首先要分析关键词质量度的状态，我们在上面的内容中提到过，通过账户后台我们可以知道关键词是“正式质量度”还是“临时质量度”。如果是“临时质量度”，那么先不急于优化，等其变成“正式质量度”后再考虑是否优化。另外，要看关键词质量度的分数，如果是 0 分或 1 分，那么这类关键词多为违反相关政策或规则的词，需要删除或者暂停。针对 2 分及 2 分以上的关键词，我们再考虑哪些是急需优化的，哪些是不急于优化的。一般情况下，质量度明显很高的关键词就暂时先不优化，如关键词的质量度是 10 分，那么这类词持续关注即可。

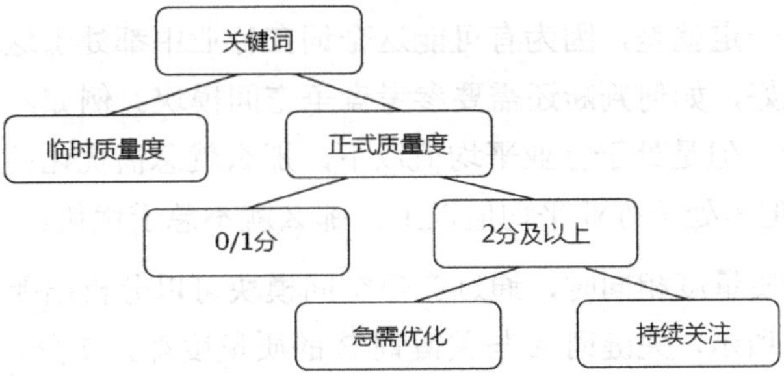

图 6.11　先分析再优化

6.3.2　竞争空间模块

关键词是否急需优化，要参考账户中的"竞争空间模块"，如果关键词的质量度为"正式质量度"，将鼠标悬浮在质量度上方时，出现的弹框中就会包含竞争空间模块（柱状图）。

如图 6.12 所示，柱状图中红色的部分为此关键词所在的区间，证明在所有推广企业中，与此关键词一样质量度都是 7 分的大约占 8%，并且大致可以看出有多少企业超过了自己的企业，自己的企业又超过了多少企业。通过竞争空间模块，就能知道自己的关键词在行业中所处的位置。例如，图 6.12 中的关键词的质量度就处于行业的中下等，如果是重要关键词，则需要进行优化。

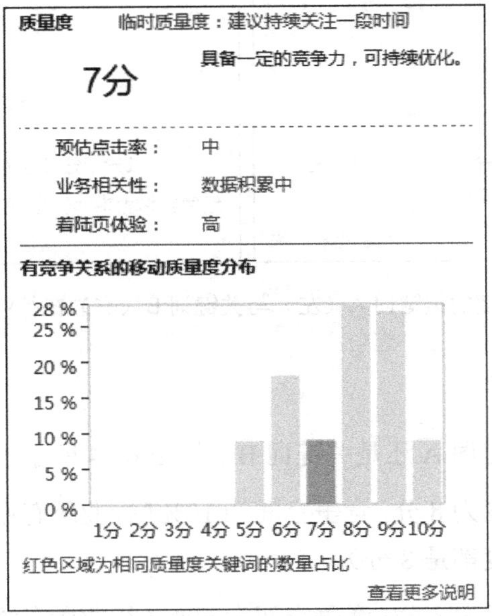

图 6.12　竞争空间模块

质量度分值低不一定就差，因为有可能这个词在行业中都处于这个区间；相反，质量度分值高也不一定就好，如何判断还需要参考竞争空间模块。例如，关键词质量度看着还不错，如 7 分、8 分，但是处于行业平均值以下，那么就急需优化；关键词质量度看着很差，如 3 分、4 分，但是处于行业平均值以上，那么就不急于优化。

当两个关键词的质量度相同时，通过竞争空间模块可以分析出哪个关键词为急需优化的关键词。如图 6.13 所示，关键词 A 与关键词 B 的质量度都为 7 分，但关键词 A 处于行业的中下等，关键词 B 处于行业的领先位置，相比之下，应先优化关键词 A。

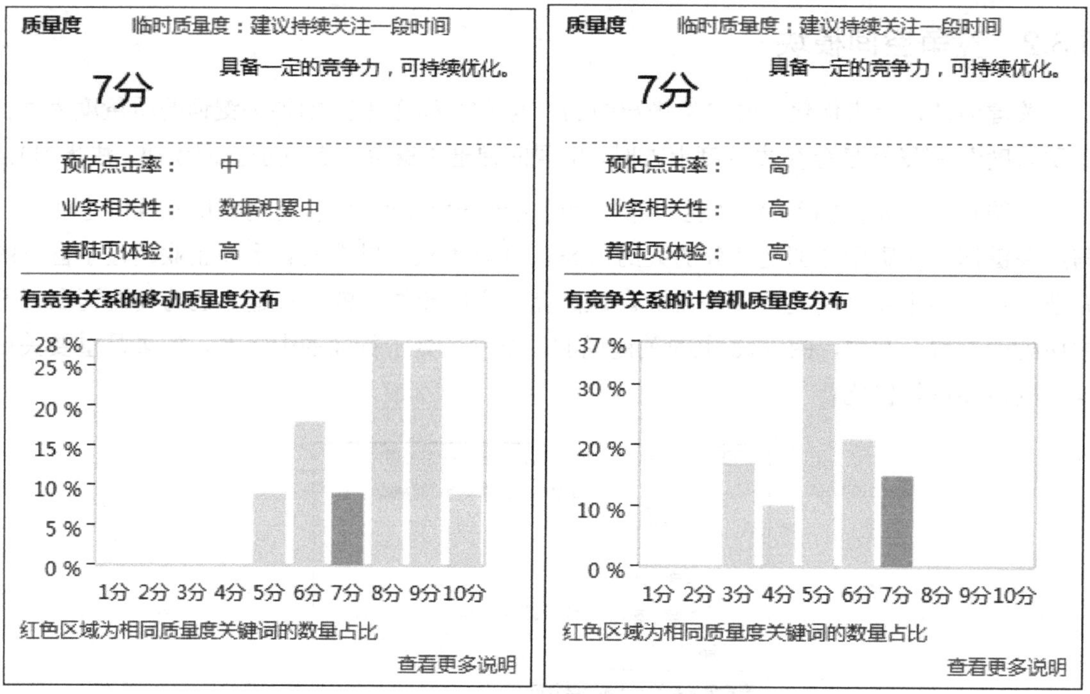

图 6.13　相同质量度的关键词 A（左）与关键词 B（右）在行业中所处的位置不同

6.3.3　实际案例分析

例 1：判断先优化关键词 A 还是关键词 B，如图 6.14 所示。

- 关键词 A 的质量度为 8 分，竞争空间为 10%（行业所有添加的关键词 A 中，有 10%的关键词 A 质量度都是 8 分）。
- 关键词 B 的质量度为 8 分，竞争空间为 60%（行业所有添加的关键词 B 中，有 60%的关键词 B 质量度都是 8 分）。

结果：在质量度相同、竞争空间不同的情况下，先优化竞争空间较高的关键词。因为关键词 A 稍有提升后可以超过 10%的同行，而关键词 B 稍有提升后可以超过 60%的同行，所以先优化关键词 B。

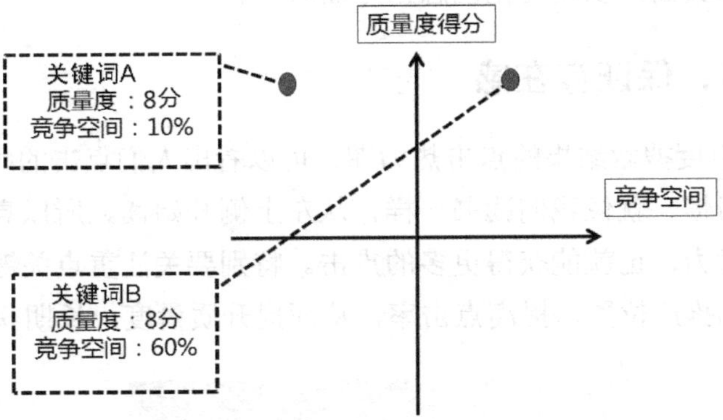

图 6.14 案例分析图（1）

例 2：判断先优化关键词 A 还是关键词 C，如图 6.15 所示。

- 关键词 A 的质量度为 8 分，竞争空间为 10%（行业所有添加的关键词 A 中，有 10%的关键词 A 质量度都是 8 分）。
- 关键词 C 的质量度为 4 分，竞争空间为 10%（行业所有添加的关键词 C 中，有 10%的关键词 C 质量度都是 4 分）。

结果：在竞争空间相同、质量度不同的情况下，先优化质量度低的关键词。因为关键词 A 的质量度已经达到 8 分，继续提升困难较大，而关键词 C 的质量度为 4 分，提升相对较容易，所以先优化关键词 C。

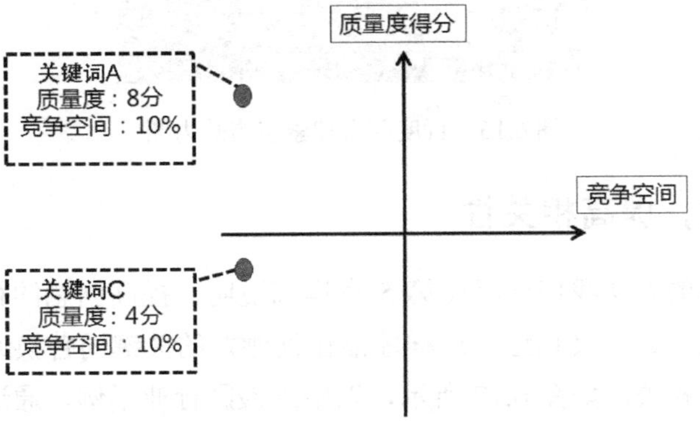

图 6.15 案例分析图（2）

6.4 质量度的优化方向

优化质量度的方向，就是通过提升质量度影响因素的表现来进行。具体来看，可以从优化排名、优化目标页面，以及优化创意三方面着手。

6.4.1 提高排名，保证存在感

图 6.16 所示为百度搜索结果的点击热力图，可以看出人们点击的顺序是从上到下，从左到右，这是一种习惯。就像我们读书一样，从左上侧开始读，所以高排名关键词的创意更能吸引网民的注意力，也就能获得更多的点击。特别要关注重点关键词的排名，适当提高出价，占据优质的推广位置，提高点击率，从而提升质量度，长期获得好的推广结果。

图 6.16　百度前台搜索点击热力图

6.4.2 优化创意，提高相关性

创意提升吸引力的方法我们已经在第 5 章详细说明，提高创意的相关性首先要保证单元内的关键词结构相同、语义相近，这样才能在被触发的关键词替换通配符里默认的关键词后保证创意通顺且相关。如图 6.17 所示，以婚纱摄影行业举例，通过网民的搜索词分析网民的心理活动，从而有针对性地在创意中撰写相关语句。

词性	搜索词举例	网民心态	创意撰写技巧
搜索自己公司名称或品牌	某某婚纱摄影	这类网民对本公司比较信任，目的明确，直接想找到企业	告诉网民想要的东西，可以添加电话号码、地址，越直接往往效果越好
搜索自己公司与疑问词组合	某某婚纱摄影好吗；某某婚纱摄影怎么样	这类网民对企业还存在疑虑	可以从第三方的角度撰写，表明拍摄完成的顾客的看法
竞争对手品牌	竞争对手品牌	对竞争对手比较信任	创意中写明公司优势、特点，来争取网民的浏览
竞争对手品牌与疑问词组合	竞争对手品牌与疑问词组合	对竞争对手存在疑虑	还没有下定决心，创意中写明公司优势、特点，来争取这类网民
某种婚纱摄影类型	韩式婚纱摄影、中式婚纱摄影	拍摄的类型已明确，但不知道选择哪家公司好	针对搜索的相应类型撰写，表明行业中对此类型的专业程度
价格类	婚纱摄影贵吗；拍婚纱照多少钱	在乎拍摄价格，想选便宜的，但质量也不想太差	突出优惠、折扣，或者有赠送
选择类	哪家拍婚纱照好；婚纱摄影哪家好	价格高低都是其次，主要是钱得花得值，想找口碑好、规模大的公司	突出公司优势、特点、规模、客户满意度
疑虑类	照婚纱照是不是多收钱；婚纱照骗局	网上了解过，好多都存在隐性收费，不想自己被骗	突出口碑，签订协议，以第三方角度撰写

图 6.17　网民心理活动分析

6.4.3　分析目标页面，方向决定效果

目标页面的质量决定了网民的去留，当网民被创意的卖点吸引而点击进入网页时，目标页面又对此卖点进行了说明，这样的目标页面才会有更好的效果。如图 6.18 所示，为某酒店预订网的创意，网民很容易被创意标题中的“免费住一晚”所吸引，点击创意进入网站后，能够看到醒目的优惠弹窗，自然会继续浏览，从而对此商家产生好感并进行口碑传播。

图 6.18　优质的目标页面

第7章

百度搜索推广——工具的使用

百度推广的产品有很多，如搜索推广、网盟推广、品牌产品等，操作各种各样的产品需要成熟的推广技巧。另外，每种产品的推广也需要相应工具的辅助。简单来讲，所有的百度推广形式可以说成产品+技巧+工具的使用。

7.1 推广实况

在搜索推广中，面对账户中大量的关键词，每个 SEMer 都要把控好那些相对重要的关键词的排名，并且根据排名来调整出价。企业不能单纯地信任凤巢账户中的系统估算排名或系统推荐出价，百度系统所有的推荐与建议中大多数都是以让企业多花钱为基础的，所以我们要“眼见为实”。要想快速地搜索账户中关键词的真实排名，就要利用强大的“推广实况”工具。

7.1.1 什么是推广实况

使用搜索推广，要保证关键词有一个好的排名，才能增加点击率，为网站带来更多的流量。所以，对于账户中的关键词排名要做到心中有数。正常来讲，我们可以直接在百度的前台搜索框中输入我们想要看到排名的关键词，但经常在百度前台搜索一个词时，会发现其排名经常变动，这与我们所使用的电脑的历史搜索记录有关，并且还受百度个性化展示功能的影响。

所谓的“个性化展示”功能，是指当网民在百度前台经常或连续搜索一个词时，系统会认为之所以网民连续搜索同一个词，是因为所展现出的结果不是网民所需要的，那么系统就会在网民再次搜索时刷新展现结果，打乱本来的竞价广告顺序，甚至排除所有的竞价广告展现在网民面前。

这样一来，我们在百度搜索前台所看到的关键词排名就不一定是真实的，这时利用搜索推广中的“推广实况”工具就可以让我们看到关键词在百度推广中的真实排名，根据真实排名才能更准确地调整关键词出价，做到不浪费、有针对性，如图 7.1 所示.

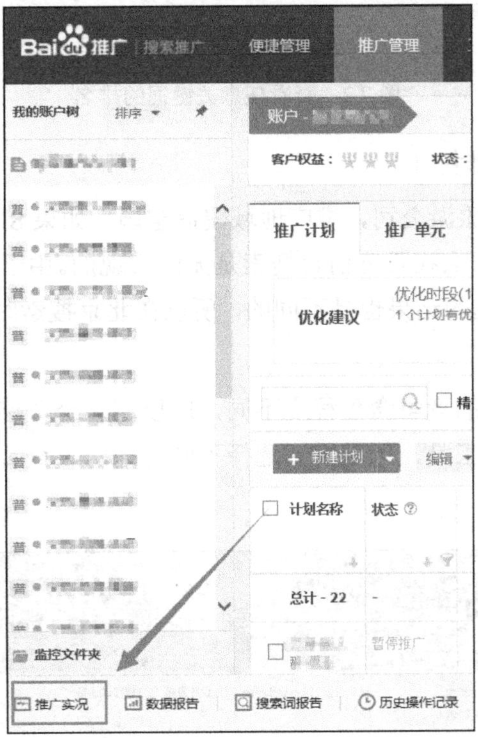

图 7.1　推广实况工具

7.1.2　推广实况的作用

1．查看任意关键词的排名

在推广实况工具中，我们可以输入想要查看排名的任意一个关键词，不仅可以查看账户中已添加的关键词排名，也可以查看账户中没有添加的关键词排名。另外，不仅可以查看自己行业的关键词排名，也可以查看不同行业的关键词排名。例如，利用“英语培训”行业推广账户中的推广实况工具，同样可以查看“装修”行业的关键词排名。操作方法为：在搜索框中输入想要查看排名的关键词，单击“查询推广实况”按钮，如图 7.2 所示。

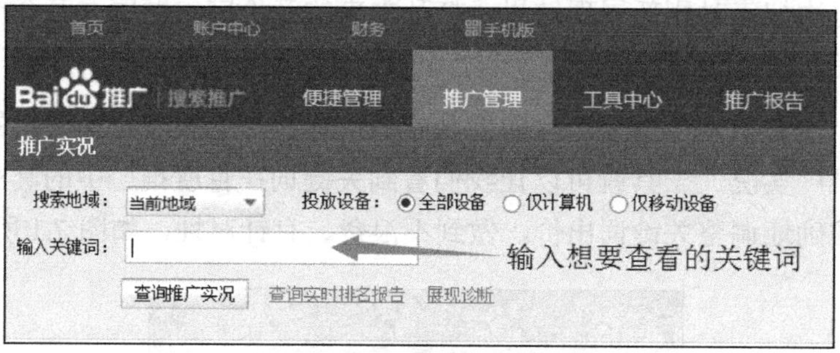

图 7.2　查看任意关键词的排名

2. 查看任意地区的排名

例如，一家在北京的旅游公司，推广地域覆盖全国。如果 SEMer 想要了解自己账户中的关键词在外地的排名，那么在百度前台搜索是无法实现的。由于搜索展现结果以 IP 为准，不同地域的 IP 搜索所看见的结果也是不同的，所以在北京搜索时，只能看到北京地区的关键词排名。

另外，因为不同地区的竞争激烈程度不同，所以同一个关键词在不同地域的排名也会不同，这时利用推广实况工具，可以灵活选择不同的地区，查看关键词在不同地区的相应排名，如图 7.3 所示。

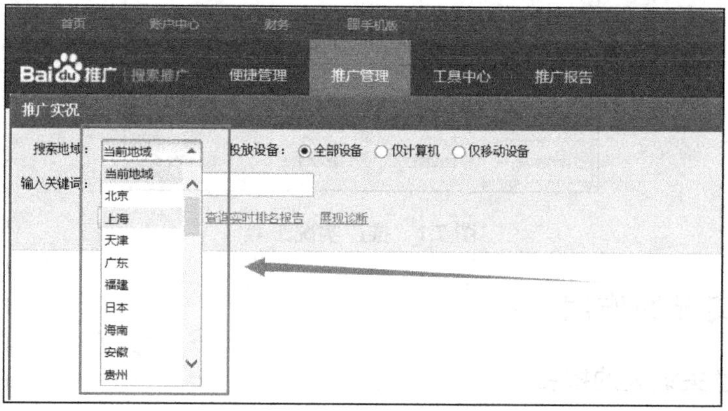

图 7.3　查看任意地区的排名

3．查看关键词实时排名

推广实况工具就像是“现场直播”，利用推广实况工具可以查看关键词的实时排名。当我们在推广实况中输入关键词并查询时，显示的是网民看到的一个平均展现结果，那么推广实况中所展现的推广结果，就是在所选择的地域、此时此刻相对最真实的排名，如图 7.4 所示。

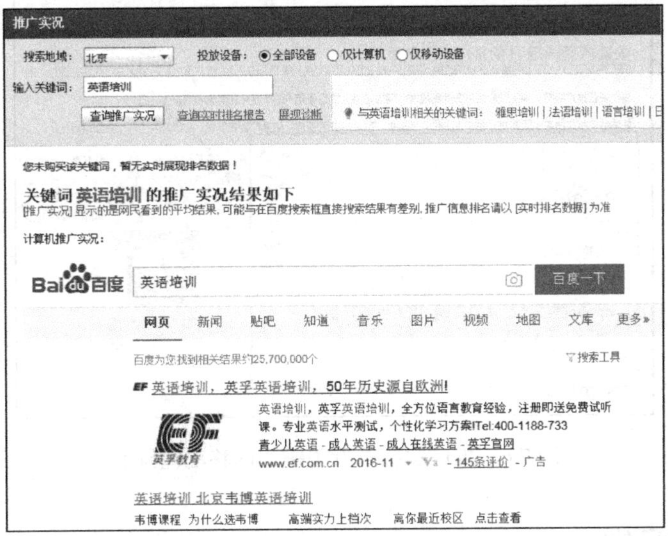

图 7.4　查看关键词实时排名

7.1.3　推广实况的注意事项

（1）推广实况的展现结果不可以点击，当我们在推广实况搜索一个关键词时，所看到的推广结果无法点击，点击后出现相应的错误弹窗，如图 7.5 所示。所以，推广实况工具只提供真实的排名参考，所有的推广结果并不能算作一次展现。

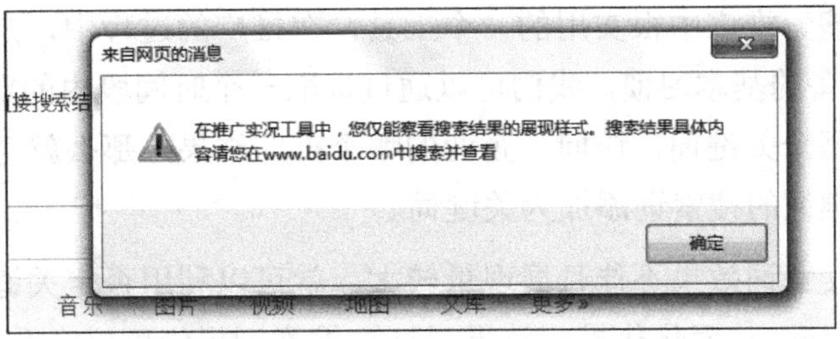

图 7.5　推广实况展现结果无法点击

（2）推广实况工具同时也可以查看关键词的移动端排名，并且与计算机端一样，也可以查看任意关键词、任意地区的实时排名，如图 7.6 所示。

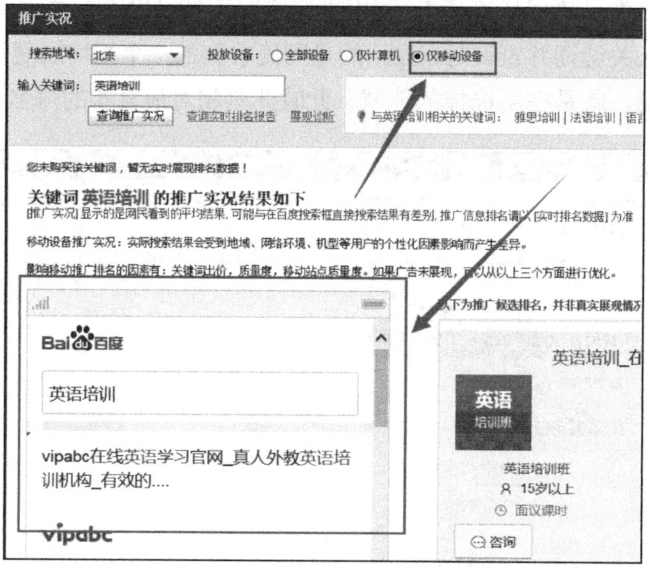

图 7.6　推广实况查看关键词的移动端排名

7.2　搜索词报告

否定关键词的意义在于可以排除大量没有用的搜索词，但是网民的搜索词并不是我们凭空就能想到的，这时可以借助“搜索词报告”工具，轻松找到网民的搜索词，查看网民到底是通过哪些搜索词进入我们网站的。

7.2.1　什么是搜索词报告

搜索词报告是搜索推广中很实用的一个工具，在推广的过程中，定期观察搜索词报告是一个 SEMer 应具备的基本习惯。我们可以通过选取一个时间段内的数据，查看网民通过哪些搜索词点击了哪个关键词，访问了企业的哪个推广结果，那么就可以将转化效果较好的且没有添加为关键词的搜索词添加为关键词。

如果发现某些搜索词效果不佳且展现量较大，就可以利用否定关键词功能来过滤这部分低价值的展现和点击，从而优化推广效果。目前，搜索词报告可以查看最近 30 天的数据。查看搜索词报告的方式为：进入搜索推广，选择“推广管理”选项，在页面最下方的工具栏中找到“搜索词报告”工具，如图 7.7 所示。

图 7.7　“搜索词报告”的入口

7.2.2　搜索词报告的作用

1．添加否定关键词

如图 7.8 所示，通过搜索词报告，我们可以查看近期网民通过哪些搜索词点击进入网站，并且知道哪些搜索词已经添加为关键词，哪些未添加为关键词。在众多的搜索词中，我们需要分析哪些是对我们的业务没有用的，这样我们就可以将没有用的搜索词添加为否定关键词。

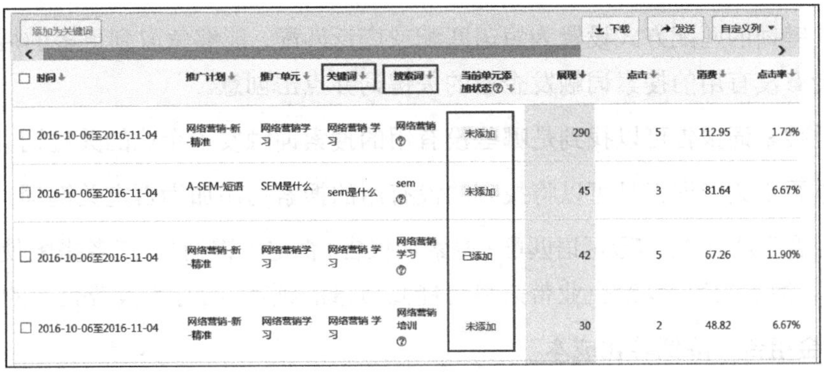

图 7.8　利用搜索词报告查找无用搜索词

2. 添加关键词

利用搜索词报告能够找到没有用的搜索词，当然也可以找到有用的并且没有被添加为关键词的搜索词。我们可以把这类搜索词添加到推广账户中，成为账户中的新关键词，所以搜索词报告也是一个常用的扩词工具。

如图 7.9 所示，搜索词报告具体的使用方法可以归纳如下：

- 根据搜索词判断是否已添加为关键词。
- 找到未添加为关键词的搜索词判断是有用搜索词还是无用搜索词。
- 有用的搜索词添加为账户关键词。
- 无用的搜索词判断应添加为短语否定关键词还是精确否定关键词。

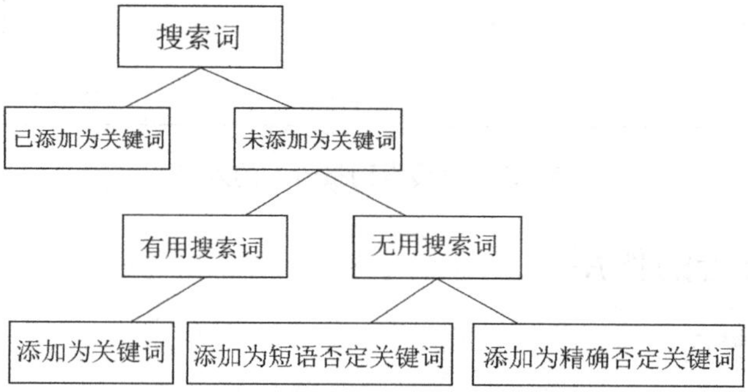

图 7.9　搜索词报告的使用方法

7.2.3　搜索推广“黄金组合”

1. 广泛/短语匹配+搜索词报告+否定关键词

- 将关键词的匹配方式设置为短语匹配或广泛匹配，能够争取到更多的展现机会，但是会有没有用的搜索词触发企业的关键词并点击创意。
- 通过搜索词报告可以找到是哪些没有用的搜索词触发了企业的关键词。
- 通过否定关键词工具可以将找到的没有用的搜索词添加为否定关键词。

“黄金组合”就是“广泛/短语匹配+搜索词报告+否定关键词”。三者搭配使用，可以使企业获得尽可能多的流量，给企业带来尽可能高质量的顾客，同时不浪费企业的推广费用。

2. “黄金组合”降低转化成本

短语匹配和广泛匹配虽然能带来很多流量，但是相对于精确匹配来说消费较高，并且转化成本较高。转化成本居高不下也是让 SEMer 较头疼的一件事，我们可以每天坚持查看搜索词报告，找到前一日的搜索词中有哪些是没用的，并且添加为否定关键词，这样每天不断积累，长期坚持就可以逐渐降低转化成本。虽然效果不能立竿见影，但只要坚持，最终会有一个不错的效果。

如图 7.10 所示，是笔者在之前工作时经常用的一个小方法。每天工作以后查看搜索词报告，将不同的搜索词分别进行归类，是短语否定关键词还是精确否定关键词，又或是可以添加为关键词，分别添加到表格中，并且标明日期，每天归纳完成后一起添加到账户中。长久以后便会发现，关键词所对应的搜索词会越来越精准，没有用的搜索词自然是越来越少，转化成本也会得到改善。

日期 --年--月--日		
短语否定关键词	精确否定关键词	关键词
日期 --年--月--日		
短语否定关键词	精确否定关键词	关键词

图 7.10　对搜索词进行归类

7.3　历史操作记录

一些 SEMer 操作账户后会忘记自己进行了哪些操作，另外，也有一些企业的推广账户是多人管理同一个账户，这样就会有部分对账户的调整不是自己操作的，但也想看一下其他同事对账户都做了哪些调整，以及领导想了解自己的员工都干了哪些工作，所有这些都可以通过历史操作记录进行查看。

历史操作记录是一个可以查看企业对账户做了哪些操作的工具，并且只能查看近三个月的历史操作记录。查看历史操作记录的方式为：进入搜索推广，选择“推广管理”选项，在页面最下方的工具栏中找到“历史操作记录”工具，如图 7.11 所示。

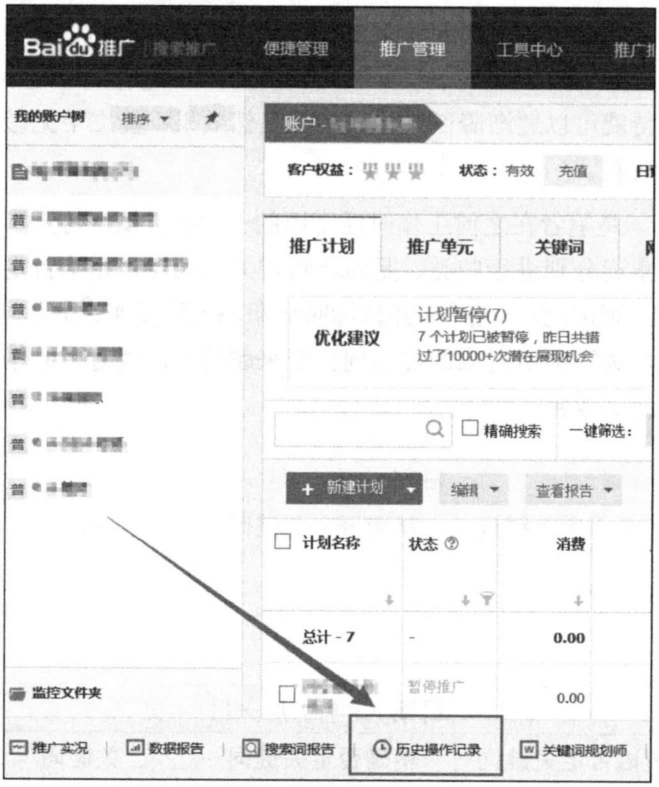

图 7.11　“历史操作记录”的入口

进入“历史操作记录”工具后，可以选择需要查看的层级、时间范围及操作内容，单击“查询”按钮即可看到相应的历史操作记录，如图 7.12 所示。

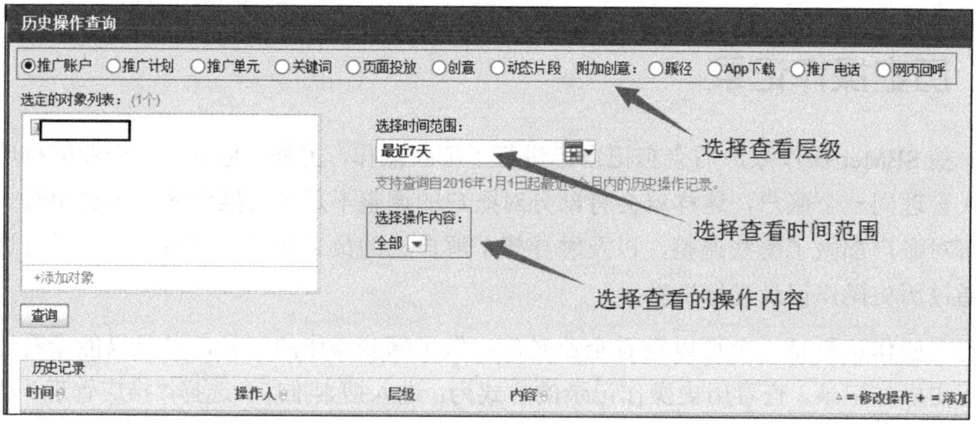

图 7.12　查看历史操作记录

7.4　关键词规划师

搜索推广依托于账户中大量的关键词，找到更多的关键词是每个 SEMer 的首要工作。关键词规划师是 SEMer 最常用的扩词工具，利用关键词规划师可以选择企业所需要的关键词，并快速地添加到推广账户中。

7.4.1　什么是关键词规划师

早期的关键词规划师被叫作“关键词工具”，在给推广单元添加关键词时，单击“新建关键词”按钮后可以直接链接到“关键词规划师”工具；另外，在“推广管理”页面最下方的工具栏中也可以进入“关键词规划师”，如图 7.13 所示

图 7.13　“关键词规划师”的入口

7.4.2 关键词规划师的使用方法

进入“关键词规划师”工具后，在相应的搜索框中输入我们想要查找的基础关键词，如图 7.14 所示。一般情况下，输入的关键词都为相应的核心词，其长度不用过长，如英语培训行业可以输入“英语培训”、“学英语”、“少儿英语培训”等。

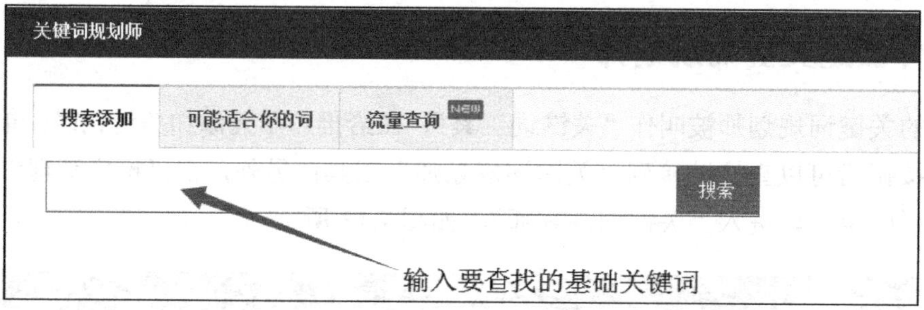

图 7.14 输入要查找的基础关键词

1. 根据地域选择推荐的关键词

“关键词规划师”工具可以根据选择的推广地域扩展对应的关键词，由于每个地区的网民搜索习惯不同，并且同样的关键词对应的搜索量也不同，所以选择相应的推广地域后，系统会直接显示所选地域对应的常用关键词及相应的搜索数据，如图 7.15 所示。

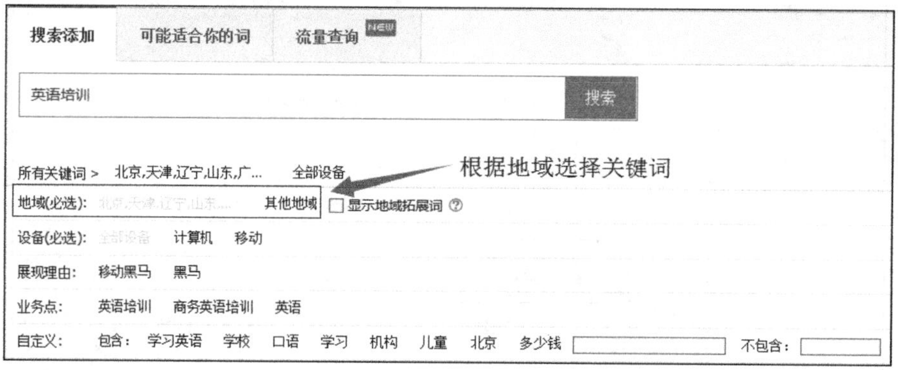

图 7.15 根据地域选择推荐的关键词

2. 显示地域扩展词

在前面的章节中，我们详细地讲解过精确匹配扩展的地域词扩展功能，那么在“关键词规划师”工具中可以勾选“显示地域拓展词”功能。当勾选此功能后，在系统所推荐的关键词中，将尽量推荐带有地域名称的关键词，如图 7.16 所示。

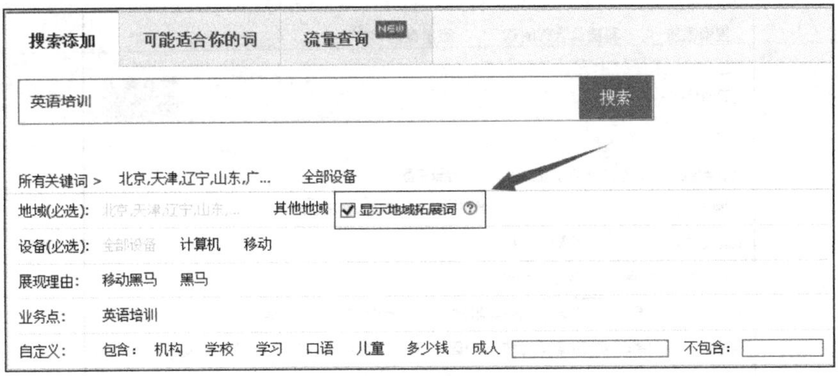

图 7.16　显示地域扩展词

3．根据设备选择推荐的关键词

在“关键词规划师”工具中可以选择按设备推荐关键词，包括“全部设备”、“计算机”、“移动”。选择的设备不同，相同的关键词对应的数据也会不同，对应的关键词类型也会不同。例如，勾选移动端后，系统所推荐的关键词长度一般较短，因为人们在使用手机搜索时输入文字相对麻烦，不习惯输入过长的搜索词，如图 7.17 所示。

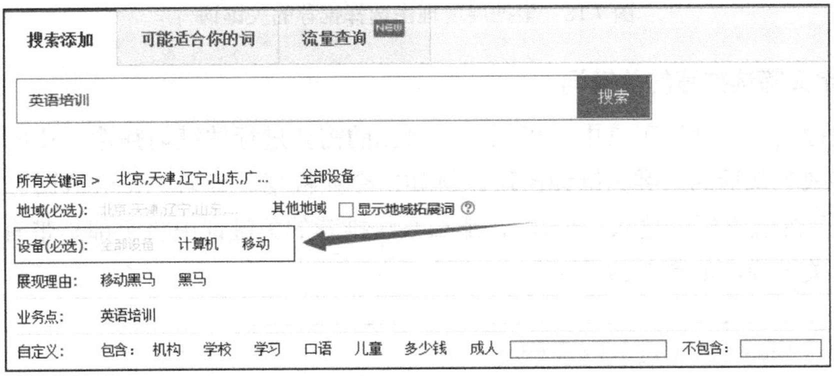

图 7.17　根据设备选择推荐的关键词

4．根据展现理由选择推荐的关键词

在“关键词规划师”工具中可以选择“黑马”或“移动黑马”。官方指出，所谓的“黑马”指的是近期网民的搜索量较大并且同行相对提交较少的词，这类词竞争相对较低，所以出价也相对较低，如图 7.18 所示。

但在我们真正选择时，系统推荐的黑马词有些“不靠谱”，明明很多已经是“烂大街”的关键词，系统也标注成“黑马”。所以在添加关键词时，要谨慎选择。

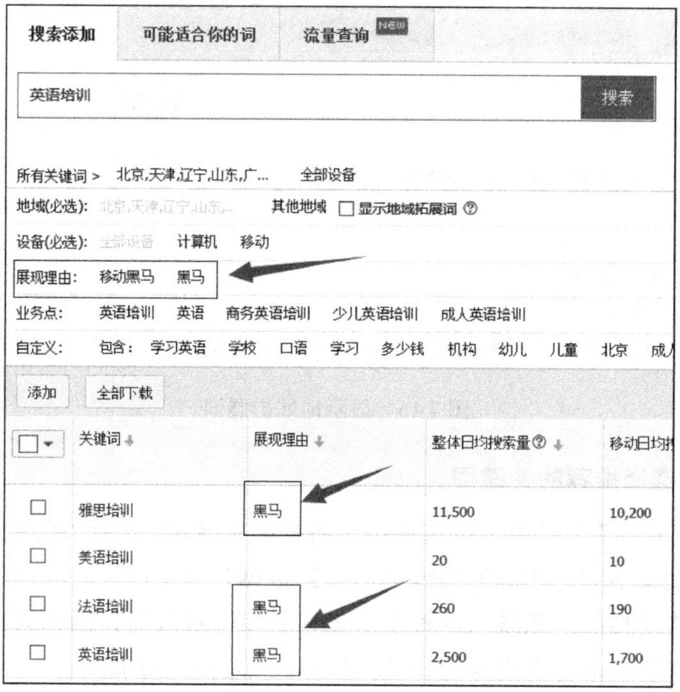

图 7.18　根据展现理由选择推荐的关键词

5．自定义筛选推荐的关键词

在“关键词规划师”工具中，可以根据自己的需要进行关键词筛选，让所有包含或者不包含某字或者某词的一类关键词出现。例如，企业根据关键词“英语培训”进行扩词，在“自定义”的包含框中输入“少儿”，那么系统推荐的关键词中将全部是带有“少儿”的英语培训类关键词，如图 7.19 所示。

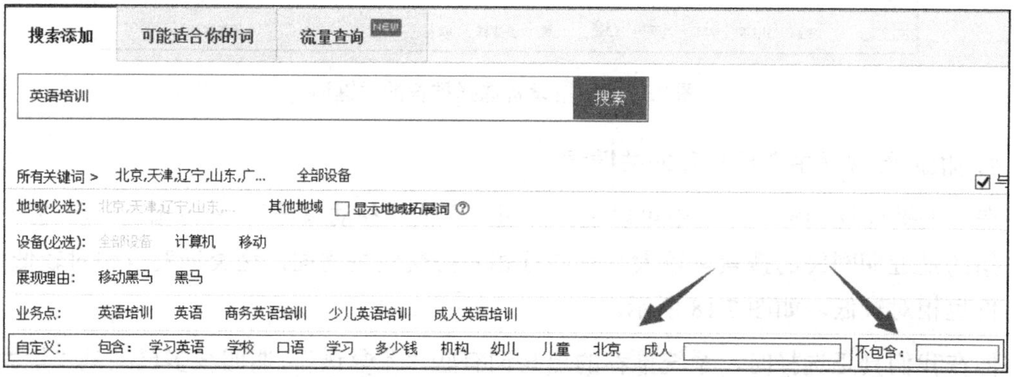

图 7.19　自定义筛选推荐的关键词

7.5　商盾（IP 排除）

所有的企业都担心来自同行或者无聊网民的恶意点击，这类点击不会带来任何推广效果，只能白白浪费推广费用。更有甚者，会利用各种各样的恶意点击软件来点击同行的创意。针对这类问题，百度的系统可以自动过滤部分恶意点击，如多次点击只收取一次费用，但即使这样，也不能完全排除所有的恶意点击。针对这种情况，百度所推出的“商盾”工具能够相应给予很大的帮助。

7.5.1　什么是商盾

“商盾”由百度凤巢账户中早期的“IP 排除”工具演变而来，目前已经升级到 3.0 版本，可以通过手动展现屏蔽、IP 策略展现屏蔽、访客策略展现屏蔽的方式对无效点击进行多方位屏蔽，做到有针对性屏蔽，被屏蔽 IP 下的所有计算机在推广结果页面无法看到企业的创意。在搜索推广“推广管理”页面最下方的工具栏中可以找到商盾工具，如图 7.20 所示。

图 7.20　“商盾 3.0”的入口

7.5.2　手动展现屏蔽

1. 新增 IP 屏蔽

我们利用“百度统计”或其他统计软件，以及“百度商桥”等在线沟通工具，可以查看到是哪些 IP 点击了我们的推广创意。在这些 IP 中，有些是多次或者连续点击，那么这类 IP 就有可能是同行网络的 IP。针对这类 IP，我们可以选择性地添加到“手动展现屏蔽”中。IP 被添加后，如果不从 IP 排除列表中删除，那么这些 IP 下的计算机将永远看不到企业的竞价广告。

手动展现屏蔽操作方法：

（1）单击“商盾 3.0”选项，进入“屏蔽管理”页面，如图 7.21 所示。

（2）单击“手动展现屏蔽”选项卡。

（3）单击“新增 IP 屏蔽”选项。

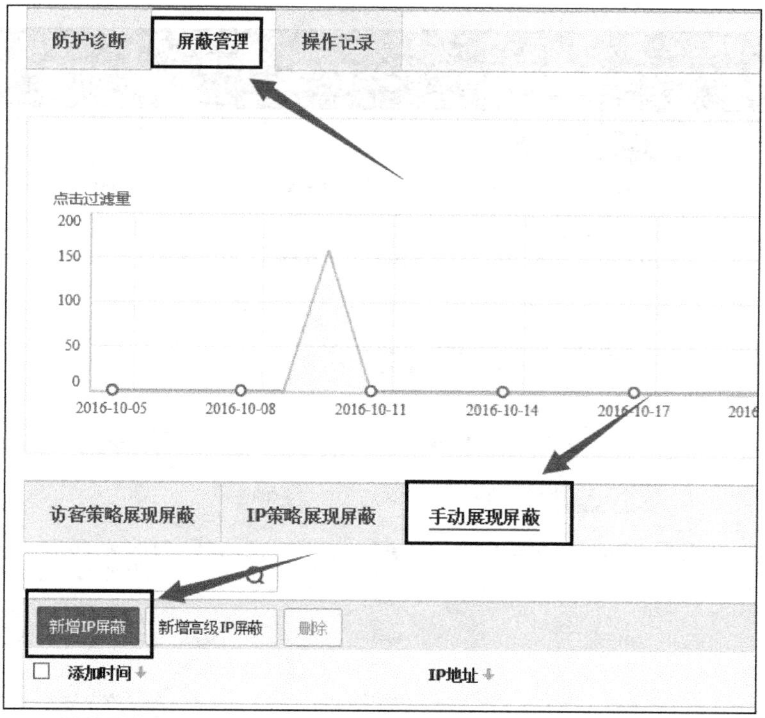

图 7.21　手动展现屏蔽

（4）在弹出的对话框中手动输入想要屏蔽的 IP 后单击“保存”按钮，如图 7.22 所示。

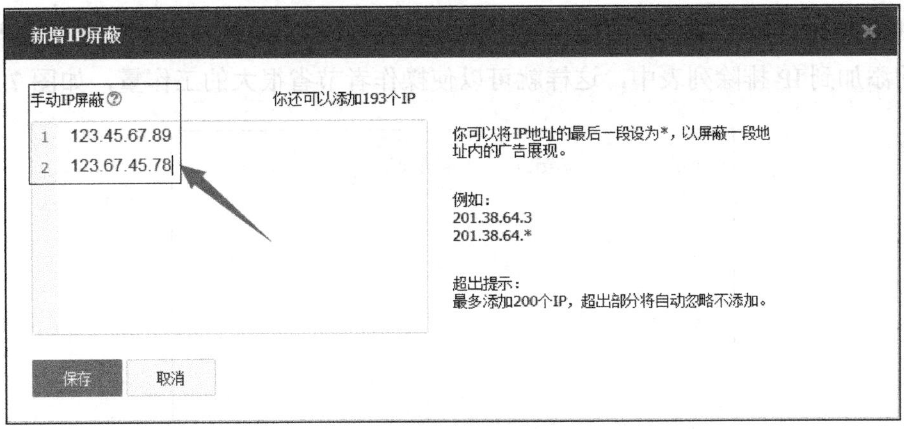

图 7.22　新增 IP 屏蔽

2. 新增高级 IP 屏蔽

在“手动展现屏蔽”中，可以选择“新增高级 IP 屏蔽”，如图 7.23 所示。“高级 IP 屏蔽”是指可以屏蔽 IP 段，并且是直接排除后两段的所有 IP。由于这种排除方法排除 IP 的数量较大，所以在使用时要慎重。

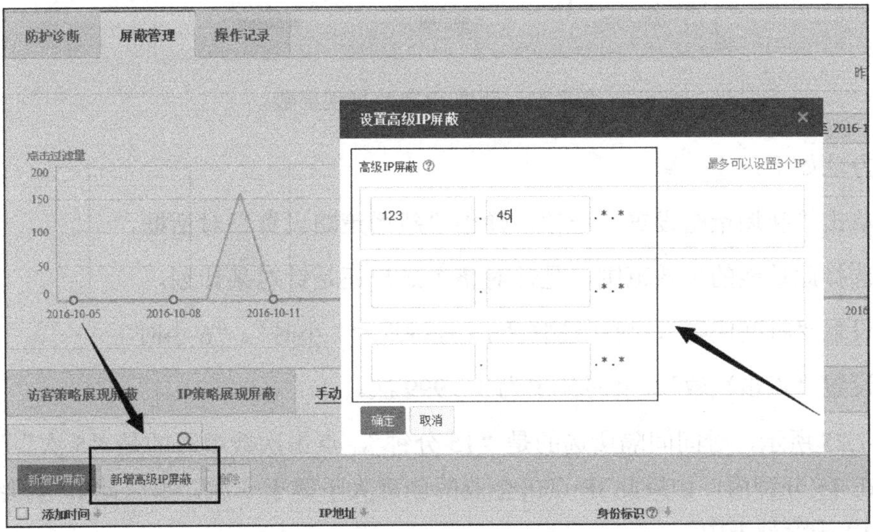

图 7.23　新增高级 IP 屏蔽

7.5.3　IP 策略展现屏蔽

由于“手动展现屏蔽”需要我们自己找到疑似无效点击的 IP，所以相对比较麻烦。使用“IP 策略展现屏蔽”功能可以让系统在庞大的 IP 数据中自动找到“疑似恶意点击 IP”，并且自动添加到 IP 排除列表中，这样就可以使操作者节省很大的工作量，如图 7.24 所示。

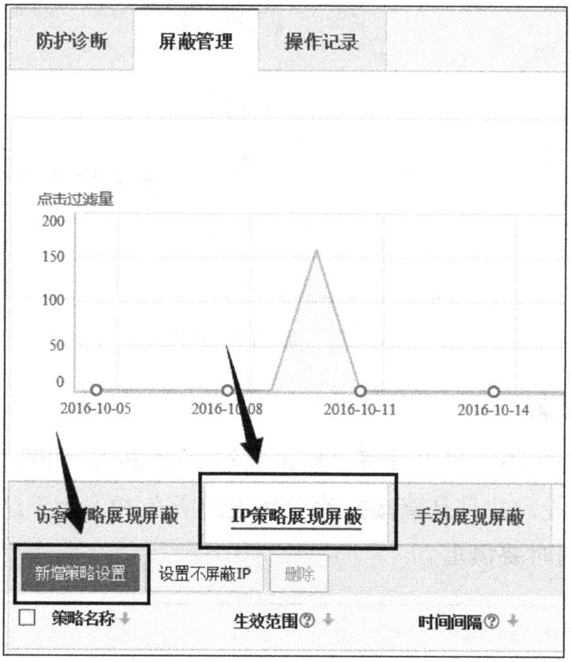

图 7.24　新增 IP 策略展现屏蔽

操作方法如下：

（1）单击“新增策略设置”选项，弹出“新增策略设置”对话框。

（2）选择此功能的生效范围，是针对整个账户还是针对某计划。

（3）设置“时间间隔”，可以选择“15 分钟”、“1 小时”、“6 小时”。

（4）设置“点击次数”，书写范围为 3～999 次。

如图 7.25 所示，时间间隔所选的是“15 分钟”，点击次数填写的是“5 次”。所代表的含义是：在 15 分钟内，如果此 IP 点击企业的创意大于等于 5 次，那么此 IP 就会被系统自动添加到 IP 排除列表中。

在工作中，“时间间隔”与“点击次数”的数据值要参考自身的行业而定，多方面衡量一下网民在多长时间内点击多少次才是正常的，如笔者的习惯是“15 分钟内给其 4 次或 5 次点击机会”。

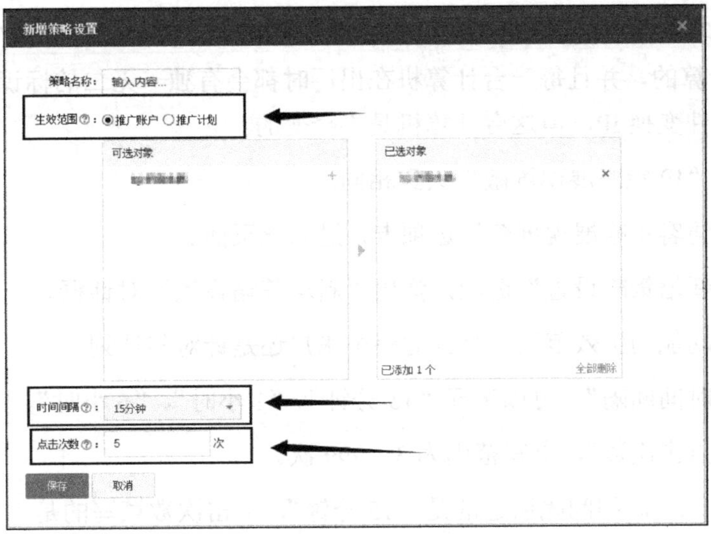

图 7.25　IP 策略展现屏蔽设置方法

7.5.4　访客策略展现屏蔽

熟悉网络的朋友应该都知道，有些软件可以改变自己的网络 IP，如 VPN。那么，有些人就会利用这类工具改变网络 IP 去点击同行的竞价广告，这样一来，“IP 策略展现屏蔽”就无法对其进行屏蔽。所以，百度系统对商盾工具进行了升级，研发了更高端的排除恶意点击的功能，即“访客策略展现屏蔽”，如图 7.26 所示。

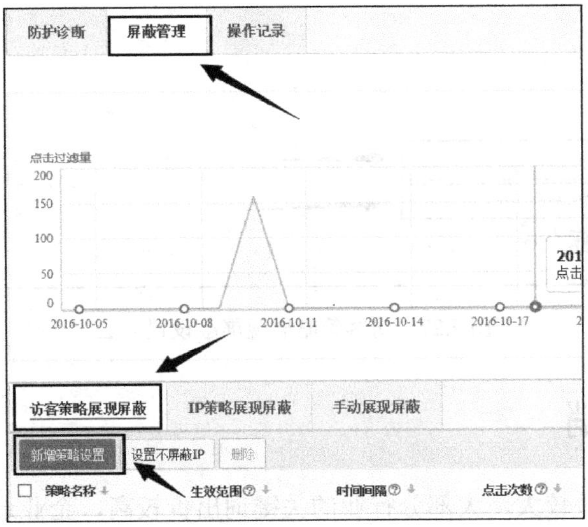

图 7.26　新增访客策略展现屏蔽

所谓的“访客策略展现屏蔽”，是指屏蔽的并非“IP”，而是“计算机”。访客是根据计算机 cookie 而计算的，并且每一台计算机在出厂时都会有独一无二的标识码，计算机虽然可以通过相应软件变换 IP，但这台计算机是不会变的。

操作方法与“IP 策略展现屏蔽”大致相同：

（1）单击“访客策略展现屏蔽”选项卡，进入该页面。

（2）单击“新增策略设置”选项，弹出“新增策略设置”对话框。

（3）选择此功能的生效范围，是针对整个账户还是针对某计划。

（4）设置“时间间隔”，可以选择“15 分钟”、“1 小时”、“6 小时”。

（5）设置“点击次数”，书写范围为 3～999 次。

如图 7.27 所示，时间间隔所选的是“15 分钟”，点击次数填写的是“5 次”。所代表的含义是：在 15 分钟内，如果此访客点击企业的创意大于等于 5 次，那么此访客就会被系统自动添加到访客排除列表中。

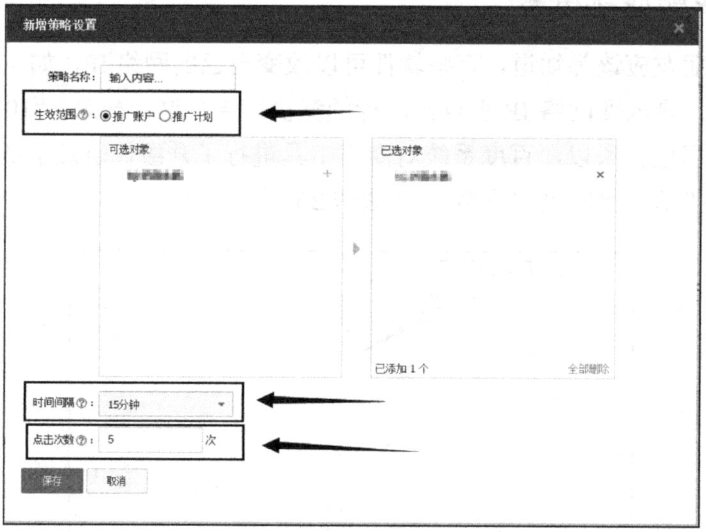

图 7.27　访客策略展现屏蔽设置方法

7.6　搜索再营销

目前搜索推广竞争较大，大部分行业的关键词出价较高，企业最担心的问题就是钱花出去了，但是没有效果。所以在投放广告时，因为流量大的关键词出价一般更高，所以不敢大力度投放，担心预算消耗过快。另外，也担心进入网站的网民意向不好，关键词转化率低，从而也会白白浪费过多的预算。

凤巢账户中的“搜索再营销”工具，可以实现对特定人群进行针对性的投放，不用担心自己的钱没有花在刀刃上，让企业把钱花得更踏实。

7.6.1　什么是搜索再营销

“搜索再营销”针对计划层级使用，通过创建搜索再营销计划可以只让特定人群看见企业的推广广告。简单来说就是，先进行一轮筛选，如果是目标人群，就把广告投放给他；如果不是目标人群，广告就不对其投放。那么，其中最重要的就是如何对网民进行筛选。

“搜索再营销”工具的核心就是：首先考虑要把广告投放给哪部分人群，然后考虑这部分人群独特的搜索词都有哪些，再把这些人群特定的搜索词归纳成一个“词包”。这时只有网民搜索过“词包”中的词，再搜索企业账户的关键词，企业的创意才会展现。

例如，某企业为家具行业，考虑到新婚人群购买家具的概率较大，并且购买量相对较多，所以近期想针对新婚或者即将结婚的情侣进行有针对性的投放广告，但普通的搜索推广无法实现针对性推广，所以就新创建了搜索再营销计划，如图 7.28 所示。

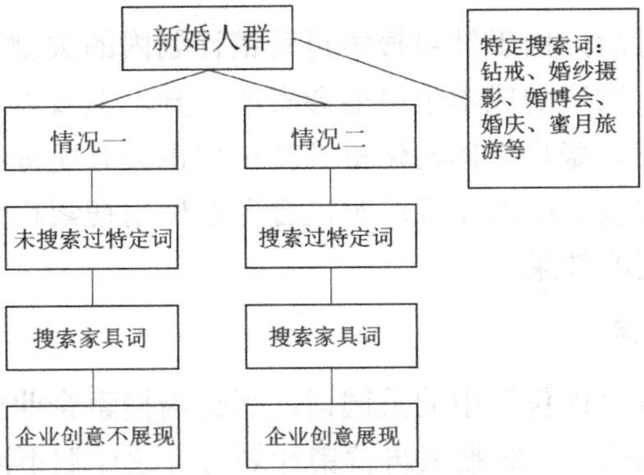

图 7.28　搜索再营销原理图

（1）首先要思考这类人群有没有自己独特的搜索词。

（2）经过分析后得出，这类人群大多都会搜索“钻戒”、“婚纱摄影”、“婚博会”、“婚庆”、“蜜月旅游”等类型的搜索词。

（3）把这些人群特定的搜索词归纳成一个“词包”并添加到后台。

（4）设置好人群“词包”后，创建搜索再营销计划，添加关键词和创意。

（5）网民在一段时间内，搜索过“词包”内的关键词后，再搜索账户中的关键词时，企业的创意才会展现。

这就是针对“新婚人群”进行的精准投放，所以此搜索再营销计划中的关键词可以相对提高出价，目的是抢占有利位置，吸引更多点击，因此多花一些钱也是值得的。

另外，在搜索再营销计划内的创意，也可以针对“新婚人群”编写相应的具有吸引力的文字，如“百年好合”、“白头偕老”等，这样更加具有针对性。由于搜索再营销的创意经过筛选之后才可以展现，所以不用担心“其他人群”看见此类创意。

7.6.2 搜索再营销工具使用优势

1. 成本控制

使用搜索再营销工具的账户，可以不用太担心流量大的关键词消费过高，也不需要考虑流量会突增的问题，因为搜索再营销工具实际上提供了一个人群门槛，必须搜索过“词包”中的人群特定词后，再搜索账户中的关键词时才会将广告投放给他。因此，搜索再营销工具的重点就在于人群的绑定，需要明确推广的目标人群，然后再去仔细分析这类人的搜索习惯，从而做到高针对性的特定投放。

2. 提升转化率

使用搜索再营销工具后，由于针对搜索再营销计划内的关键词提高了出价，所以排名有所上升，点击量增加，推广的成本也可能会有所上升，但成本整体的上升比例基本不会过高。而由于推广更精准，账户整体转化量及转化率也会有所提高，并且转化效果的上升幅度要高于成本的上升幅度。所以在推广时，合理地使用搜索再营销工具以及结合搜索推广，可能会带来意想不到的效果。

3. 与普通计划不冲突

如果网民没有搜索过“词包”中的关键词，那么当搜索企业业务词时，是不会触发搜索再营销计划中的关键词的，这时搜索再营销计划与普通计划不冲突。

如果网民搜索过“词包”中的关键词，那么当可以触发搜索再营销计划中的关键词时，也可以触发普通计划的关键词，但由于我们会对搜索再营销计划内的关键词给出更高出价，所以真正展现时，更大概率还是展现搜索再营销计划内的创意。

7.6.3 搜索再营销的操作方法

（1）单击“推广管理”页面下方工具栏中的“搜索再营销”选项，进入“搜索再营销”设置页面。

（2）在“人群管理”页面单击“新建人群”按钮，也就是之前所提到的“词包”，如图 7.29 所示。

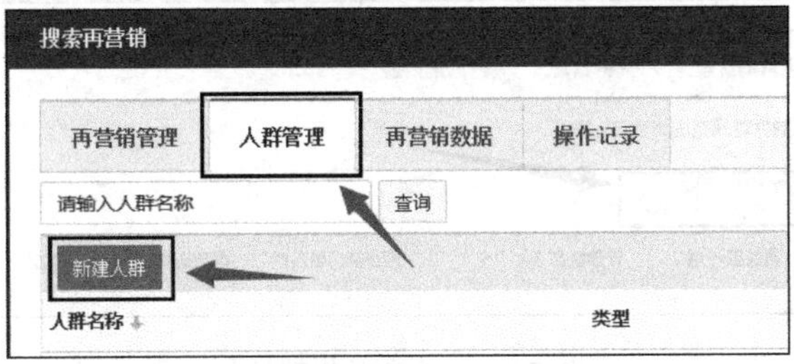

图 7.29　搜索再营销新建人群（词包）

（3）进入“新建人群”页面，设置人群名称，如图 7.30 所示。

（4）设置搜索有效期，如设置为“30 天”，指当网民搜索“词包”中的词后 30 天内再搜索企业业务词，就可以触发搜索再营销计划。设置天数包括“1 天”、“3 天”、“7 天”、“15 天”、“30 天”、“60 天”，具体应该设置多长时间要考虑网民对需求的紧迫性，例如买车的网民需要考虑的时间较长，那么就可以设置为“60 天”。

（5）选择搜索词（选择词包类型），可以选定账户计划内已有的关键词作为搜索再营销“词包”，也可以上传 Excel 文档，根据相应要求在表格中填写关键词后上传，如图 7.30 所示。

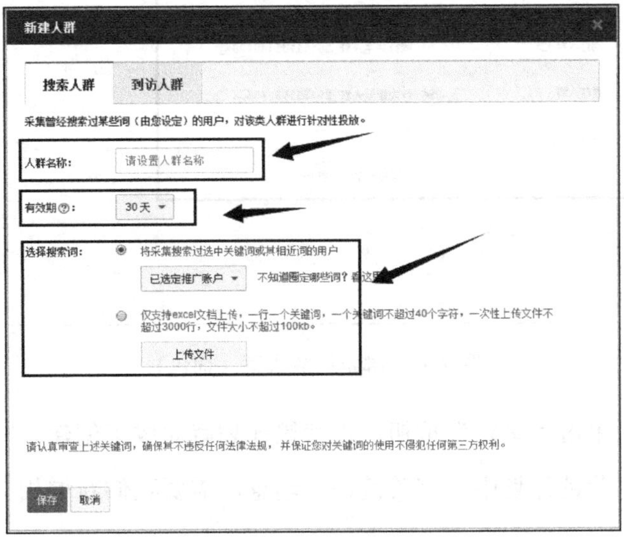

图 7.30　搜索再营销人群（词包）设置方法

（6）之后在“再营销管理”页面新建再营销计划，如图 7.31 所示。

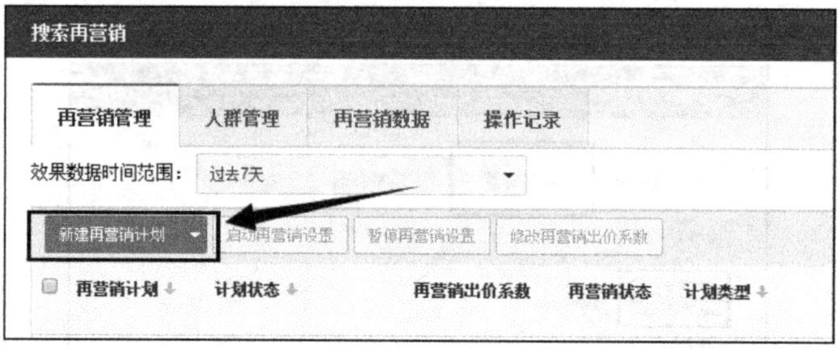

图 7.31　新建再营销计划

（7）“新建再营销计划”页面与新建普通计划的页面大致相同，不同的是，要绑定我们之前设置好的投放人群（词包），如图 7.32 所示。

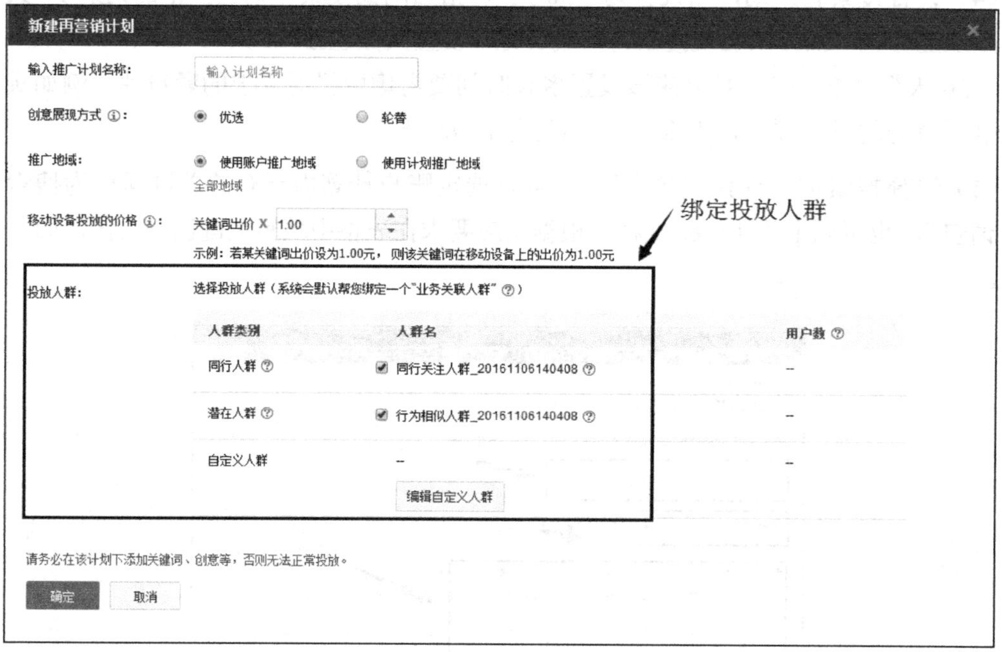

图 7.32　绑定投放人群（词包）

（8）设置完成后单击“确定”按钮，再营销计划就完成了创建。

（9）创建好的再营销计划中没有关键词和创意，需要我们新增相应关键词和创意。

第 8 章

百度推广客户端

百度推广客户端是一款免费的账户管理软件，利用推广客户端可以对百度凤巢推广物料进行高效的管理操作。其独有的批量编辑、离线操作、自由备份功能，能够帮助企业高效安全地管理百度推广账户。百度推广客户端适用于任何类型的百度推广账户，尤其适用于账户结构复杂、关键词较多的情况。

8.1 百度推广客户端的使用方法

百度推广客户端最早被叫作“推广助手”，经过升级后改名为“百度推广客户端”，是免费、离线、批量操作的后台管理工具。百度推广客户端的使用原理非常简单，简单来说，只需要下载账户、离线编辑、上传账户三步即可。

8.1.1 百度推广客户端的下载与登录

（1）进入凤巢账户首页，在首页下侧的“其他产品”中单击“推广客户端”，进入下载页面，如图 8.1 所示；也可以直接输入网址“editor.baidu.com”进入下载页面。

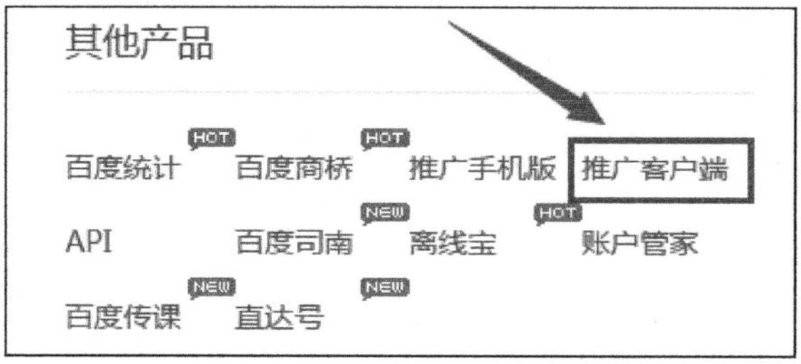

图 8.1　百度推广客户端下载入口

（2）进入下载页面后单击“在线安装”按钮，如图 8.2 所示。

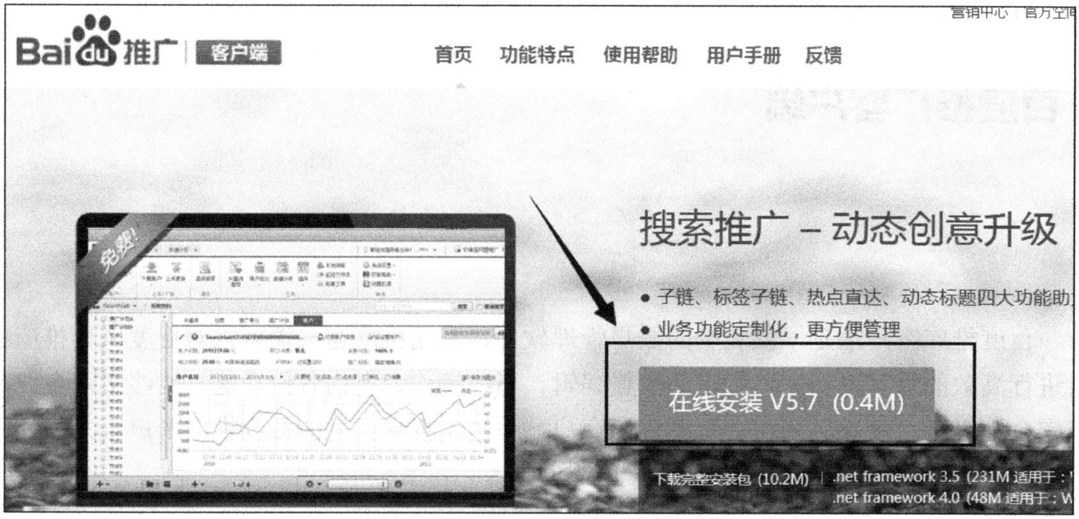

图 8.2　百度推广客户端安装页面

（3）安装完成后，单击桌面上的“百度推广客户端”快捷方式进入客户端主界面，如图 8.3 所示。

图 8.3　桌面上的“百度推广客户端”快捷方式

（4）进入主界面后，使用凤巢账户的用户名和密码登录百度推广客户端，如图 8.4 所示。

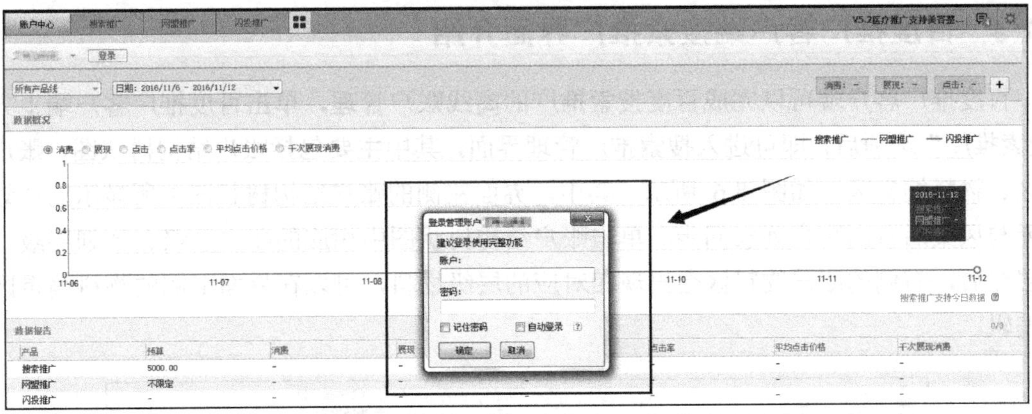

图 8.4　百度推广客户端登录窗口

8.1.2　账户切换

百度推广客户端可以多账户管理，如果公司针对不同推广业务有不同的推广账户，则可以将企业所有推广账户添加到推广客户端，随时切换推广账户，实现灵活管理。

单击百度推广客户端“账户中心”页面用户名后的下拉菜单，在弹出的对话框下侧单击“添加账户”按钮，输入相应的用户名和密码，对应的推广账户就被添加到了账户管理的用户列表中，每次需要切换账户时直接单击账户用户名，即可完成账户切换，如图 8.5 所示。

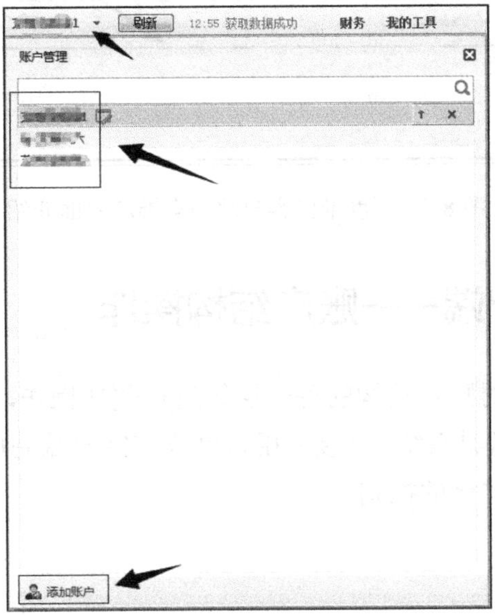

图 8.5　账户切换

8.1.3 百度推广客户端搜索推广界面介绍

百度推广客户端可以完成百度搜索推广的离线账户管理，单击百度推广客户端上方的“搜索推广”选项后，即可进入搜索推广管理界面，其中主要包括账户结构树状图、账户物料区、物料编辑区，如图 8.6 所示。其中，界面左侧的账户结构树状图中所显示的计划和单元与凤巢后台的账户列表同步。单击账户结构树状图中相应的账户层级、计划层级、单元层级后，右侧的账户物料区会出现相对应的层级物料，可以在界面下侧的物料编辑区进行编辑。

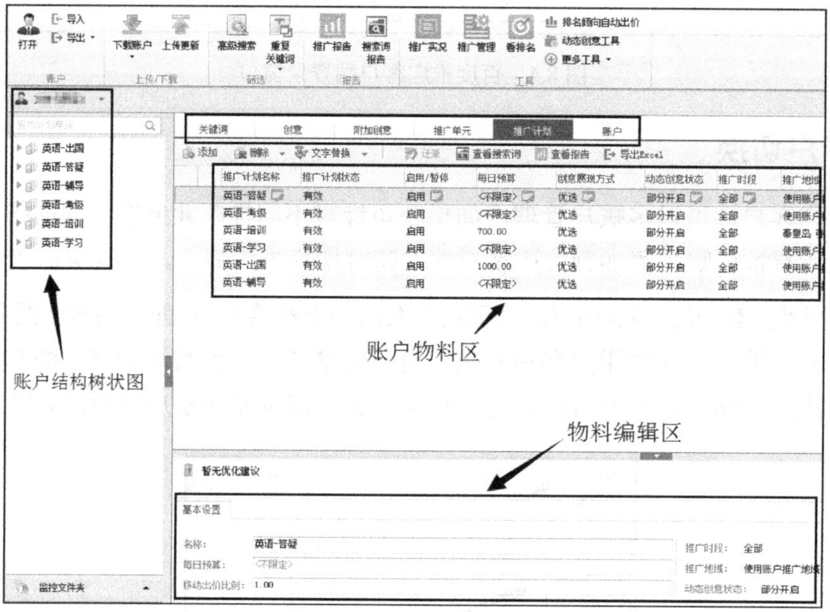

图 8.6　百度推广客户端搜索推广界面介绍

8.2 百度推广客户端——账户结构操作

百度推广客户端可以对账户结构的每个层级进行便捷操作，所以在熟练使用百度推广客户端后，就可以不进入凤巢系统，直接使用百度推广客户端完成对账户层级、计划层级、单元层级、关键词与创意层级的控制。

8.2.1 账户层级操作

在账户页面，可以对账户层级的预算、推广地域、动态创意、IP 排除设置进行修改，修改后进行上传，所修改内容即可生效，如图 8.7 所示。

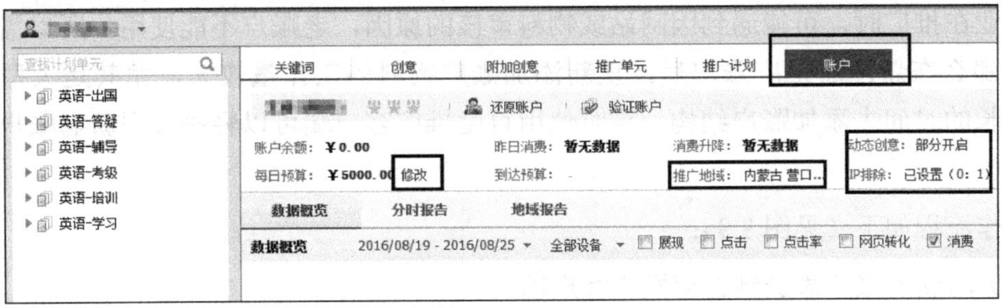

图 8.7　账户层级操作

8.2.2　计划层级操作

在推广计划页面，可以对推广计划的新增、名称、预算、移动出价比例、推广时段、推广地域、动态创意状态、否定关键词、启用/暂停、创意展现方式进行修改，修改后进行上传，所操作内容即可生效，如图 8.8 所示。

在编辑时，如果同时选择多个推广计划，则可以实现多个推广计划相应功能的批量操作。

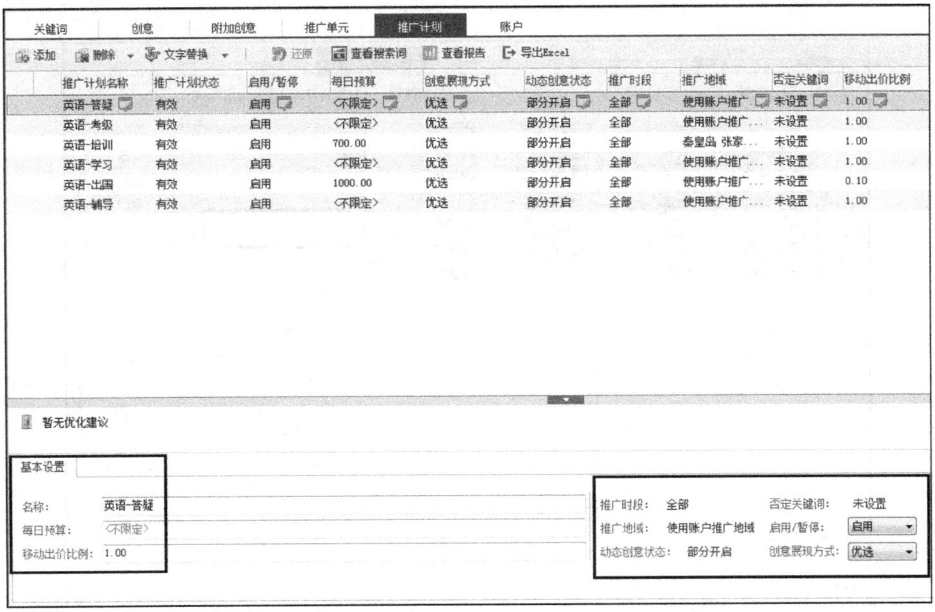

图 8.8　计划层级操作

8.2.3 不同推广账户物料导入

企业在推广时，可能遇到因网站或物料审核的原因，老账户不能使用，所以需要新开账户。那么在新注册推广账户后，重新添加账户物料的工作量较大，尤其是大型账户，需要很长的时间去添加账户结构，这时使用百度推广客户端可以轻松实现新老账户物料的导入。

操作流程如下（见图 8.9）：

（1）将新老账户添加到百度推广客户端。

（2）进入老账户编辑区。

（3）选择老账户所有推广计划。

（4）“复制”老账户所有推广计划。

（5）切换到新注册的账户。

（6）单击计划层级，在空白处进行“粘贴”。

（7）老账户的所有推广计划粘贴到新账户后，推广计划下的单元、关键词、创意也全部粘贴到新账户中，由于两个账户的主域名可能不同，所以需要修改主域名后才能上传物料。

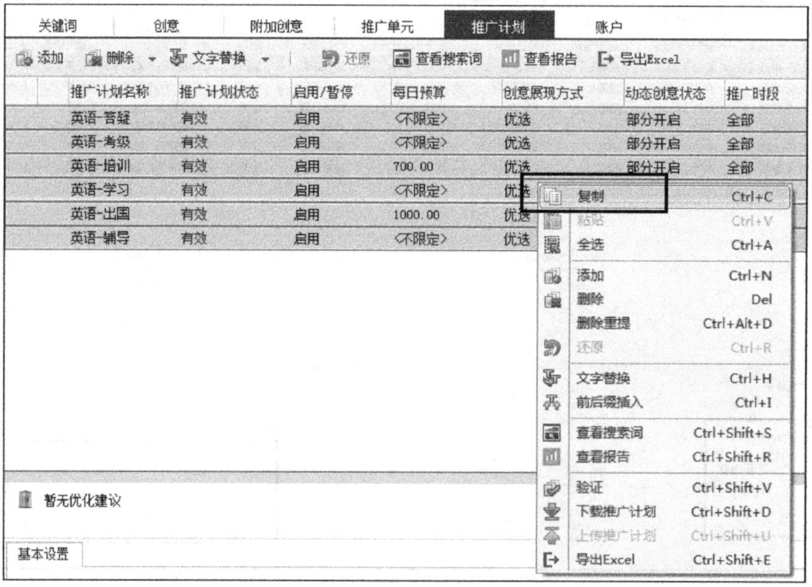

图 8.9 不同推广账户物料导入

8.2.4 单元层级操作

在推广单元页面，选择某个单元或多个单元可以对其新增、名称、出价、否定关键词、移动出价比例、分匹配系数出价进行相应操作，如图 8.10 所示。

另外，对选择单元复制或剪切后，可以实现在任意计划的单元内粘贴，并且单元下的关键词与创意也同时被粘贴到相应计划。

图 8.10 单元层级操作

8.2.5 关键词层级操作

如图 8.11 所示，在关键词页面，选择某个关键词或多个关键词可以实现相应关键词的新增、出价或匹配模式等操作及批量操作。当某个关键词需要转移单元时，利用百度推广客户端可以选择相应关键词直接剪切、粘贴到相应单元，实现快速转移，上传后便可生效，较凤巢账户中的“转移”功能方便得多。

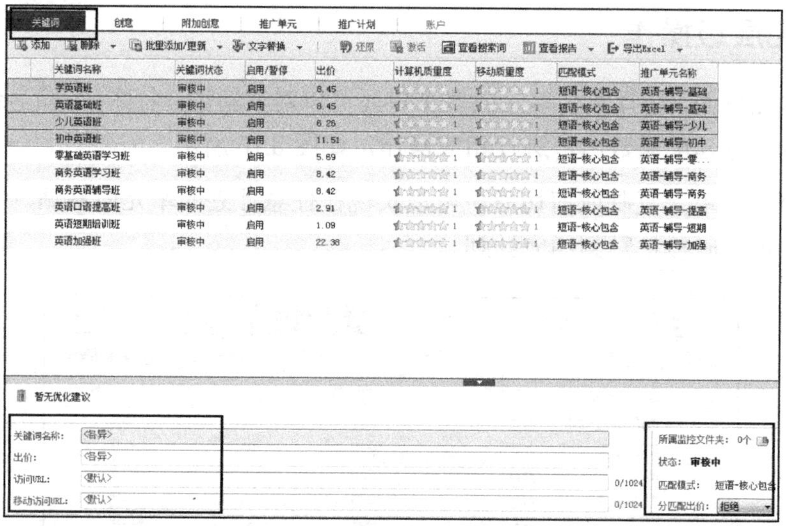

图 8.11　关键词层级操作框

8.2.6　创意层级操作

如图 8.12 所示，单击百度推广客户端创意层级的“添加”按钮，可以对相应单元添加创意。在创意编辑区书写标题、描述及 URL，编辑时下方对应相应推广展现位置的预览图，如果编写时有相应错误，那么在报错的位置会写明错误原因，可以根据原因进行修正。

图 8.12　创意层级操作

由于企业在进行百度搜索推广时需要大量的创意，所以写创意也是比较麻烦的工作，利用百度推广客户端可以实现编写创意的快速操作。

在搭建账户时，为了保证关键词质量度，单元内的创意数量不能低于三条。在百度推广客户端中，当在单元中写完一条创意时，可以将此创意进行复制、粘贴，那么单元内会出现一条相同的创意。我们可以对这条相同的创意进行修改，包括对创意描述中的文字、通配符的位置、标点符号等内容的修改及新增，这样新的一条创意便快速完成了。按照这样的方法，再次将一条创意复制并粘贴，继续在原有的基础上进行修改，单元内的三条甚至更多条创意也就完成了编辑，如图 8.13 所示。

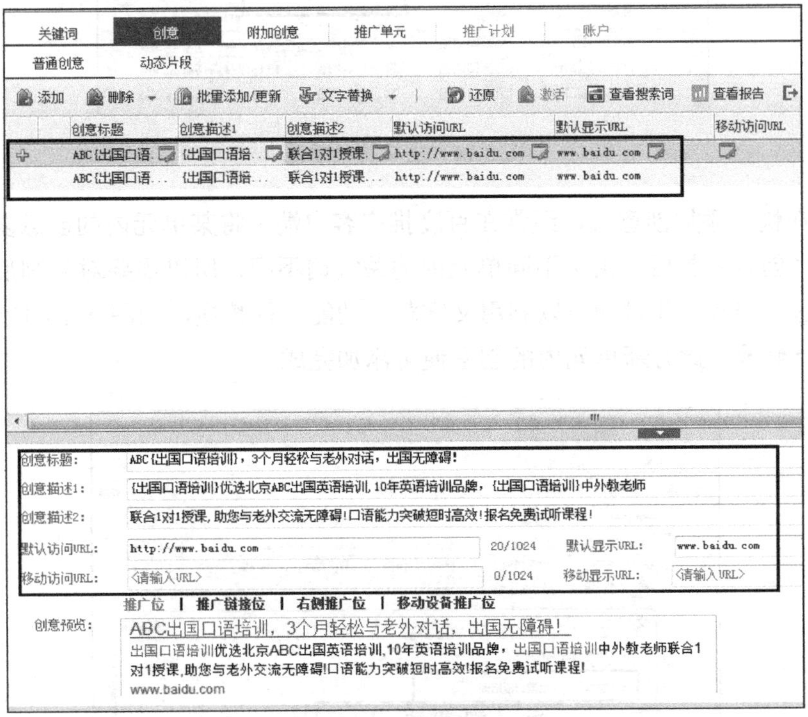

图 8.13　快速编写创意

8.3　百度推广客户端——便捷操作功能

百度推广客户端为 SEMer 带来了高效与便捷，熟练使用百度推广客户端可以节省大量时间与人力成本。其中，多种便捷的功能使本来烦琐的操作变得简易化，如文字替换功能可以批量操作推广账户、离线操作功能可以自由备份账户物料。

8.3.1 文字替换

例如，当企业的电话号码需要变更时，需要对推广账户中的每条创意的电话号码进行修改。如果在凤巢账户中进行修改，则需要对每条创意进行编辑，这样会浪费大量的时间。使用百度推广客户端中的“文字替换”功能可以快速替换物料中的文字，只要选择所有创意，文字替换功能便可实现相应操作，如图 8.14 所示。

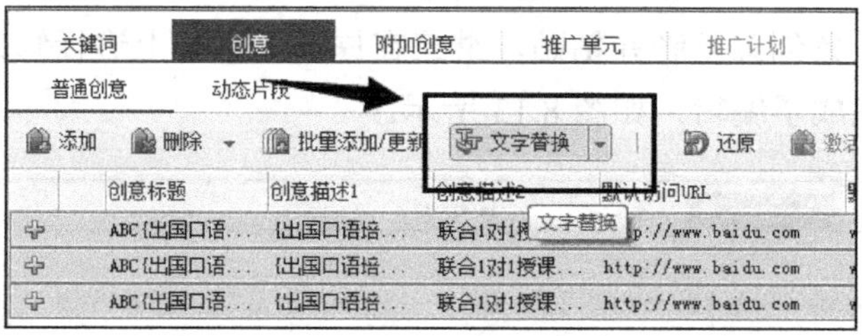

图 8.14　文字替换功能

SEMer 在快速添加创意时，经常在百度推广客户端中将某单元内的创意复制到另外的单元中，但当创意复制后，由于不同单元内的关键词不同，所以需要对复制后创意通配符中的关键词进行修改，此时便可以利用文字替换功能进行替换，如图 8.15 所示。替换后，再对创意进行修改，此时新单元内的创意便可添加完成。

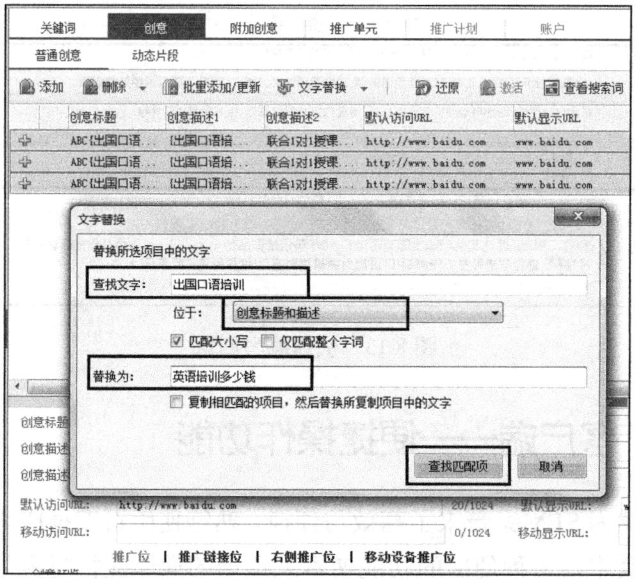

图 8.15　文字替换操作方法

8.3.2 前后缀插入

例如，账户需要在创意的标题前插入文字“北京”，步骤如下。

（1）单击“前后缀插入”下拉按钮，弹出“前后缀插入”对话框，如图 8.16 所示。

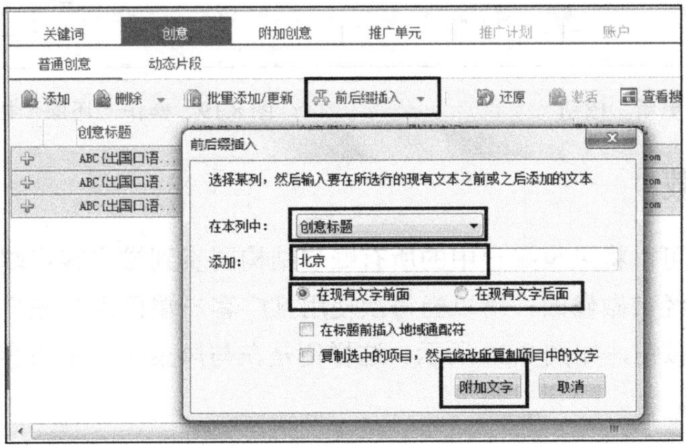

图 8.16　前后缀插入方法

（2）选择文字所要插入的位置：标题、描述或 URL。

（3）选择文字插入位置的前后。

（4）单击“附加文字”按钮后即可完成插入，如图 8.17 所示。

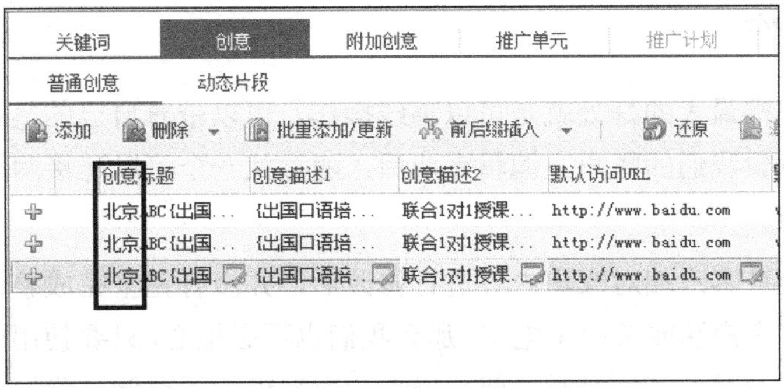

图 8.17　标题前插入“北京”后的创意

8.3.3 账户上传

当确定所有物料已经修改完成后，需要单击推广客户端左上侧的“上传更新”按钮，才能实现对更改物料的更新，如图 8.18 所示。在对操作进行上传之前，都可以对修改内容进行还原，如图 8.19 所示。但如果已经完成了上传，则不能再进行还原。所以在操作时，一定要确认修改的内容没有问题后再上传。

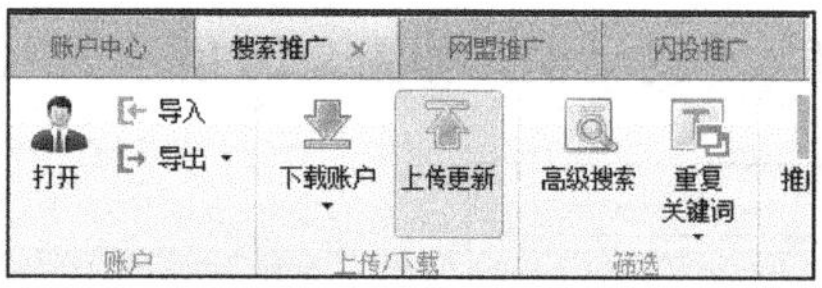

图 8.18 “上传更新”按钮

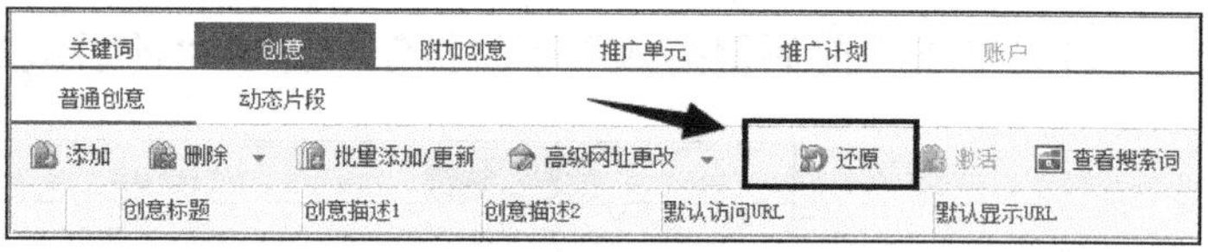

图 8.19 操作“还原”按钮

8.3.4 账户下载

账户下载功能可以将凤巢账户中的所有账户结构同步到推广客户端中。工作时可能对凤巢账户中的内容经常做修改，所以当每次使用推广客户端再次对账户进行操作时，需要单击“下载账户”按钮，如图 8.20 所示。这样便是在与凤巢账户中内容相同的基础之上操作，减少工作误差。

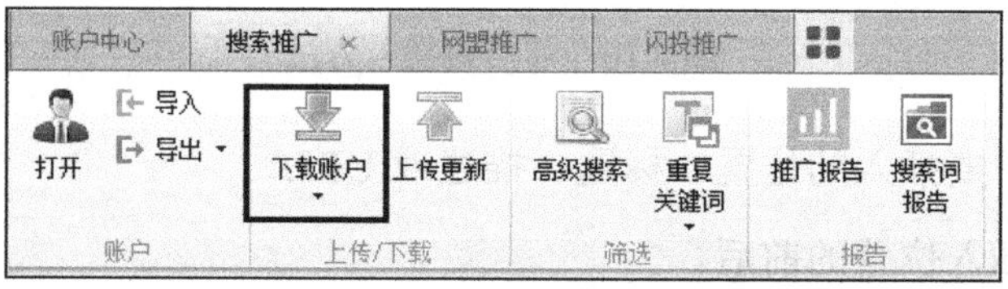

图 8.20 “下载账户”按钮

8.3.5 离线操作

使用推广客户端最大的好处就是可以离线操作，可以带着自己的笔记本在任意一个没有网络的环境中编辑我们的账户，编辑完成后，随意找一个可以连接网络的位置就可以上传我们编辑的内容。

如果在使用推广客户端对账户内容进行修改后，并没有完全完成整体的账户操作，但此时已退出了推广客户端或关闭了电脑，那么我们也不必担心，只要使用的是同一台电脑，再次打开推广客户端时，其已经对之前所操作的内容进行了存储，我们只需继续完成后续工作即可。

8.4 闪投

我们经常在百度搜索结果页面看到许多不同样式的创意，这些创意与普通的创意样式不同，其中包括带有图片的创意或者带有推广子链的创意等，这些大多都是百度闪投推广的产品样式，如图 8.21 所示。

闪投功能在上线初期，企业开通闪投功能需要相应的消费门槛，现在任何参加百度推广的企业都可以使用闪投，并且不需要支付额外的费用，计费标准依然按照推广单元内被触发关键词的点击价格计费。目前百度闪投样式的展现只能依附于百度搜索推广流量，并且 PC 端和移动端都可以使用闪投。

图 8.21　闪投推广样式

8.4.1　什么是闪投

闪投推广基于搜索推广的基础之上投放，只是相当于给单元内原有的创意进行美化，让百度推广创意的展现样式更加多样化，更加吸引网民的注意，提高精准的网站流量。

百度闪投推广绑定的是推广单元层级，只要被绑定单元内的关键词被触发，就有机会展现闪投样式，但不是百分之百展现，有一定的展现概率。建议单元下添加多种闪投推广样式，使关键词被触发后展现闪投样式的概率增加。

闪投样式是对单元内本身的创意的一种附加，如图 8.22 所示，当关键词匹配单元内的一条普通创意后，创意有概率被系统附加闪投样式，之后这条被附加闪投样式的创意被展现在百度搜索结果页。

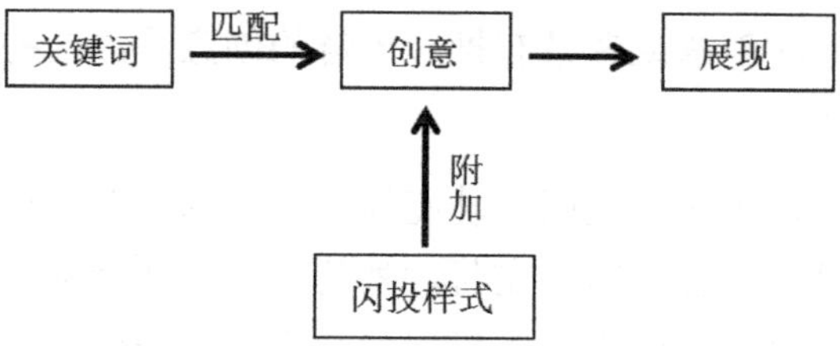

图 8.22　闪投样式核心思路

8.4.2　闪投的设置端口

百度闪投推广物料可以在百度推广客户端中添加，具体操作步骤如下。

（1）单击推广客户端上方的“闪投推广”选项，如图 8.23 所示。

（2）进入闪投页面后，单击“凤巢计划”选项卡。

（3）由于闪投物料绑定的是单元层级，所以选择想要添加闪投的推广单元。

（4）单击“添加”按钮，出现闪投创意编辑弹窗，如图 8.24 所示。

（5）选择想要添加闪投样式的类型，包括凤巢头条、商品列表、商品导航等样式。

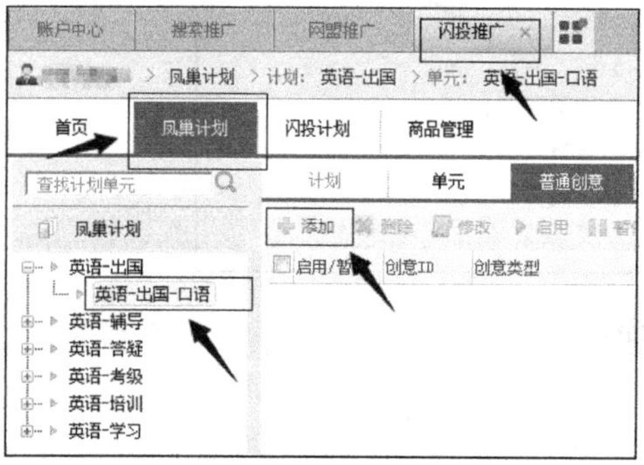

图 8.23　闪投物料添加方法

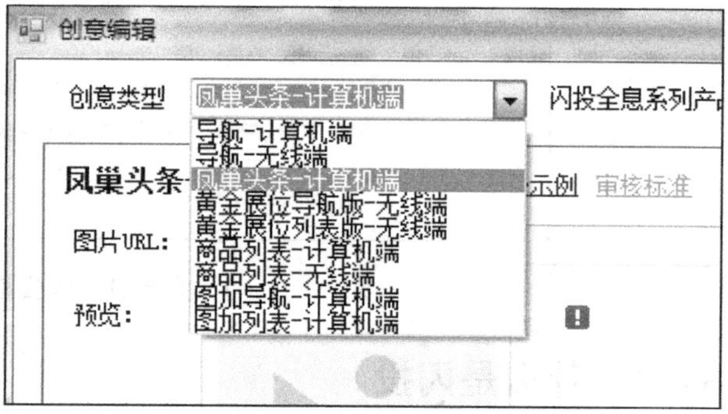

图 8.24　闪投展现样式类型

8.4.3　闪投物料添加

闪投样式在展现时是有一定的要求的，带有图片的闪投样式，如凤巢头条、图加导航、图加列表等，只有推广创意排在左侧第一位时才有资格展现，如图 8.25、图 8.26 所示；没有图片的闪投样式，如商品导航、商品列表等，只要推广排名在左侧就有机会展现，如图 8.27 所示。由于闪投样式过多，这里我们只拿出两种有代表性的样式来进行讲解。

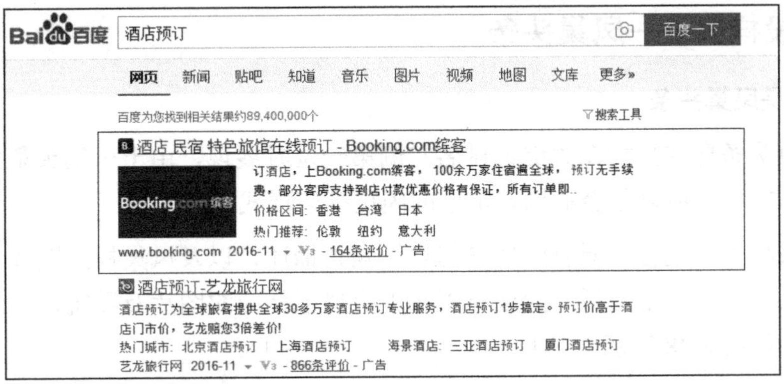

图 8.25　带有图片的闪投展现样式（1）

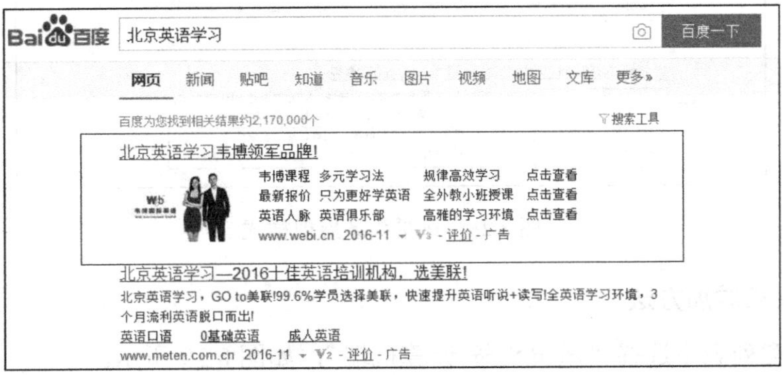

图 8.26　带有图片的闪投展现样式（2）

图 8.27　不带图片的闪投展现样式

8.4.4 闪投样式——凤巢头条

1. 什么是凤巢头条

闪投凤巢头条样式只能在关键词排名左侧第一位时展现，由于凤巢头条样式美观，占据首页的面积较大，所以是企业比较常用的闪投推广样式。

凤巢头条样式中包含了原有的凤巢创意标题、描述，以及凤巢样式图片与导航，也就意味着凤巢头条样式就是在原有的凤巢创意中附加了相应的图片及导航，依然以普通创意为基础展现，如图 8.28 所示。

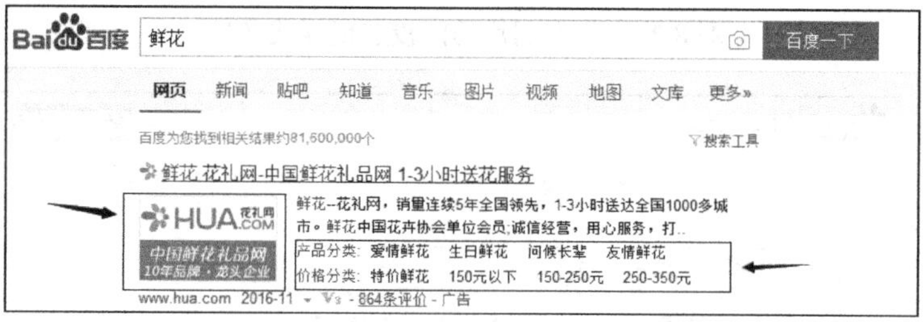

图 8.28　凤巢头条展现样式

2. 凤巢头条添加方法

（1）在创意列表中选择“凤巢头条-计算机端”，如图 8.29 所示。

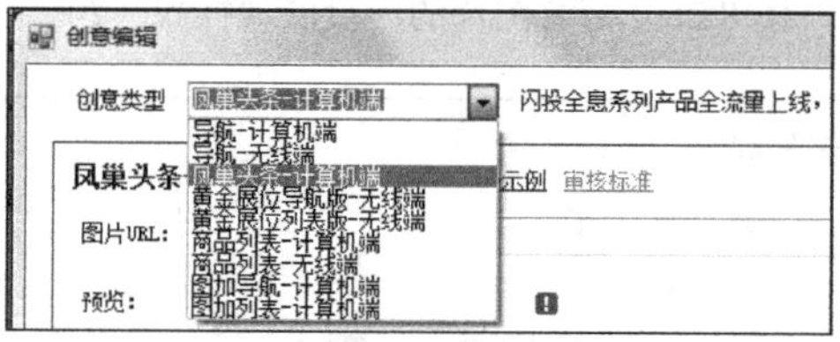

图 8.29　凤巢头条样式选择

（2）进入凤巢头条添加页面，包括添加图片、选择行业、选择标签、添加子链内容、添加访问 URL，如图 8.30 所示。

（3）添加图片，图片多为公司 Logo 或者主营业务文字，尽量选用吸引人的鲜艳背景。由于图片尺寸较小（121×75 像素、100KB 以内），所以文字不宜过多，否则网民浏览时看不清楚内容，如图 8.31 所示。

（4）选择行业，单击“行业选择”下拉按钮，找到自己推广业务所属行业，如图 8.32 所示。由于所选行业不同，对应的标签页也不同，所以要认真选择所属行业。

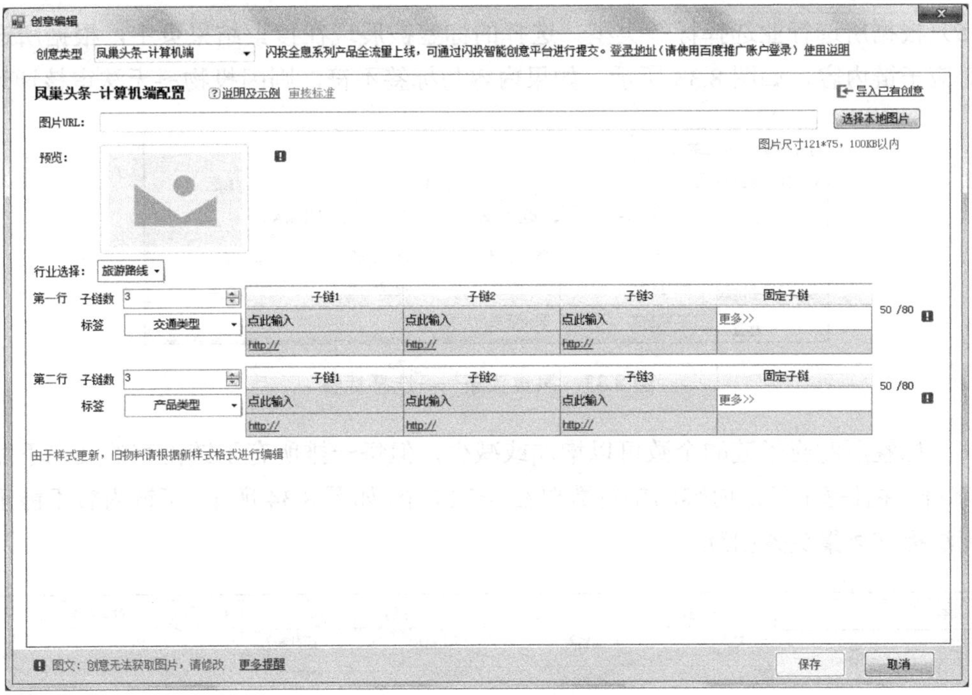

图 8.30　凤巢头条添加窗口

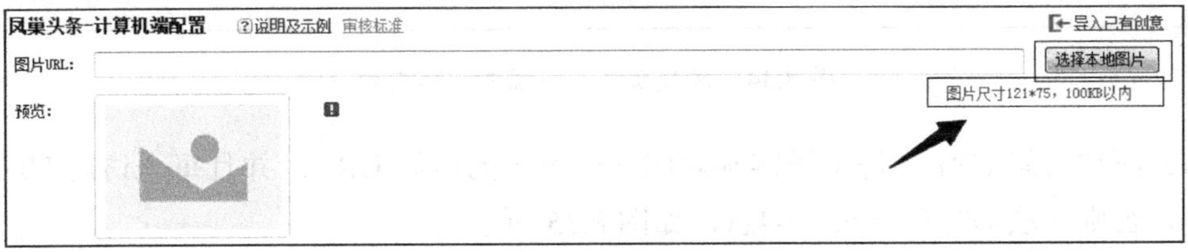

图 8.31　凤巢头条——添加图片

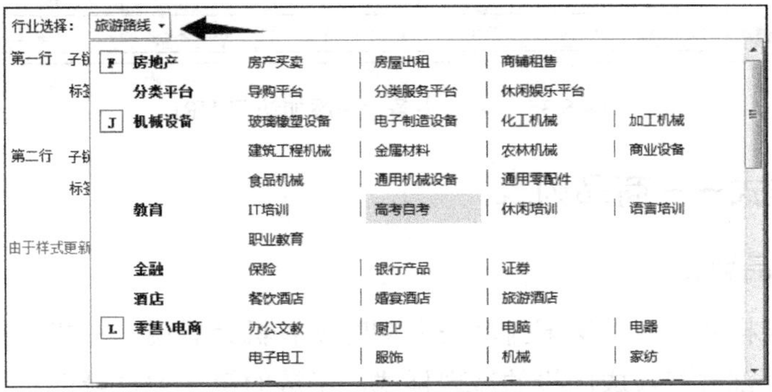

图 8.32　凤巢头条——选择行业

（5）根据所选行业选择标签类型，选择的标签被展现在搜索结果页中，根据所选标签添加对应子链内容，如图 8.33 所示。如果内容与标签不符，则闪投物料无法审核通过。

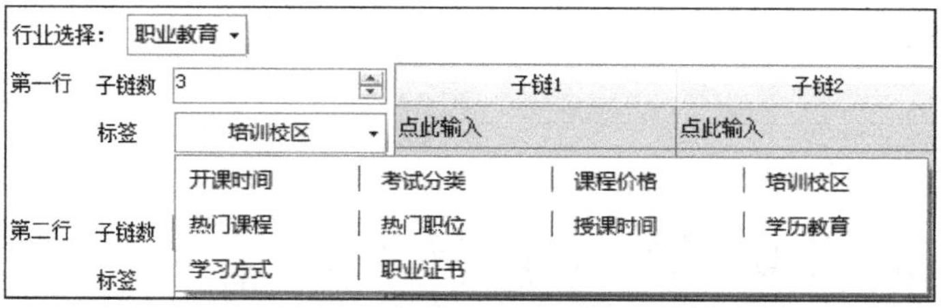

图 8.33　凤巢头条——选择标签

（6）标签所对应子链的个数可以增加或减少，但每一排所有子链内容的文字不能超过 80 个字符，并且每个子链内容的字符数要在 3～17 个，如图 8.34 所示。子链内容不能重复，否则无法提交凤巢头条创意。

图 8.34　凤巢头条——添加子链内容

（7）添加访问 URL，每个子链都对应一个不同的访问 URL，并且每个访问 URL 都不能重复，否则无法提交凤巢头条创意，如图 8.35 所示。

图 8.35　凤巢头条——添加访问 URL

8.4.5　闪投样式——商品列表

1．什么是商品列表

闪投商品列表样式只要关键词排名在左侧时就有机会展现，样式中只包含原有的凤巢创意标题，描述全部被替换成闪投的展现样式，子链的第一列与最后一列可以点击进入相应页面，如图 8.36 所示。

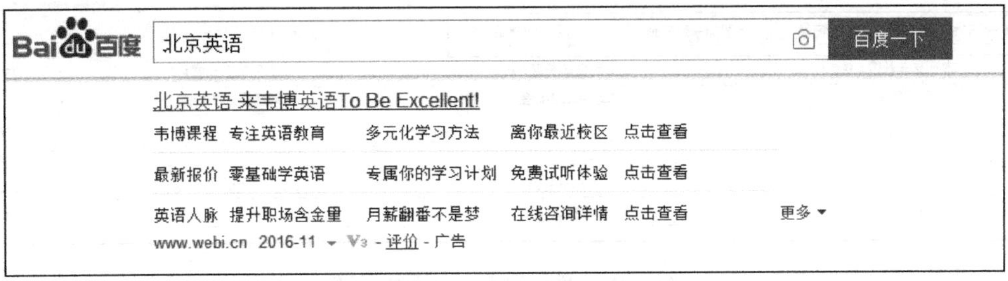

图 8.36 商品列表展现样式

2. 商品列表添加方法

（1）在创意列表中选择“商品列表-计算机端”，进入商品列表编辑页面，编辑内容包括选择行业、选择标签、添加子链内容、添加超链接，如图 8.37 所示。

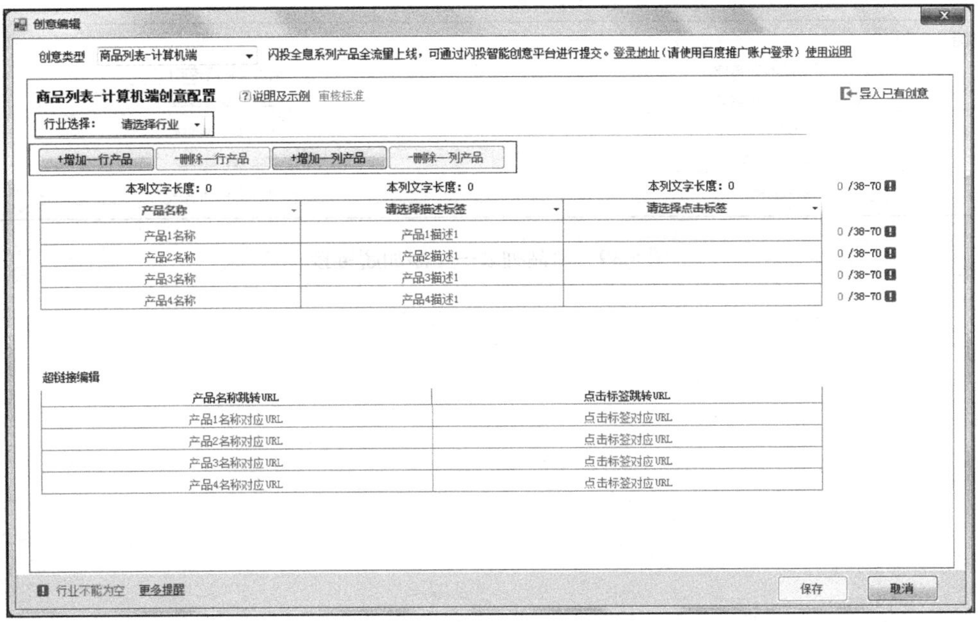

图 8.37 商品列表添加窗口

（2）选择行业，单击“行业选择”下拉按钮，找到自己推广业务所属行业。由于所选行业不同，对应的标签也不同，所以要认真选择所属行业。

（3）产品子链的增加与删除。我们可以增加或减少一行产品，范围是 4～6 行，每一行产品内容文字字符限制为 38～70 个字符；也可以增加或减少一列产品，范围是 3～6 列，如图 8.38 所示。

+增加一行产品　-删除一行产品　+增加一列产品　-删除一列产品

本列文字长度：0	本列文字长度：0	本列文字长度：0	0 /38-70
产品名称	请选择描述标签	请选择点击标签	
产品1名称	产品1描述1		0 /38-70
产品2名称	产品2描述1		0 /38-70
产品3名称	产品3描述1		0 /38-70
产品4名称	产品4描述1		0 /38-70

图 8.38　商品列表——添加子链

（4）根据所选行业选择标签类型，选择的标签被展现在搜索结果页中，根据所选标签添加对应子链内容。如果内容与标签不符，则闪投物料无法审核通过。

（5）添加超链接，商品列表的第一列与最后一列可以添加对应的超链接，每个子链都对应一个超链接，所填写的超链接可以相同，如图 8.39 所示。

超链接编辑

产品名称跳转URL	点击标签跳转URL
www.baidu.com	www.baidu.com
www.baidu.com	www.baidu.com
www.baidu.com	www.baidu.com
www.baidu.com	www.baidu.com

图 8.39　商品列表——添加超链接

第 9 章

搜索推广方案制作

刚入门的 SEMer 经常会面临一个问题，就是在刚刚到公司工作的时候，不知道自己应该干什么，或者从哪里开始干起，觉得自己什么都会，又觉得自己什么都不会，总是被动地被人指使工作，自己却很茫然。显然，这种工作状态会让你的领导对你的能力产生怀疑。

本章就来详细讲解一下，作为 SEMer，刚到公司后应该干什么，如何规划好自己初期的工作流程，从而使以后的工作得心应手，顺利在企业站稳脚跟，成功实现自己的目标。

9.1 确定公司投放目标

任何营销活动都需要策划方案，竞价推广初期更需要有一个明确的推广方案，从而了解自己的企业，建立推广目标并执行。SEMer 在实际执行 SEM 账户操作之前，一定要先与企业主进行深入沟通并了解整个营销过程，确定相关的推广信息，然后才能对账户进行操作并展开合理的推广方案。

9.1.1 挖掘企业产品卖点

要想做推广，首先要了解自己的产品，让自己的产品在同类产品中与众不同并概念超群，在不同的领域中标新立异。所以，我们要提炼出产品或者服务的卖点，把只有目标受众关心，并且是企业所独有或显著优于竞争者的价值和优点传递给客户，使自己产品的卖点与竞争者形成差异，同时还要足以吸引消费者。

例如，英语培训行业的“英孚教育”，将当红名人胡歌请来做品牌代言人。英语培训的卖点有很多，如价格、成立时间、授课方式等，但英孚教育排除所有这些大众卖点，主打“胡歌”，成为最独特的卖点。英孚教育进行了线上线下铺天盖地的传播，你可以在电视广告中见到“胡歌”，可以在地铁站的广告牌中看到“胡歌”，也可以在竞价的推广广告中看到“胡歌”（见图 9.1），以最直观的方式告知大众：“我们是胡歌代言的”。

图 9.1 胡歌代言英孚教育

1. 策划卖点

卖点对最终的交易成功起着决定性作用，任何一个推广人员都需要把企业产品的卖点准确地传达给网民。假如你的产品卖点提炼得不好，那么就无法打动网民去接受你的产品。这样，你所做的一切也都将是徒劳无益。很多人不知道如何策划卖点，什么是卖点，当我们想不出来自己产品的卖点时，可以参考如下两个思路。

1）去找竞争对手

好的竞争对手是我们企业发展的助手，而不是对手，找到几个推广排名靠前的竞争对手去耐心观察和跟踪，你会发现很多不一样的东西，比如你可以看看别人是如何找卖点的。

2）化身为消费者

换位思考一下，如果我们就是这个行业的目标受众，那么我们选择购买产品时最需要的是什么，是产品的质量、价格、售后，还是其他一些最想要的，那么这些就是我们“卖点”的主要挖掘方向。

2. 寻找卖点的注意事项

1）与众不同

之所以要谈卖点的与众不同，是因为所有人都在叫卖的卖点不是卖点，而是口号，太普遍了就会没人听，所以推广产品或服务时要找到自己的卖点。

卖点具有明显的排他性，如果有多个企业都提炼出同样的卖点，那么这个卖点其实就不再具有“卖点”的生命价值。所以，一个产品卖点的生命周期，是以竞争对手推出相同或同类的卖点为终结的。

2）激发受众好奇心

一个好的卖点能够唤起买家的好奇心，让其迫切地想知道这个产品为什么这样叫卖，为什么这么多人购买。好的卖点能够引起买家的场景联想：这件衣服我穿上是什么感觉？这个产品我用了是什么感觉？我用了这个产品别人怎么看我？

3）确保真实

最重要的一点是，企业的卖点一定要和你的产品符合，如果卖点和产品不符合，那么企业就不是在卖产品了，而是在卖假货。所以，要把握好卖点的“度”，不要为了吸引买家而过分夸大。

9.1.2　了解企业广告投放渠道

在这个“酒香也怕巷子深”的信息时代，企业都会用各种广告形式来让受众关注自己。作为 SEMer，要了解自己的企业广告需要在哪些渠道投放，方便后期的推广方向与账户管理。例如：

- 企业是否在线下投放广告，包括电视广告、各类媒体广告，了解后考虑后期推广时是否需要线上线下相结合。
- 使用搜索引擎投放竞价广告需要投放哪些渠道，选择百度推广、搜狗推广、360 推广的哪一种或哪几种，确定投放的搜索引擎后再考虑每种渠道的预算分配。
- 是否需要投放网络联盟等类型的广告，国内的网站成千上万，很难一个个找到合适自己的网站去投放，使用各类搜索引擎的网盟广告会帮助企业过滤这样的网站。

9.1.3 确定投放预算

SEMer 需要向公司确定竞价推广的总预算，了解总预算后，为保证推广方案的顺利执行和取得预期的效果，还要对推广预算做出合理的分配，对推广预算的使用进行严格管理，从而使推广预算发挥应有的作用。要针对推广的实际情况将推广预算总额分摊到各个具体环节，一般来讲，推广预算主要根据以下三点进行分配。

1. 按市场区域分配

按市场区域分配是指企业将整个目标市场分解成若干部分，而后按各个区域来分配推广预算。一般来说，推广预算在产品销售有基础的地区要比在新开发的市场少，又由于竞争的原因，在人口密度大的地区要比在密度小的地区多，全国性市场的推广预算要大于地方性市场的推广预算。当然，由于各地区情况不同，企业在每一地区的推广目标也有所区别。因此，最基本的广告预算分配要以保证企业在该地区预计实现的推广目标为基础，其最低界限不应少于维持产品在该区域的竞争地位所需要的基本费用。

2. 按产品类别分配

按产品类别分配是指需要考虑企业有哪些需要推广的产品或服务，在对其产品进行分析之后，确定每种产品或服务的推广侧重比，针对不同类型的产品进行预算分配。不同的产品由于其行业发展前景、市场占有率、市场竞争状况及产品所处生命周期不同，其销售潜力、利润水平和产品在企业产品体系中所处的地位也是不一样的，这就使得企业在分配推广预算时应有所侧重，不能一视同仁。

3. 按行业淡旺季分配

按行业淡旺季分配是指考虑企业业务是否存在淡旺季，从而有针对性地进行分配。许多产品或服务的营销经常随着时间和季节的变化而变化，如服装、空调等季节性产品，以及旅游、婚纱摄影等季节性服务，对于这类产品或服务，合理地分配推广预算、把握推广时机，是抢占市场制高点的关键。

9.1.4 了解前期账户推广情况

刚到企业的 SEMer，需要了解公司以往的推广效果，以及账户搭建是否合理。总之，要先读懂账户的整体情况，不能盲目地推广，其中主要有以下几点需要关注。

1. 历史消费水平

了解推广账户之前大概每月、每天花多少钱，通过这些数据，可以确定之前账户消费水平的定位，以便作为后期参考对象，调整账户结构并确定推广方案。账户消费数据可以通过数据报告及前期的数据报表进行查看，如图 9.2 所示，为数据报告中的账户报告。

时间	账户	展现	点击	消费
2015-09-01至2015-09-30	bj	105219	1398	18643.02
2015-08-01至2015-08-31	bj	436844	1516	20781.88
2015-07-01至2015-07-31	bj	187822	2940	36117.45
2015-06-01至2015-06-30	bj	135958	3636	44039.06
2015-05-01至2015-05-31	bj	172072	2459	26565.75
2015-04-01至2015-04-30	bj	6438	82	834.33

图 9.2　凤巢账户报告

2. 账户核心消费计划

截取账户之前一段时间的消费数据，查看哪些计划或关键词消费最多，这样可以大致判断账户的核心推广计划与关键词，从而确定日后推广维护的重点计划与关键词。如图 9.3 所示，为数据报告中的计划报告消费数据，可以看出哪些计划消费靠前。

时间	推广计划	账户	展现	点击	消费
2015-05-01至2015-09-30	艾特-重点-单优	bj-	203279	4293	54026.89
2015-05-01至2015-09-30	艾特-电商-覆盖	bj-	60277	1936	19202.16
2015-05-01至2015-09-30	艾特-网营-名词	bj-	401318	1091	18248.02
2015-05-01至2015-09-30	艾特-SEO-名词	bj	72898	966	13595.41
2015-05-01至2015-09-30	艾特-重点-名词	bj-	42620	508	7964.80
2015-05-01至2015-09-30	艾特-网营-精准	bj	6017	273	6895.34
2015-05-01至2015-09-30	艾特-微营-覆盖	bj	12641	796	5796.02
2015-05-01至2015-09-30	艾特-SEM-名词	bj-	12859	218	3332.93
2015-05-01至2015-09-30	艾特-长尾-名词	bj	15985	214	3217.11
2015-05-01至2015-09-30	艾特-网推-疑问	bj	7953	269	3073.32

图 9.3　凤巢计划报告

3．账户历史转化情况

确定前期推广的转化数据，包括每月、每日的转化，账户中重要消费的关键词，带来转化最多的关键词，以及带来每个转化所需的成本为多少。根据这些转化数据，可以确定今后竞价推广效果的目标，完成每月、每日推广任务。推广转化数据可以通过之前客服及销售人员统计的资料获取。

4．确定投放地域、时段

了解企业所需要推广的地域与时段，方便后期有针对性地进行推广。SEMer 不能根据自己的想法盲目设置推广地域与推广时段，需要跟领导确定企业推广业务所能覆盖的地域，不同业务或产品所面向的地域市场，以及分析受众的上网时间和公司客服的上班时间来确定推广时段。

9.1.5　了解是否存在淡旺季

SEMer 需要了解企业是否存在行业淡旺季，以便进行投放力度的分配，分别做好旺季推广的账户结构与淡季推广的账户结构，保证全年的推广效果。目前大多数企业都存在淡旺季问题，并且旺季与淡季转化量的差距较大。这一问题是困扰企业的难题，对于推广而言，可能会有淡季转化率过低、旺季投放预算不足的情况。所以在推广时，旺季着重优化好账户，保证转化成本；淡季做好促销，让淡季不淡。

9.1.6　了解目标消费群体

我们需要根据所推广的产品去分析目标消费群体，包括目标受众的年龄、性别、地域、检索习惯等，之后再进行分类，分析受众各占多少比例、他们经常去哪些网站查找内容，以及以什么样的方式去查找内容等。

例如，一家专做“美甲培训”的企业，这类企业的目标受众首先是女性居多，其次年龄基本在 18～35 岁，另外他们可能正在找工作或者有创业的打算。接着，我们分析他们的上网习惯，如女性喜欢逛一些女性网站，包括美容网站、购物网站、八卦新闻网站等。找工作的人一般会上一些招聘网站或者创业网站等，这样我们就可以选择这些网站进行有针对性的投放广告，促进企业产品销售及品牌的打造。

我们在做百度推广时，一定要知道我们的产品卖给谁、谁会买我们的产品，也即我们要赚谁的钱。企业的受众人群绝对不是所有人，一定要定位好自己的客户群体，有针对性地进行营销，才能做到更高的投入产出比。

另外，需要注意的是，需要消费产品的人并不一定是购买产品的人。最直接的例子就是奶粉，奶粉一定不是婴儿自己来买的，一定是孩子的父母、长辈购买，所以要针对刚刚为人父母的受众做好营销策略。

又如一家售卖钻戒的企业，经统计，发现在百度搜索“钻戒”的更多是男性，所以在推广时广告更多针对的自然是男性，推广创意中经常也会写一些针对男性受众的描述，如图 9.4 所示。

图 9.4　针对男性受众展现的钻戒创意

9.1.7　了解行业情况

在推广时，企业为了能够充分适应市场，需要及时了解市场动态并做好分析和调查报告，制定推广策略。行业动态对企业的影响，是企业决策的重要依据之一，行业动态分析是企业短期决策的基础依据。

- 行业的发展简史与发展现状。
- 行业中的知名企业、有影响力的企业。
- 关于行业产品的一些专业知识。
- 该行业产品的市场供求情况。
- 市场同类产品的价格情况。
- 国家法律、法规的调整对该市场的影响。

9.1.8 了解近期热点信息

我们大家有一个共同的特点，就是特别爱凑热闹。所以，能引起大家围观的话题，就是热点话题。在 2016 年到 2017 年跨年之际，其他企业都在忙着借元旦大搞促销，而作为业界最有名的“段子手”杜蕾斯又出新招，在拜年的同时，借势又一次完成了一篇创意广告佳作，如图 9.5 所示。

图 9.5 杜蕾斯创意广告

1. 怎样找到热点

怎样快速找到热点，是结合热点营销的关键一步。了解网民近期关心什么样的问题，之后再与自己的推广相结合，从而获得更多的流量。获得热点信息的渠道大致如下：

- 关注各大门户网站的最新动态。
- 关注百度、360 等搜索引擎的搜索风云榜。
- 关注电视、报纸等新闻媒体。
- 关注微博、微信的热门话题。

2. 推广如何结合热点

要知道，并不是随意一个热点都能与我们的网络推广相捆绑；否则即使能够获取一定流量，但对于转化来说，也没有任何作用。因此，要找到与自己的推广内容相关的热点，最好与自身的行业相符，并且是近期的。我们了解了热点话题的重要性，并且也已经找到了热点话题，那么如何利用热点话题给我们的推广带来利益呢？

1）与创意相结合

找出热点与自己所推广内容的结合点，结合热点话题编写推广创意。例如，一家专门做推拉门的企业，结合明星出轨事件编辑的推广创意如图 9.6 所示。

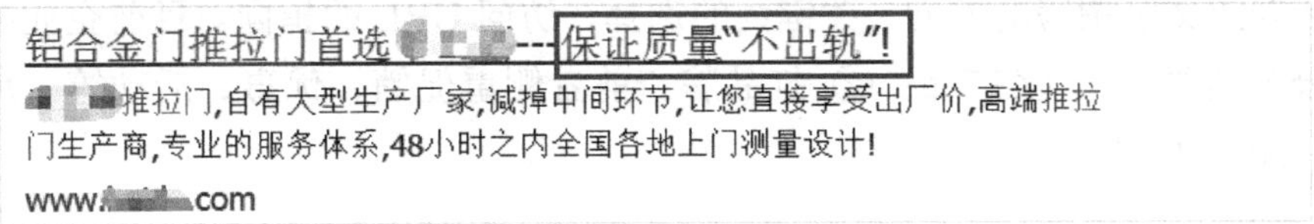

图 9.6　推拉门创意

2）与网站相结合

将网民所到达的着陆页添加相应的热点信息，与产品相结合，吸引网民持续浏览网站，增加 PV 及访问时长，让网民更深入地了解企业与产品，促成最终交易。并且可以根据网站内容，选择相关的热点话题，编写网站内部文章。

9.1.9　了解竞争对手的情况

随着搜索引擎营销逐渐被更多企业关注，企业之间的竞争也在不断加剧，形势迫使 SEMer 投入更多的精力关注自己的广告账户。不仅如此，研究和分析竞争对手的广告也成为 SEMer 的日常工作内容。

目前，竞争分析已成为竞价推广众多工作环节中不可或缺的一部分。要想看清关键词上的竞争格局，找到更具性价比的关键词，就必须在竞争分析上仔细参透。一个百度竞价的老手，会拿出大部分时间去研究竞争对手是如何投放百度广告的。

因为要“向前看”，所以通常会找比我们排名靠前的竞争对手去关注。锁定竞争对手后，还需要分析竞争对手的广告投放策略，从而借鉴一些有价值的东西为自己所用。首先就要了解竞争对手都投放了哪些关键词；更进一步，可以对比一下竞争对手投放的关键词中哪些是自己没有投放的，从中发现一些有价值的关键词为我所用。另外，分析时会发现有些关键词虽然是好词，但价格太贵，这是由竞争的激烈程度决定的，所以最好能挖掘出那些竞争不太激烈的关键词，可以从中选出自己中意的好词进行投放。

所谓“知己知彼，百战不殆”。说起来简单，但在实际工作中能够完全做到的人并不多。在后期工作的过程中，我们需要努力并认真地了解竞争对手的推广模式、产品结构、产品价位、产品特点、优劣势、差别等重要因素。

9.1.10 确立营销目标

SEMer 在推广前期，要与企业进行沟通，确立推广的营销目标，明确企业是想要树立企业品牌形象，还是追求后期的转化效果。确定营销目标后，才能有针对性地对账户进行调整，包括创意文字撰写的方向、关键词的选择、访问 URL 的指向。目前企业的营销目标大致可以分为两类：① 卖产品；② 打品牌。前者侧重促销、优惠、活动等，后者重在理念、品质、服务等。

1. 卖产品

大多数中小规模的企业做竞价的原因很直接，即有成交客户、实现销售，投放的目的主要是追求流量转化，常用的考核指标是转化量和转化率，并且是以效果为导向的企业。例如，一家卖家具的企业，竞价推广目标就是每个月或者每天要完成多少咨询量、订单量，最终需要完成多少销售额，如图 9.7 所示。

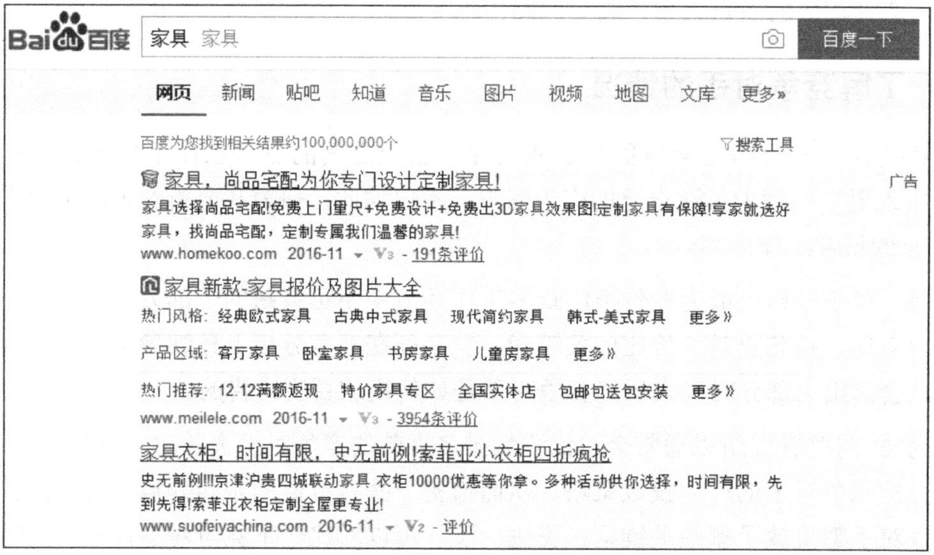

图 9.7 以“卖产品”为营销目标的创意

2. 打品牌

部分大中型企业已经有了一定的市场占有率，所以投放竞价广告的目的主要是提升自己的品牌形象及品牌的曝光度，从而获得更广泛的用户满意度和宣传性。如京东公司的广告形式，以品牌广告为主，这类企业以品牌为导向。对以品牌导向考核为主的企业来说，更在乎前端的数据表现，包括网民的搜索量及广告的展现量等，如图 9.8 所示。

图 9.8　以“打品牌”为营销目标的创意

9.2　关键词的类型

在搜索营销中，我们所推广的关键词可以分为六类：品牌词、产品词、通用词、人群词、竞品词和活动词，如图 9.9 所示。掌握每种类型的关键词的含义与特点，根据推广需求的不同情况进行有针对性的使用。

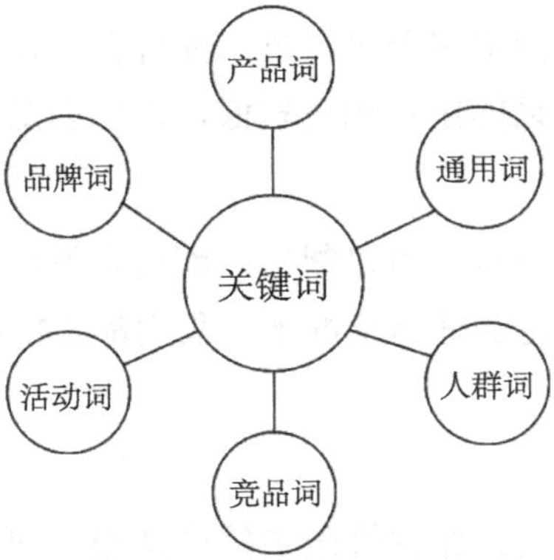

图 9.9　关键词的类型

9.2.1 品牌词

如果网民搜索企业的品牌词，则证明其意图明确，购买概率很高，所以账户要尽量添加品牌词，并且全天推广。因为品牌词竞争小，关键词出价低，所以在推广品牌词时要关注排名，永争第一。

1. 什么是品牌词

品牌词是指公司品牌或特有产品，如公司名称及拼音、网站域名、公司热线电话，另外所有包含品牌的关键词也都为品牌词。拿苹果公司举例：

- "Apple"、"苹果"、"苹果公司"、"苹果官网"、"www.apple.com" 都为苹果公司的品牌词。
- "苹果手机"、"苹果 6S"、"苹果手机好吗"、"哪款苹果手机好用"、"买苹果手机"都为苹果公司的品牌词。

2. 品牌词是否投放

品牌词是企业最重要的关键词，搜索品牌词的网民，其目的很明确，就是要找企业的产品。尽管如此，很多企业仍有疑虑：搜索品牌词快照里面就能正常展现网站了，还有必要花钱购买品牌词参与竞价吗？这里通过以下四点进行回答：

（1）当用搜索引擎搜索自己企业的品牌，同行的快照或竞价广告出现在推广结果上侧时，我们有必要投放品牌词，不能让他人抢了自己的风头。

（2）如果企业的官网快照没有排在自然结果的第一名，那么也要投放品牌词。当网民搜索企业品牌时，可能一些第三方平台的自然结果排到了企业官网的上方，从而影响网民的体验度以及企业的品牌宣传。

（3）正常来讲，广告的数量多多益善，推广品牌词还可以多一个展现位，意味着多一次曝光宣传的机会。而且品牌词的出价相对较低，推广创意可以随时更改相应文字，但百度快照无法做到灵活修改。

（4）通过大量的推广数据分析，可以得出品牌词有很强的优势，品牌词点击率高、转化率高、转化成本低，所以无论在任何情况下，我们都要投放品牌词。

9.2.2 产品词

产品词是指不包含品牌名的，带修饰限定的产品相关词，包括产品名称、型号等，如一家婚纱摄影企业的产品词有："婚纱摄影"、"婚纱摄影贵吗"、"最好的婚纱摄影"、"拍婚纱照”、“中式婚纱摄影” 等产品需求明确的关键词。

搜索产品词的网民已有了比较明确的产品需求，购买意向较高，所以这些网民是值得争取的意向用户。也正是因为这个原因，同行也会大量添加产品词，从而使产品词成为在百度竞价中拼杀最激烈的关键词类型。

使用产品词时需要注意，对于一些电商平台来说，在其网站上销售的所有品牌企业的产品都属于产品词。例如，各类品牌都会在京东平台进行营销，那么对于京东来讲，关键词 “耐克跑步鞋”、“阿迪达斯网球鞋”、“李宁运动鞋”、“乔丹板鞋” 等都是京东的产品词，如图 9.10 所示。

图 9.10　在京东平台营销的品牌

9.2.3　通用词

通用词是指不包含品牌，被网民大量使用的搜索词，如 “手机”、“鲜花” 等。这些关键词表明网民有一些模糊的欲望和兴趣，例如当网民搜索 “车” 或 “英语” 时，你不能确定这个人到底是不是要买车，或者要不要学英语，其搜索意图特别模糊。

通用词通常是一些类别词，指一类产品。至于什么是类别词，这里举一个简单的例子来让大家理解：

我看见老王刚从菜市场回来，他手里拎着东西。我问他：“手里拎着什么啊？” 老王回答：“鱼。”

这里老王所说的 “鱼” 就是一个类别词，我不能明确他手里到底拎的什么鱼，可能是鲤鱼、草鱼或鲫鱼。

通用词的特点：由于搜索通用词的网民搜索意图模糊，他们中间只有一部分是可以争取的潜在目标受众。所以在投放通用词时，会带来大量的展现量，但点击率与转化率都不会太高。推广时，根据推广需求适当添加通用词。

9.2.4 人群词

人群词是指关键词本身与企业所营销的产品或服务相关性小，但却又是企业的目标受众所表现出的一类兴趣。例如，某卖鲜花的企业，推广时 SEMer 判断：一般在百度搜索“巧克力”的人群都为男性，并且是为了送给女朋友，所以 SEMer 在账户中添加了关键词“巧克力”。添加之后，当网民搜索“巧克力”时，就会看到这家企业的“鲜花”广告，那么这部分网民也可能会同时买一束鲜花送给女朋友。那么，关键词“巧克力”就是这家企业的人群词。

一些技术类的培训机构经常会添加一些关于就业方面的关键词，如“大学生毕业做什么好”、“什么工作赚钱”、“哪些工作有发展”等，这些词就是这些培训机构的人群词。如图 9.11 所示，当在百度搜索“什么工作有发展”时，就会看见相应培训机构的竞价广告，因为搜索这些词的网民有找工作的需求，那么就是这些培训机构的潜在客户。

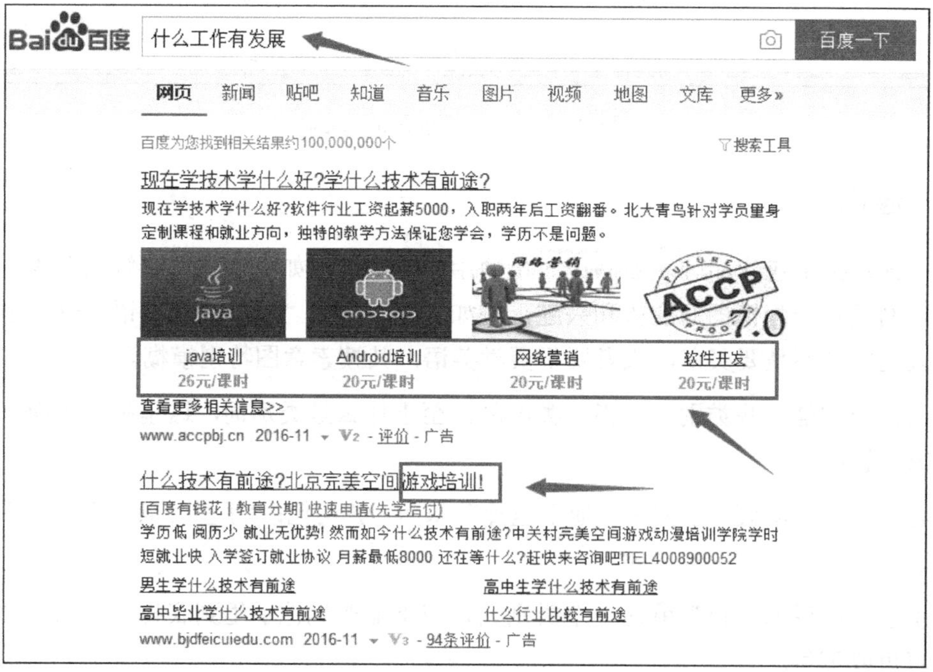

图 9.11 账户添加人群词

9.2.5 竞品词

竞品词又叫同行词，是指同行业的一些其他企业名称和产品名称。例如，同是做家电行业的“海尔”与“美的”，如果海尔公司做百度推广，那么关键词“美的”、“美的冰箱”、“美的热水器”等都是海尔推广账户的竞品词。

1. 投放竞品词的原因

其实企业投放竞品词，说白了就是“截胡”。当网民搜索竞争同行的品牌或者产品时，也就意味着对这个品牌有一定的好感或者对其企业的产品有购买的欲望，这些网民可以说是精准客户，但他们所选择的品牌并不是我们的品牌。投放竞品词可以让网民有货比三家的想法，并且逐渐将一部分网民转化为自己的粉丝。所以，投放竞品词可以截取同行的部分精准流量，抢夺对手的意向群体。

2. 竞品词如何排名

正常来讲，关键词的排名越高，点击率就越高，转化率也就越高。但在投放竞品词时，我们要尽量保持“低调”，明明已经是在抢夺同行的精准流量，并且排名又压过同行，如果还很“高调”，就会显得有些不太“仗义”。另外，排名过高用处也不大，当网民搜索竞品词时，其目的显然是找同行的产品，如果排名太靠前，那么不止竞争对手会经常主动点击你的创意，网民的无效点击也会增加，从而造成一些不必要的点击成本。所以，如果竞争对手也在投放该竞品词，那么排名保持在其后就可以了。而排名较后并不意味着转化就非常差，有些用户喜欢货比三家，搜索时习惯性往下翻，而且较后的排名也意味着低廉的点击成本。

3. 投放竞品词的注意事项

目前百度越来越重视对在其平台推广的客户的品牌保护，所以可以投放的竞品词也受到了限制。即使账户添加了竞品词，但创意在搜索结果展现时绝对不能出现竞品词，否则会有被投诉或举报的可能。那么为了不让同行的品牌出现在自己的创意中，办法就是在针对竞品词编写创意时，不使用通配符，这样也就不会产生替换，从而不能被算作侵权。

如图 9.12 所示，当在百度搜索“英孚教育”时，“韦博英语”、“vipabc 英语”、“华尔街英语”的竞价广告也都出现了，这证明这三家企业都把“英孚教育”添加到推广账户中当作竞品词，并且通过展现的创意可以看到未出现“英孚”的相关字样，所以可以判断出创意未添加通配符。

另外，在编写创意时，尽量体现不同于竞争对手的突出优势，让网民自己去选择，并且在创意中不要出现恶意打压竞争对手的文字。不能使用通配符，显然创意的飘红是不足的，那么可以让创意本身的文字多出现核心词，增加创意对网民的吸引力，这样也算是对竞争对手的相对尊重。

图 9.12　竞品词创意不使用通配符

9.2.6　活动词

活动词理解起来相对简单，是指节假日或网站促销活动的类别、名称。这类词通常用来做节日、周年庆等营销活动的曝光，如“双十一大促”、“国庆大减价”、“年底折上折”等相关关键词。

9.3　整理关键词

在为搜索推广搭建账户结构时，很多 SEMer 急于创建好计划与单元，之后开始寻找相应的关键词添加到账户结构中。按照这种搭建账户结构的顺序，过程中会出现很尴尬的状况：计划和单元已经创建完成，但找到关键词之后发现有很多关键词根本就没有对应的单元，这时就要考虑是否需要重新创建一个计划，或者在哪个计划下再创建一个推广单元，这无疑会增加自己的工作量。如图 9.13 所示，一个正确并且精准的账户搭建流程如下：

（1）根据推广需求，先找到要推广的关键词。

（2）根据所选关键词的类型创建计划与单元。

（3）将选好的关键词添加到对应的单元中。

（4）根据单元内的关键词撰写相关的创意。

所以，选词成为搭建账户的首要工作。为了使最终的账户结构更加清晰，合理的选词方案可以分为四个步骤：

（1）寻找核心词。

（2）扩展关键词。

（3）筛选关键词。

（4）关键词分组。

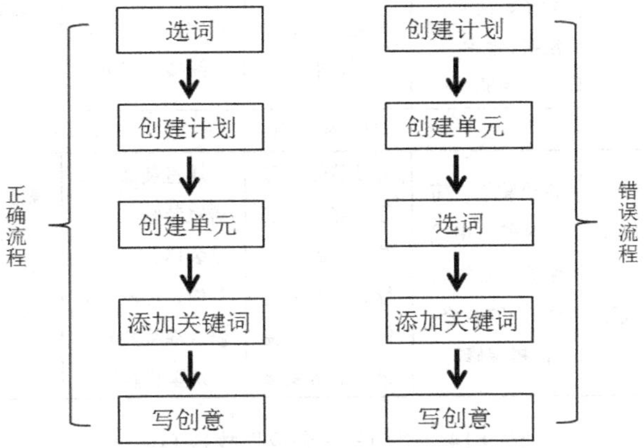

图 9.13　账户搭建流程

9.3.1　寻找核心词

这里的“核心词”，指的是网民在对某一行业有需求后第一时间想到的词。例如，英语培训行业，如果网民有学英语的需求，那么网民会想到搜索“英语培训”、“学英语”、“英语学校”等，这类关键词都可以当作核心词，之后再根据核心词去扩展更多的关键词。寻找核心词主要有四种方法：

（1）问——企业。

（2）看——网站。

（3）搜——百度。

（4）用——工具。

1．问——企业

所谓的“问”，并不单单只是去“问”，也要自己去了解企业及企业的推广产品，之后搜集相关的资料，再加上向公司的同事或领导询问更多关于推广产品或业务的细节，根据公司的产品定位及推广目标，总结出所能使用的核心关键词。

例如，SEMer 刚到一家装修公司工作，经过询问领导确定推广的目标为效果导向，并且受众人群以新婚人群为主，查阅资料后统计出如下信息，如图 9.14 所示。

营销目标	装修风格	装修空间	装修户型	受众人群
效果导向（卖产品）	欧洲古典、现代简约、中式、奢华、简欧、混搭、地中海、田园	客厅、餐厅、卧室、厨房、儿童房、卫生间、书房	一居室、二居室、三居室、四居室、五居室、阁楼、别墅	新婚人群
对应核心词				
装修、装修公司、室内装修、装修多少钱等	古典装修、简约装修、中式装修、奢华装修、简欧装修、混搭装修等	客厅装修、餐厅装修、卧室装修、厨房装修、儿童房装修、卫生间装修、书房装修	一居室装修、二居室装修、三居室装修、四居室装修、五居室装修、阁楼装修、别墅装修等	新房装修、婚房装修、婚房装饰、婚房简装、婚房精装等

图 9.14　“问——企业”找核心词

2．看——网站

通过进入企业网站，可以直接找到企业的推广业务或产品的类型，根据网站的内容寻找推广时所需要的核心词。例如，打开海尔官网，我们可以通过网站中的产品分类轻松找到相应的核心词，如图 9.15 所示。

- 品牌类核心词：海尔、海尔官网、海尔商城、海尔空调、海尔洗衣机、海尔冰箱等。
- 产品类核心词：冰箱、冰柜、洗衣机、电视、4K 电视、扫地机器人、热水器等。

图 9.15　“看——网站”找核心词

3．搜——百度

1）下拉框

当我们在百度搜索框输入一个关键词时，在搜索框下方，系统会根据所输入的关键词，推荐近期网民搜索量较大的搜索词，我们可以通过这些词找出我们想要的核心词，如图 9.16 所示。

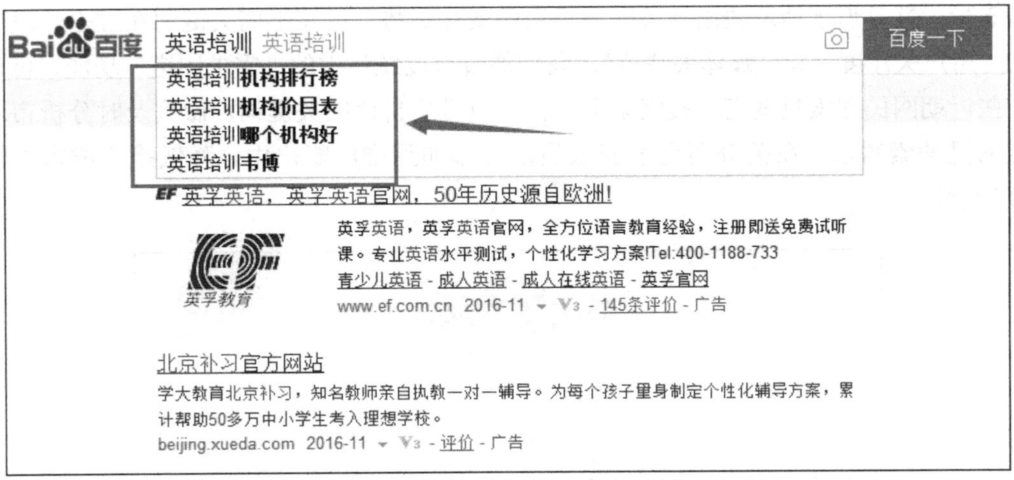

图 9.16　通过百度下拉框找核心词

2）相关搜索

在搜索结果页最下方的“相关搜索”中，是系统根据网民在百度搜索框所输入的词，推荐的网民长期搜索比较热的词。根据这些词，同样有机会找到可以使用的核心词，如图 9.17 所示。

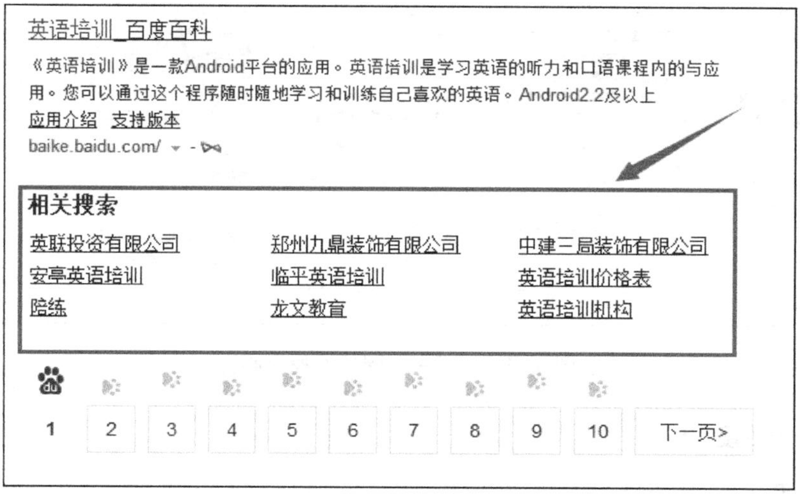

图 9.17　通过“相关搜索”找核心词

4．用——工具

如图 9.18 所示，百度指数（index.baidu.com）可以查到关键词在过去一段时间内的百度搜索量，并且形象地反映出该关键词每天的变化趋势，以及不同关键词在过去一段时间内的“用户关注度”和“媒体关注度”。我们通过百度统计中的“需求图谱”功能，可以挖掘一些近期网民搜索热度高、搜索量上升快、有推广价值的关键词，做到及时分析市场，把握网民搜索需求，在关键词竞争变激烈之前添加到推广账户中，降低推广成本，如图 9.19 所示。

图 9.18　百度指数

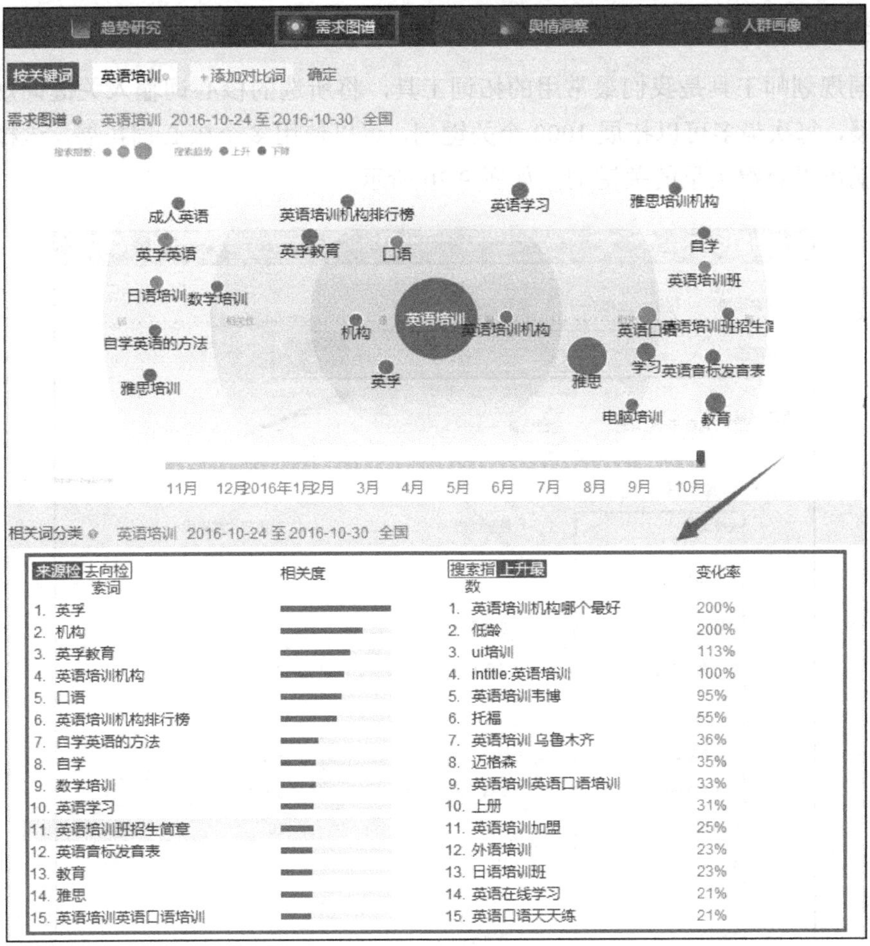

图 9.19　用“百度指数”找核心词

9.3.2　拓展关键词

对于一个正常推广的账户而言，通过寻找核心词而添加的关键词数量远不能满足企业的推广。一个企业如果想要覆盖更多的意向客户，就要以大量的关键词为基础，所以在确定核心词后，还需要拓展更多的关键词来满足企业的推广需求。拓展关键词主要有三种方法：

（1）关键词规划师。

（2）词组组合。

（3）搜索词报告。

1．关键词规划师

关键词规划师工具是我们最常用的拓词工具，将所选的核心词输入关键词规划师搜索框进行拓展，每次最多可以拓展 1000 个关键词，可以使用多个核心词拓展，这样通过关键词规划师就可以获得大量的关键词，如图 9.20 所示。

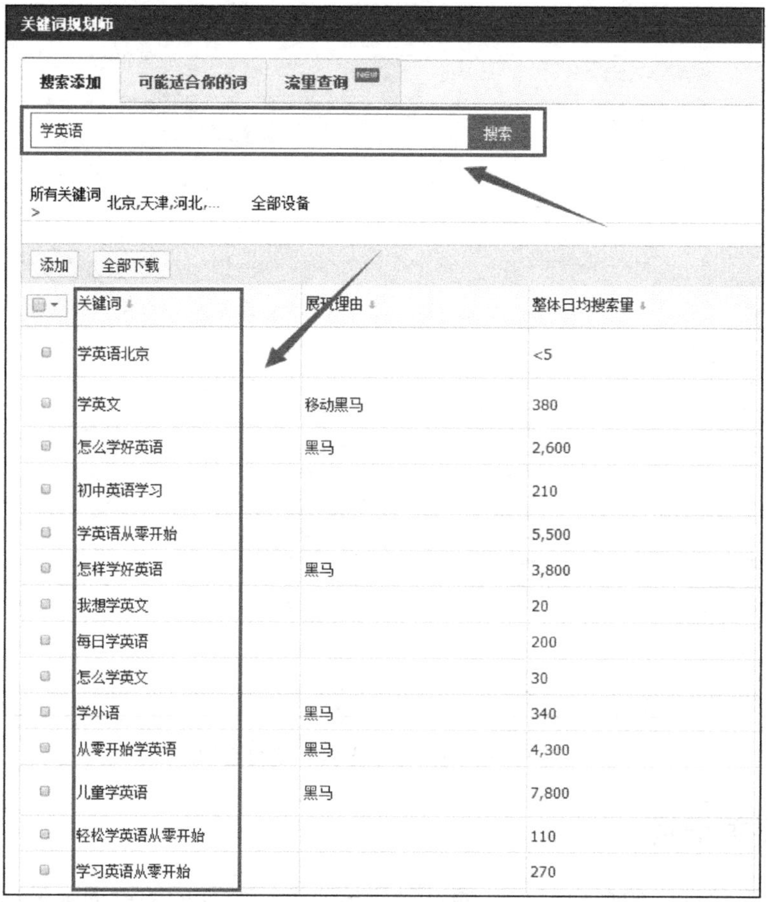

图 9.20　利用关键词规划师工具拓词

2．词组组合

1）组词法

如图 9.21 所示，我们可以将要组合在一起的词添加到表格中，之后将表格中的词进行任意组合，拓展大量的关键词，如出国口语英语培训、线上英语培训、职称英语培训、英语学校、少儿英语学校等。

业务类型	业务方向	核心词	后缀
出国	口语	英语	培训
少儿	线上		学校
成人	基础		多少钱
职称	听力		哪家好
职场			
四级			

图 9.21　利用组词法拓词

2）八爪鱼拓词法

如图 9.22 所示，在中心位置添加核心词，之后按照前后的拓词方向分别或者同时与核心词进行组合。例如家具行业，使用八爪鱼拓词法拓词，将核心词“家具”放入中心位置，之后进行拓词，如下所示。

- （质地、特点、功能）+核心词：红木家具、欧式家具、儿童家具。
- 应用领域+核心词：厨房家具、客厅家具、新房家具。
- 产地+核心词：进口家具、国产家具。
- 核心词+公司：家具公司、家具厂家、家具生产商。
- 核心词+（价钱、口碑）：家具多少钱、家具贵吗、家具哪家的好。
- （质地、特点、功能）+核心词+（价钱、口碑）：红木家具多少钱、儿童家具贵吗、欧式家具哪家好。

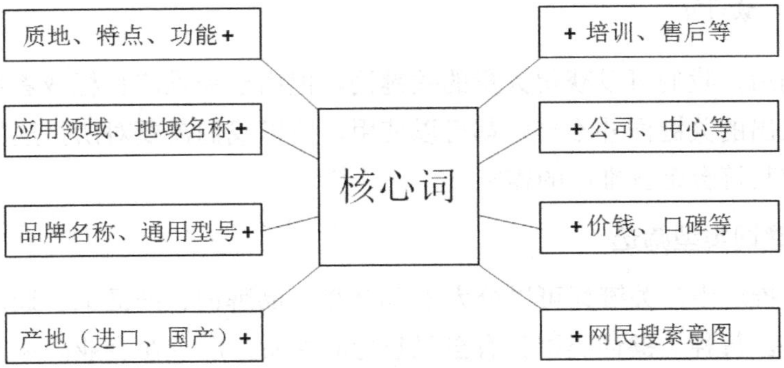

图 9.22　八爪鱼拓词法

3. 搜索词报告

通过搜索词报告，我们可以查看网民是通过哪些搜索词触发我们的关键词的，并且知道哪些词搜索时已经添加为关键词，哪些词未添加为关键词。在众多的搜索词中，我们要找到有用的并且没有被添加为关键词的搜索词，并把这类搜索词添加到推广账户中，成为账户中新的关键词。如图 9.23 所示，通过分析后，我们可以将搜索词“网络营销”、“SEM”、“网络营销培训”作为关键词添加到推广账户中。

搜索词报告拓展出的关键词是最具含金量的，因为这是真正通过网民的搜索意向拓展出来的关键词，但是通过搜索词报告拓展出的词量较少，不能短时间内拓展出大量的关键词，所以需要日积月累地添加。

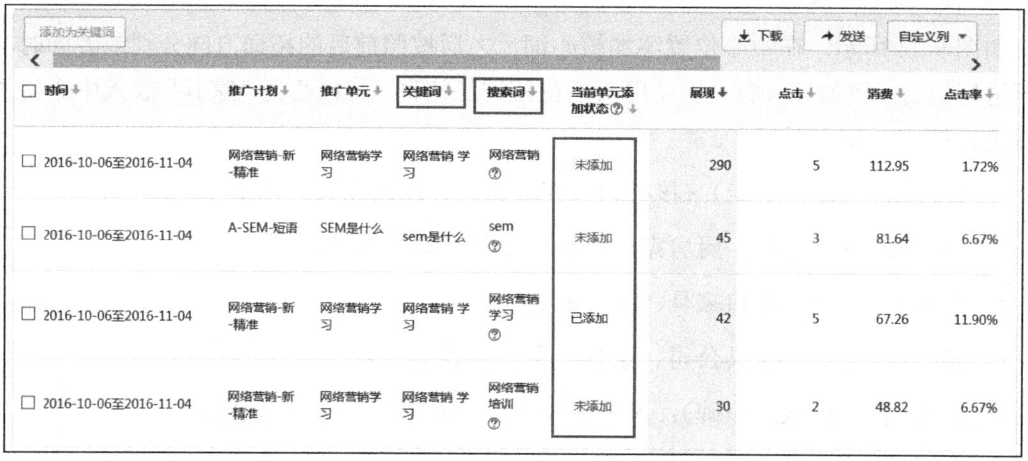

添加为关键词　下载　发送　自定义列

时间	推广计划	推广单元	关键词	搜索词	当前单元添加状态	展现	点击	消费	点击率
2016-10-06至2016-11-04	网络营销-新-精准	网络营销学习	网络营销 学习	网络营销	未添加	290	5	112.95	1.72%
2016-10-06至2016-11-04	A-SEM-短语	SEM是什么	sem是什么	sem	未添加	45	3	81.64	6.67%
2016-10-06至2016-11-04	网络营销-新-精准	网络营销学习	网络营销 学习	网络营销学习	已添加	42	5	67.26	11.90%
2016-10-06至2016-11-04	网络营销-新-精准	网络营销学习	网络营销 学习	网络营销培训	未添加	30	2	48.82	6.67%

图 9.23　通过搜索词报告拓词

9.3.3　筛选关键词

拓展关键词后，我们可以获得大量的关键词，但由于受推广目标或者推广预算等因素的影响，所拓展出的关键词并不一定都可以使用，所以我们需要对所扩展的关键词进行进一步的筛选，使其符合企业推广的需求。

1．根据关键词类型筛选

在百度搜索推广中，关键词可以分为 6 种类型：品牌词、产品词、通用词、人群词、竞品词和活动词。每种关键词类型都有自己独特的性质，所以在企业确定推广目标时，可以选择合适的关键词类型进行筛选。

通过转化效果数据来看，转化效果通常是：品牌词>产品词>通用词>人群词。因此，我们在考虑转化效果时，首先可以从转化效果较好的关键词出发，选择精准型关键词，而过于宽泛的关键词则可以舍弃，如图 9.24 所示。

- 品牌词：覆盖企业的核心受众，是企业推广必填的关键词类型，由于精准，所以转化率最高。
- 产品词：覆盖有明确需求的网民，提高企业短期内的转化量，达到目标营业额。
- 通用词：覆盖有一定欲望的网民，定位虽然模糊，但有效占领线上推广市场，扩充企业品牌曝光度。
- 人群词：覆盖有一定潜在欲望的网民，这类人群意图很不明显，购买企业产品或服务的概率相对较低，但会给企业的市场拓展带来优势。

如果企业的推广目标是要在保证转化成本的前提下获取更多的订单，那么企业选择关键词类型时主要以品牌词和产品词为主；如果企业推广是为了更大的曝光度，那么可以使用通用词及一定数量的人群词。

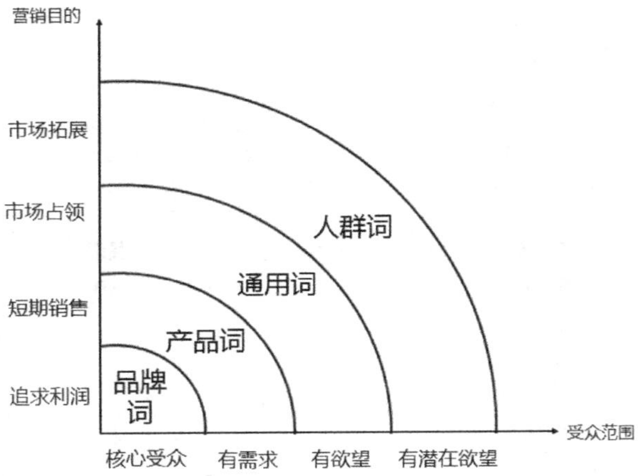

图 9.24　不同关键词类型的特点

2. 根据关键词数据指标筛选

在竞价推广中，通常情况下，每类关键词呈现出的数据指标也不同，我们可以根据不同关键词类型的特点进行关键词筛选，做到有目的地推广。如图 9.25 所示，为不同类型的关键词在相同匹配模式排名的情况下，各指标用雷达图所呈现的样式。其中，COST 为推广消费，CPA 为转化成本，ROI 为推广投入产出比。这里我们用品牌词进行举例说明：

- 由于品牌词的搜索量较低，所以推广展现量较低。
- 在低展现量的基础上，人群搜索意图明确，所以点击量较高。
- 高点击量，低展现量，故点击率很高。

- 品牌词竞争不大，出价也就不高，所以点击价格较低。
- 关键词整体点击价格低，故 COST 相对较低。
- 网民意图明确，那么在同等消费的情况下，转化量也就很高。
- 意图明确，既然网民搜索品牌词，就证明对该品牌有一定的信任度，所以购买量高，转化率高。
- 消费低但最终的转化量较高，故 CPA 很低。
- 因为点击价格低，消费也低，但转化量高，所以整体 ROI 也会很高。

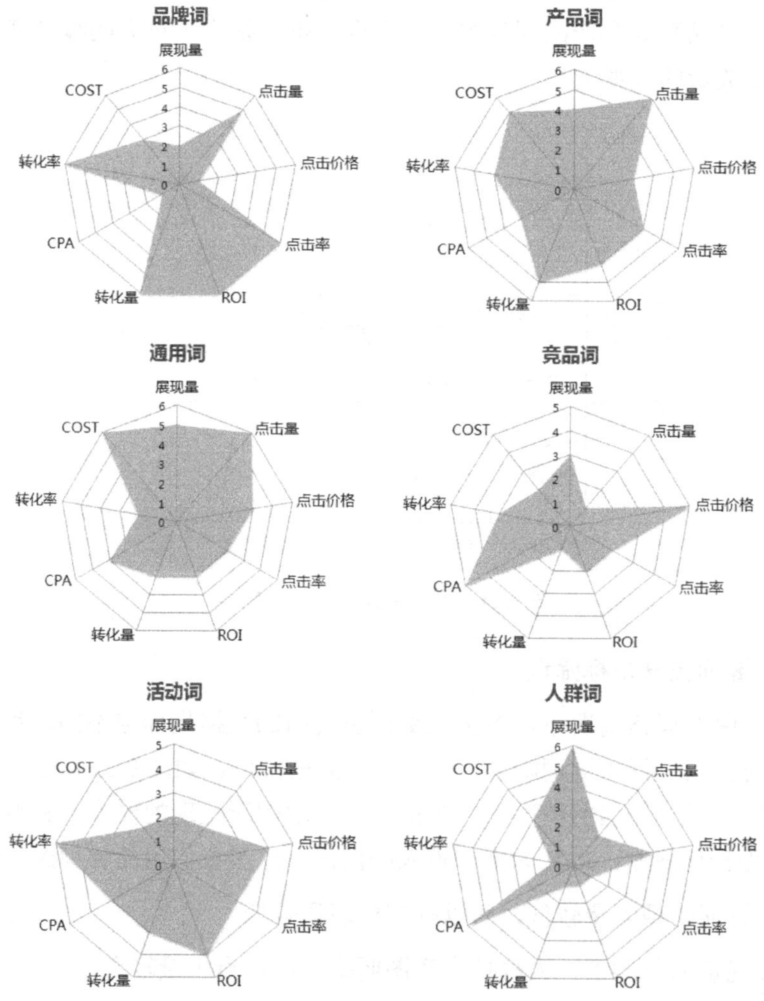

图 9.25　关键词指标雷达图

按照分析品牌词雷达图的思路，我们分别分析其他关键词类型后可以得出：

- 产品词数据较平均，消费高但相应的转化量也高，是企业最常用的关键词类型。
- 通用词消费与点击量很高，但转化量与 ROI 效果一般，预算低或者以转化为目的的企业需要考虑。
- 竞品词虽然消费不高，但转化量也较低，企业可以添加，有转化量最好，无转化量对消费影响也不大，还可以提升一定的品牌知名度。
- 活动词整体数据不错，但具体添加情况要根据企业所推广的活动而定。
- 人群词展现量与 CPA 都很高，但转化量与 ROI 是最低的，单纯以转化量为目的的企业尽量不要添加。

3．根据预算筛选

一个推广账户具体使用哪类关键词类型，要从多方面考虑，如企业的推广目标以及账户的推广预算。不同类型的关键词的点击价格、点击量等数据都不同，推广时的消费能力也不同。预算越多，可选择的关键词类型就越多，对应覆盖的网民也就越广泛。

在预算不足的情况下，通常只添加品牌词与产品词；若推广预算充足，再适当增加通用词与人群词，所以添加关键词的原则是优先覆盖需求更明确的受众。例如，一个日预算为 100 元的推广账户，我们只能添加品牌词与一部分竞争不激烈的产品词，而不会添加通用词或人群词，因为没有任何意义。

9.3.4　关键词分组

我们找到核心词，之后又拓展了很多关键词，经过筛选后确定了最终要推广的关键词，最后就要对关键词进行分组。关键词分组其实也就是对关键词划分单元。关键词分组的清晰程度，决定了后期推广时账户管理是否便捷，并且影响单元内创意与关键词的相关性以及着陆页与关键词的相关性，最终影响关键词的质量度，那么也就影响了账户推广成本。所以，一个好的关键词分组，是推广的基础。

1．按照关键词的类型分组

在推广账户中，企业会添加多种关键词类型，如最常用的品牌词与产品词。我们可以在每种关键词类型的基础之上，再将其核心体现内容进行仔细划分，如把每种关键词类型按照主词、网站、公司、功能、价格、口碑等进行分组。这样，可以把关键词类型当作一个或多个推广计划，按照核心体现内容分类后的组就是我们的推广单元。

如图 9.26 所示，我们把品牌词“英孚”当作一个推广计划，那么单元分别可以为“品牌主词”、“品牌官网”、“品牌公司”、“品牌功能”、“品牌价格”、“品牌口碑”等。

同理，我们把“英孚”其中的一个产品词“少儿英语”当作一个推广计划，那么单元分别可以为“产品少儿主词”、“产品少儿官网”、“产品少儿公司”、“产品少儿功能”、“产品少儿价格”、“产品少儿口碑”等，如图 9.27 所示。

关键词的分组可以根据每种关键词类型的核心内容进行划分，其中具体根据哪类词根进行分组，可以根据推广行业的不同自己再进行添加。

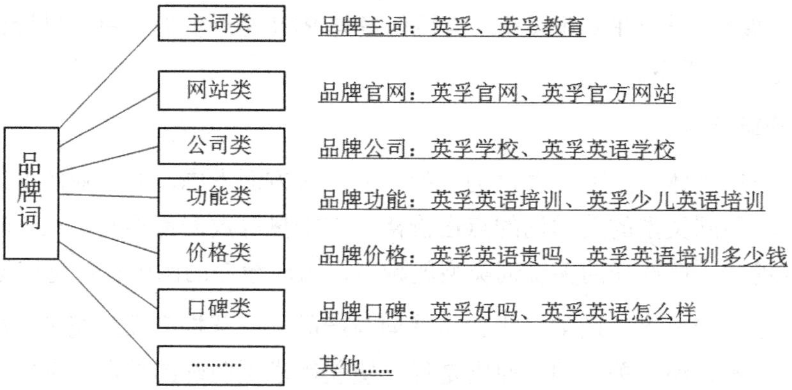

图 9.26　品牌词分组

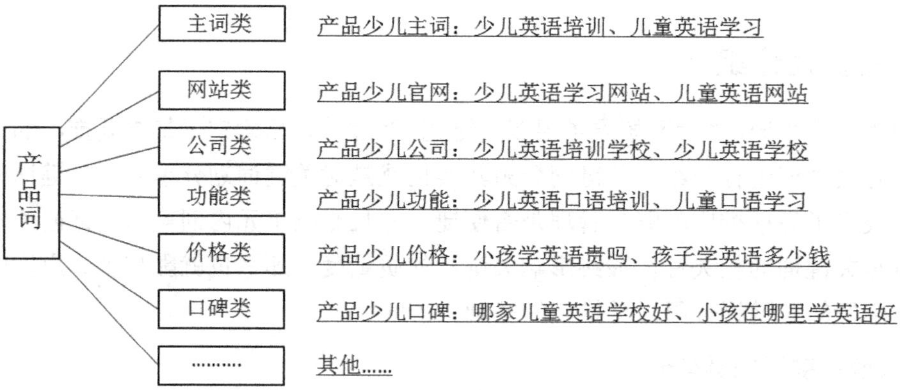

图 9.27　产品词分组

2．按照语法结构分组

我们也可以根据关键词的语法结构进行分组，如名词类、动词类、疑问类、陈述类等，这种分组方式更加细致，方便单元内创意的撰写。例如，把英语培训账户的三个计划“少儿英语计划”、“出国英语计划”、“考级英语计划”的关键词按照语法结构进行分组，如图 9.28 所示。

由于我们在撰写创意时，是针对单元内的所有关键词进行编写的，所以无论按照哪种方式进行关键词分组，都要保证划分逻辑清晰、结构相同、语义相近，使通配符内的默认关键词被替换后，关键词与创意通顺并符合逻辑。

计划	单元	关键词举例
少儿英语计划	名词单元	少儿英语、儿童英语、宝宝英语
	动词单元	少儿英语学习、少儿英语培训、
	陈述单元	孩子学英语、宝宝说英文
	疑问单元	孩子怎样学英语、怎样让宝宝学好英文
出国英语计划	名词单元	出国英语、留学英语、出境英语
	动词单元	出国英语学习、留学英语培训、
	陈述单元	学出国英语、学习留学英文
	疑问单元	怎么学出国英语、留学后怎样学英文
考级英语计划	名词单元	英语四级、大学四级英语、六级英语、考级英语
	动词单元	四级英语学习、四级英语培训、考级英语培训
	陈述单元	学四级英语、大学生培训四级英语
	疑问单元	英语怎么过四级、怎样学四级英文

图 9.28　按照语法结构分组

9.4　添加优质创意

我们在将所有关键词整理完成后，要根据相应的关键词分组在账户中制订推广计划，并在相应计划内创建单元，之后将分好组的关键词添加到相应单元中。要想使账户正常推广，还要在单元中添加创意。在撰写创意时，一条优质的创意要保证四点，如图 9.29 所示。

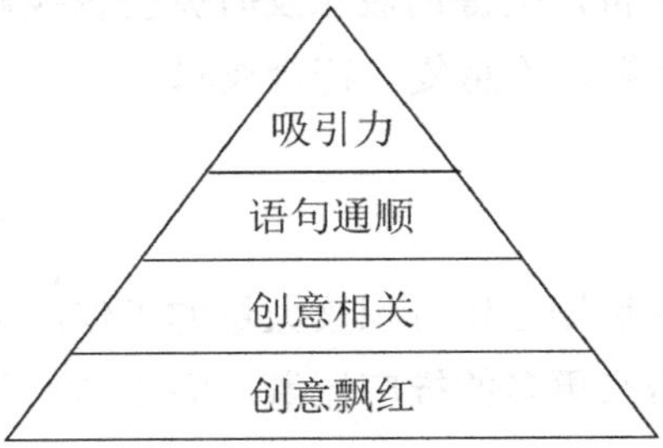

图 9.29　优质创意需具备的条件

（1）创意飘红：创意中多出现与网民搜索词一致的部分。

（2）创意相关：关键词、创意、着陆页之间要保证相关性。

（3）语句通顺：主要是指通配符替换后要保证创意通顺。

（4）吸引力：创意有吸引网民的能力。

9.4.1 创意飘红、创意相关、语句通顺

创意飘红、创意相关、语句通顺是撰写创意时的基本要求，通过本书的学习，我们要保证有把前三点做好的能力，并且在之前的章节中已经详细讲解过，这里再做一下简单介绍。

1．创意飘红

当创意文字包含的词语与网民搜索词包含的词语完全一致或意义相近时，在搜索结果中展现时就会飘红。为了使创意包含更多的飘红，创意中应尽量多出现与搜索词一致或者部分一致的内容。

添加通配符能够增加创意飘红的概率，但通配符的个数要适当。另外，在撰写创意时，除添加通配符外的文字部分可以适当多添加核心业务词，这样当网民搜索时，搜索词包含核心业务词的概率很大，从而使创意中的这些核心业务词也飘红。

2．创意相关

创意相关指创意要围绕着关键词主题撰写，从搜索词到关键词，再到创意，都要保持高度相关性。推广创意也要保证与推广的目标页面相关。目标页面相关，是指所访问的页面要与关键词和创意相关。所以在撰写创意时，访问 URL 所填写的网址就要与单元内的关键词相关。

3．语句通顺

在撰写创意时要添加通配符，关键词被触发时就会替换通配符中的默认关键词，替换后，要保证创意读起来语句通顺、不重复、符合逻辑。

9.4.2 吸引力优化

创意的吸引力需要我们在后期工作时积累大量的工作经验来逐渐完善。有吸引力的创意可以提高点击率，为企业带来更多的推广流量，间接提高关键词质量度。增加吸引力的方法总结如下：

- 内容突出产品、服务特点，公司优势。
- 包含优势的信息越具体越好，避免无实质意义的形容语句。
- 采用精炼的短句，避免语句过长影响网民阅读。
- 广告中多出现折扣及优惠信息、活动等，吸引网民点击。
- 使用得当的号召性语言，如“马上”、“立即”等，来影响网民的心理。
- 有数字的部分尽量用阿拉伯数字体现，较汉字更吸引人。
- 如果有相应的权威证明，则可以体现在推广创意上。
- 研究竞争对手的广告，不把自己的缺点与别人的优点比较。
- 根据关键词所在的单元，撰写相对应的创意。
- 每个广告组制作多套不同形式的广告语，确保创意内容之间的相关度。
- 强调提供的产品或服务的优势、独特性、专业性，让创意与众不同。
- 多种创意展现形式，让标题与描述的长度多样化。
- 可尝试使用疑问句或反问句。
- 创意中包含核心关键词，增加飘红的概率。

如今广告的展现形式千变万化，无论是线上广告还是线下广告，如何在眼花缭乱的广告创意中让自己的创意与众不同并且让网民记忆深刻，是企业所要着重思考的。要想让自己的创意吸引人，就要看创意有没有抓住用户需求，是否明确传达了意向客户想要的信息。

1. 抓住用户需求

如果让一个大文学家来写创意，那么文字肯定是妙笔生花，但可能让网民读不懂创意的内容，这样则会间接增加企业的转化成本。也有很多人认为创意越简洁越好，广告语越口语化越好，但这样也会缺失一定的附加商业价值与产品特性。所以，创意不一定是高品位的，也不一定是简洁大方的，只要用得恰到好处即可。抓住用户需求，准确地将产品的特点与优势传达给目标客户，才是用得恰到好处。

2. 明确传达目标

当我们看到一条创意时，会选择性地记住对自己有用的信息。如果在创意文案中，明确的信息点并不明显，或者有用的信息点并不突出，则会造成我们对该创意的记忆不深，甚至模糊。因此，想要用户对自己的创意记忆深刻，就需要明确地将品牌目标信息点清晰地传达给用户。回想一些经典的电视广告，就完美地做到了这一点，其内容让人“挥之不去”。

如图 9.30 所示，这对红遍大江南北的大爷大妈，为脑白金“代言人”。在中国，如果谁提到“今年过节不收礼”，随便一个人都能跟你说“收礼只收脑白金”。脑白金已经成为中国礼品市场的第一代表，其功效主要是有助于睡眠。

睡眠问题一直是困扰中老年人的难题，在中国，有接近 90%的老年人经常睡不好觉。“睡眠”的市场虽然很大，但如果脑白金单靠一个“睡眠”概念，是不可能迅速崛起的。作为市面上多见并且品种单一的保健品，脑白金以极短的时间迅速启动市场，并登上中国保健品行业“盟主”的宝座，引领我国保健品行业多年，其成功的主要因素在于找到了“送礼”的核心概念。

中华民族是一个礼仪之邦，有年节送礼、看望亲友送礼、探望病人送礼、年轻人给长辈送礼等种种送礼行为，礼品市场相当庞大。脑白金的成功，关键在于定位于庞大的礼品市场，第一个把自己明确定位为“礼品”传达给消费者，并且给受众设置一个观念：“送脑白金很有面儿”，从而成功引领消费潮流。

图 9.30 “脑白金”电视广告

3. 案例分析

案例一：老乡，参加红军可以分到土地！

如图 9.31 所示，这段征兵文字被称为“史上最牛的征兵广告”。在革命年代，一句“老乡，参加红军可以分到土地！”激励了生活在水深火热中的广大群众，于是老乡们前仆后继地走进了红军队伍，一路从陕北打到全国。

我们可以把这段征兵文字看作一个优秀的广告，这则广告之所以成功，主要是因为抓住了当时人们的痛点。在抗战年代，农民吃不饱、穿不暖，如果有土地，就能让全家人有饭吃。土地就相当于生命，在这个利益下，有什么理由不拼命呢？

我们撰写推广创意时，也要合理地抓住意向客户的痛点，受众最想要的是什么，创意就主要体现什么。所以，要详细分析受众人群特征，分析痛点，根据痛点体现内容。

例如，现在人们买家具时，大多都会考虑“甲醛”的问题，材质是否环保，是否会对人体造成一定的伤害，所以企业在推广创意中就可以体现所经营的家具有环保的特点，如图 9.32 所示。

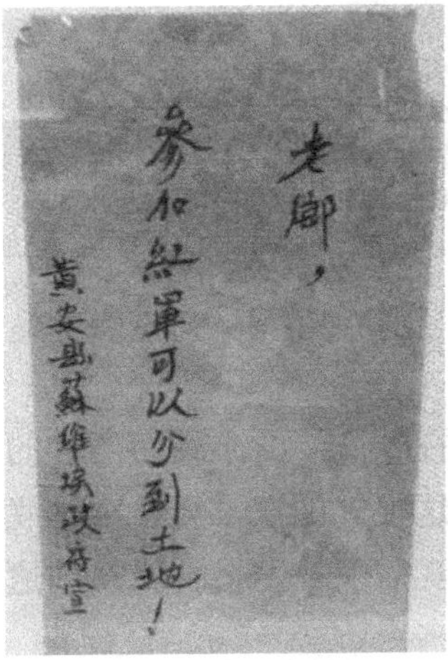

图 9.31　征兵文

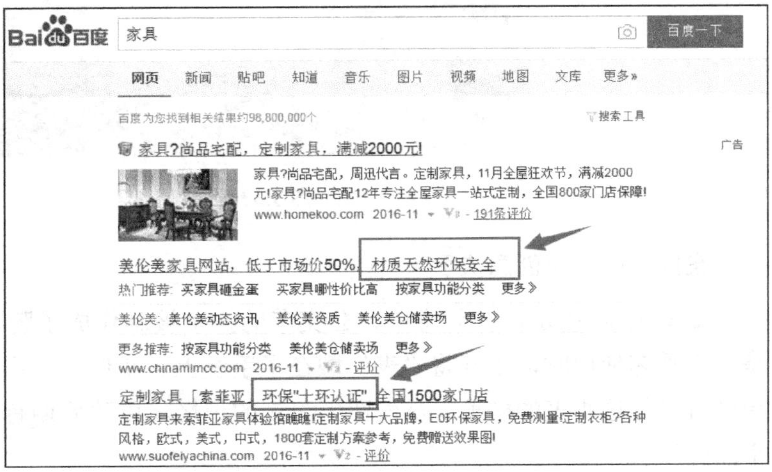

图 9.32　创意“抓住”网民心理

案例二：甜过初恋

如图 9.33 所示，在照片中，这位白发奶奶坐在售卖橘子的三轮车旁，插在橘子上的纸牌上手写着几个大字：“甜过初恋”。这张照片火遍整个网络，被网友疯狂转发。很多网友将老奶奶奉为“广告奶奶”，并且将“甜过初恋”奉为广告学和营销学的成功案例。《康熙来了》的主持人蔡康永也搞笑地夸赞道：“这四字促销文案虽好，但只要我辈努力，应该还想得出。但我们绝对做不到的是，这位女士被岁月打磨出来的侧影，再对比这四个字，所放射出的力量啊！”

如果我们经过这个水果摊，看到这样的广告和这位奶奶，那么即使不买几斤橘子，也会牢牢记住这个场景。这个案例虽然很久远，但这确实能给我们写创意带来一定灵感。如果把这位奶奶当作一位营销高手，那么这则广告的成功则来自优秀的文案，但最重要的成功点应该是这样的文案和这位奶奶放在一起的反差。在我们的推广创意中，在保证文案的基础上，也可以让自己的文字描述与产品形成一定的反差，以此来吸引意向客户。

图 9.33　甜过初恋

案例三：公交创意扶手

如图 9.34 所示，在创意中，公交车的扶手被制作成了腕表的样子。设计最为巧妙的是，当乘客使用时，正好将“表”戴在了手腕上。我们不得不说这很有创意，会让乘客联想到自己戴这块表的样子，从而留下深刻的记忆，以致后期有购买需求时，会首先想到这个品牌。

当我们撰写创意时，也一定要有创意，内容不要大众化，否则不能让我们在众多的创意中脱颖而出，并且让意向网民产生购买欲望并形成深刻的记忆。

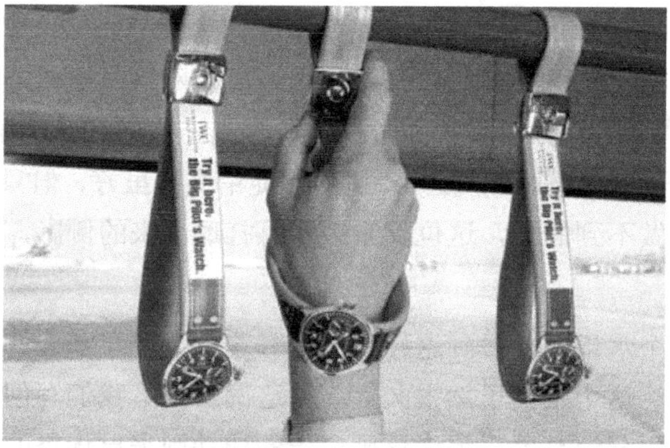

图 9.34　优质线下广告

案例四：三碗不过冈

三碗不过冈是《水浒传》中武松的经典故事（见图 9.35），可以毫不夸张地说，景阳冈酒馆上空那迎风飘扬的“三碗不过冈”招客幡，是中国商业广告的“始祖”，应当被评为中国古今最经典的广告词。

“三碗不过冈”好在语意微妙、耐人寻味，能给人留下丰富的想象空间。武松看了之后，问店小二：“怎地唤作三碗不过冈？”“三碗不过冈”这几个字既能劝酒量小的客官少喝，又能刺激酒量大者多喝，恰好武松就是后者，非要喝三碗以上试一试，体现自己的英雄气概、不服输的精神，最终连喝十八碗，酒钱当然自己掏腰包，那么店家的营销方式自然也就成功了。

这家酒馆的广告词“三碗不过冈”就运用了激将法，直击受众心理。我们在写创意时，也可以运用这种方法来刺激受众心理，让目标受众觉得“我就是你要找的人”。

图 9.35　三碗不过冈

9.5　全面合理设置账户

9.5.1　制订推广计划的方法

推广计划是管理关键词及创意的大单位，是搭建账户结构的第一步。设置推广计划要考虑是否能够覆盖所有推广内容，并且有利于账户管理。由于推广计划可以设置推广预算、推广地域、推广时段三大功能，所以企业可以根据推广需求按照不同的方式创建推广计划，以便于灵活把控推广效果。

1. 按关键词类型制订推广计划

按照账户所推广的关键词类型划分推广计划，如品牌词计划、产品词计划、通用词计划、竞品词计划等，如图 9.36 所示。具体每种类型的计划个数要根据企业推广的实际情况而定。一般情况下，企业有多种业务，所以会有多个产品词计划。

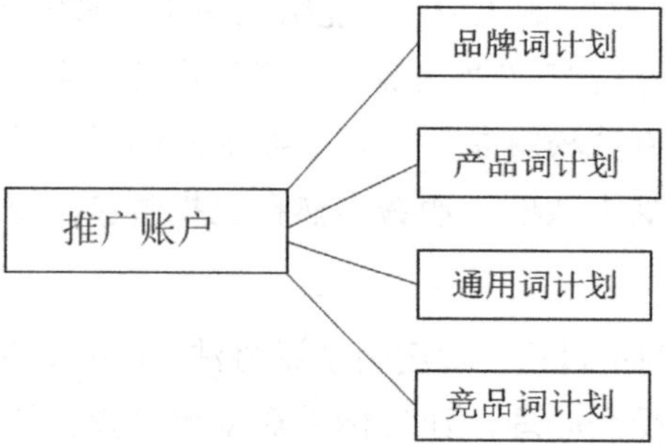

图 9.36　按关键词类型制订推广计划

2. 按企业产品类型制订推广计划

按照企业所营销的产品类型制订推广计划，是企业最常用的搭建推广计划的方式，可以把控推广重点，针对产品单独设置推广预算、推广地域及推广时段。

例如，英语培训推广账户，可以对“少儿”、“出国”、“成人”、“四级”等单独创建推广计划，如图 9.37 所示。

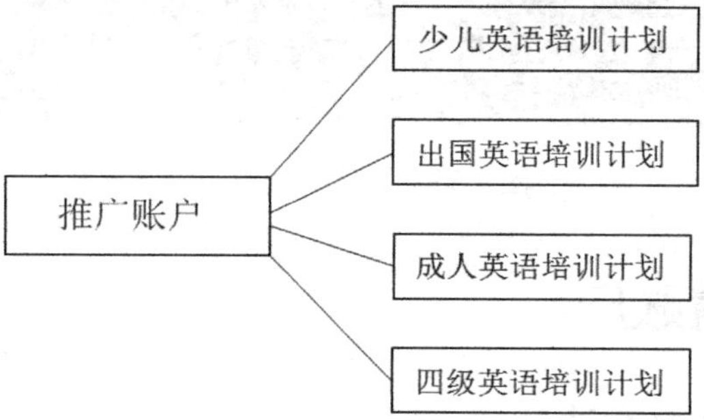

图 9.37　按企业产品类型制订推广计划

3. 按推广预算制订推广计划

按照推广预算制订推广计划，是指可以将效果好、转化率高的关键词划分到一个推广计划中，分配较高的预算重点推广，如图 9.38 所示。

另外，当推广需要尝试一些流量较大并且出价较高的关键词推广效果，又担心对这类关键词无法控制消费时，就可以对其建立单独的推广计划，并设置推广预算上限。

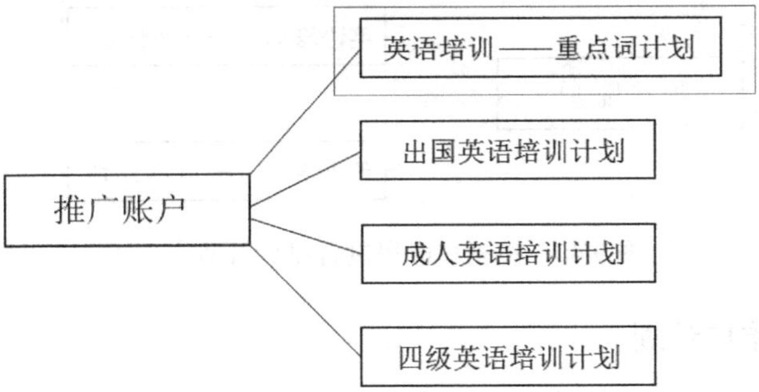

图 9.38　按推广预算制订推广计划

4．按推广地域制订推广计划

- 由于竞争的原因，同一个关键词在不同的推广地域出价不同。
- 不同地区的网民搜索习惯也不同，所以所添加的关键词类型也不同。
- 由于地域的受众差异化，不同地域推广创意所展现的文字可以不同。

按照地域划分推广计划，可以针对不同的推广地域添加不同类型的关键词、同一关键词设置不同出价，并且使用不同的推广创意，如图 9.39 所示。

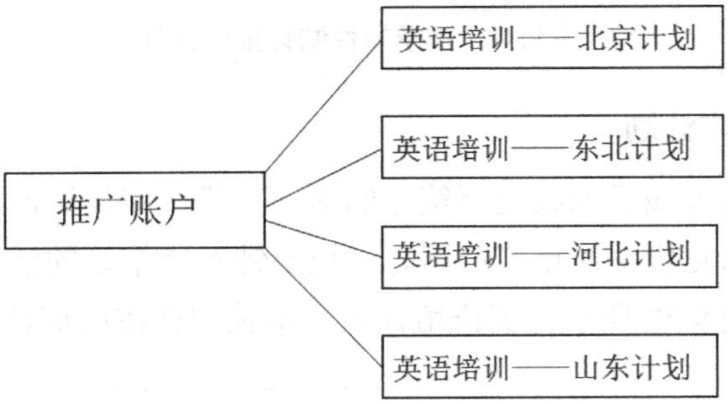

图 9.39　按推广地域制订推广计划

5．按推广时段制订推广计划

由于每天各时段的关键词竞争程度不同，所以在推广时，关键词在各推广时段想要保持一样的排名所对应的出价也不同。一般行业白天竞争较大，所以相同排名下，白天的出价较高，晚间的出价较低。所以，可以按照推广时段制订推广计划，针对不同时段的创意内容所对应的关键词调整出价，如图 9.40 所示。

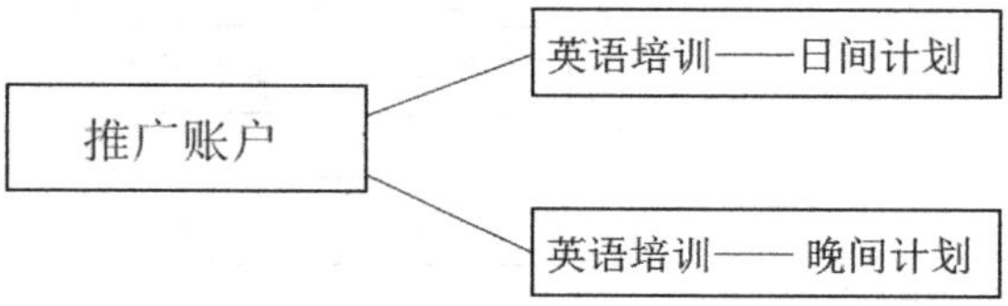

图 9.40　按推广时段制订推广计划

6．按季节性制订推广计划

大多数行业存在淡旺季，在推广时旺季与淡季的营销策略会有所差异，可以按照季节性的差异制订推广计划，合理分配淡、旺季的推广预算，以及调整相应关键词的出价和创意内容。如图 9.41 所示，英语培训账户按照假期班与平日班制订推广计划。

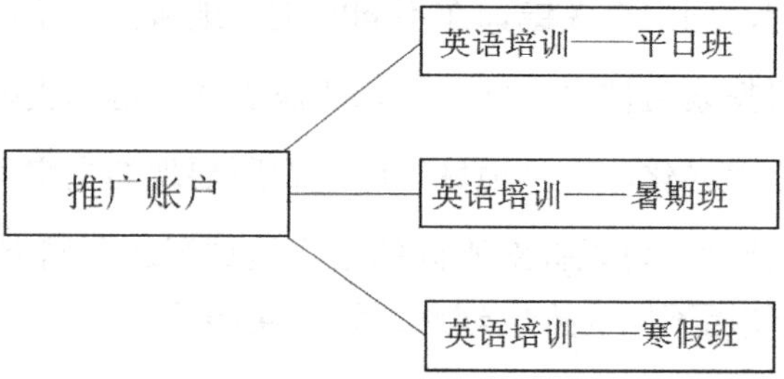

图 9.41　按季节性制订推广计划

7．按活动制订推广计划

成熟的企业都会通过线下或线上所策划的活动手段，来促进产品营销及增加品牌影响力。那么当企业在使用竞价手段推广产品时，也要针对所策划的活动搭建独立的推广计划来控制优惠力度。如图 9.42 所示，英语培训账户单独制订校庆班计划与速成班计划。

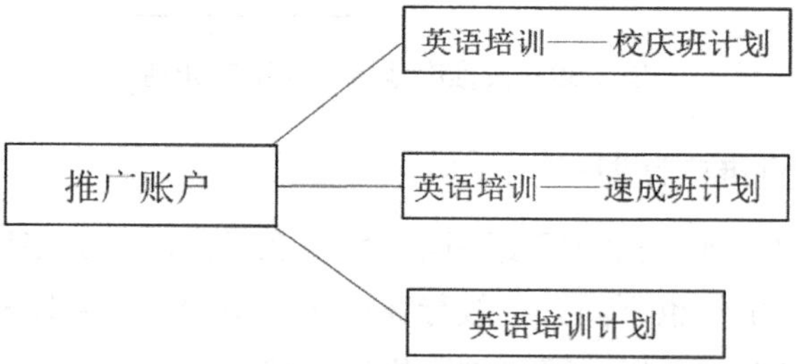

图 9.42　按活动制订推广计划

8. 按推广设备制订推广计划

移动互联网发展迅速，大多做百度竞价的企业，都同时推广 PC 端与移动端，但受屏幕大小等因素的影响，移动端与 PC 端的创意展现样式有所差异，竞争程度也有所不同。所以针对不同推广设备制订不同的推广计划，可以统计不同设备所产生的效果，有针对性地优化不同设备的推广计划，如图 9.43 所示。

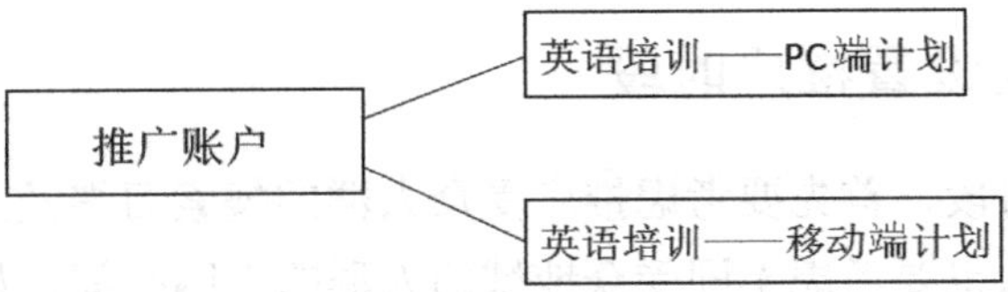

图 9.43　按推广设备制订推广计划

9.5.2　新账户如何设置预算

首先与企业确定推广总预算，通常企业会设定好每月的总预算，根据月预算计算平均到每周的消费限额，之后根据周预算预估每天的预算值。在推广时，由于一周当中的每一天网民的搜索量都不同，所以推广花费也会不同，要考虑到每天的消费幅度变化。一般行业周一的推广消费较高，周末较低，要合理分配每日的推广预算，覆盖更多的意向客户，如图 9.44 所示。

账户在上线推广以后，前期需要观察每个计划及关键词的消费能力，根据消费逐渐进行调整。另外，需要查看转化数据，根据转化数据考虑不同计划及关键词的投入产出比，逐渐优化账户推广预算和计划推广预算。

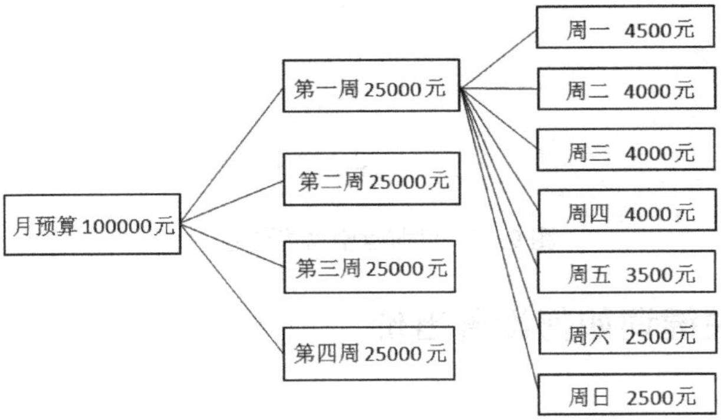

图 9.44　月预算分配举例

9.5.3 新账户如何设置推广地域

账户设置推广地域是为了能够让所选地域的网民看到企业的推广广告。账户在推广初期，策划设置哪些推广地域时，首先要考虑公司的具体产品或服务的营销地域，如果产品或服务不能覆盖到相应地域，则没必要推广。另外，确定企业是否推广多个产品或服务，并且不同的产品和服务所面向的地域是否相同。

9.5.4 新账户如何设置推广时段

新账户设置推广时段，首先要考虑推广受众人群的搜索习惯及上网时间，如果按照地域设置推广计划，那么也要考虑不同受众地域的人群的上网时间，如地域越靠北越是昼短夜长，越靠南越是昼长夜短，作息时间不同，所以要尽量设置不同的投放时段。

另外，需要考虑企业工作人员的上班时间，如根据客服在线时间来设置推广时段。当客服不在线时，如果竞价广告还在推广，那么就要考虑转化效果是否会受到影响。

推广后监测每个推广时段的转化量，重点检测消费高而转化效果低的推广时段，如果长期在某推广时段转化效果都不能有所提升，那么可以排除相应时间点。一般行业全天中9:00—10:00是消费高峰期，下午15:00左右又是一个小高峰，如图9.45所示（仅供参考）。

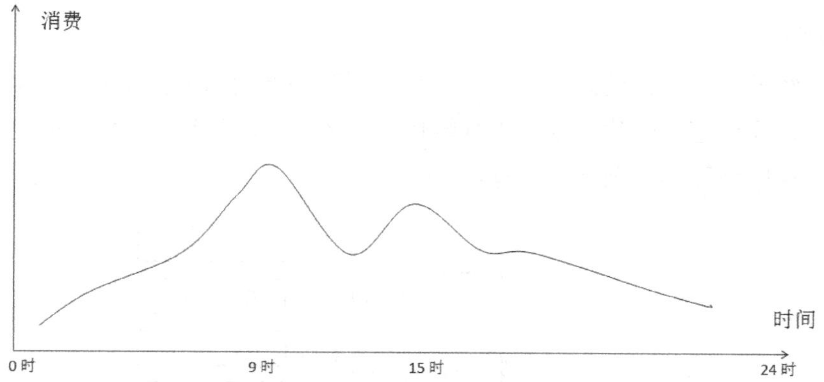

图 9.45　日节点消费参考图

9.5.5 刚提交的关键词如何设置出价

1. 参考历史账户

如果企业曾经推广过百度竞价，有老账户，那么可以参考老账户的关键词出价。如果关键词量少，那么可以对应老账户修改新账户所有关键词的出价；如果关键词量多，则首先参考老账户重要关键词的出价，其他关键词后续再慢慢调整。

2. 参考同行数据

如果企业从未做过百度推广，那么可以通过企业人员的社交关系，了解其他公司的推广账户关键词的大概出价，根据相应出价给自己账户一个起始出价。由于关键词质量度的不同，不同账户同一关键词在设置相同出价时所处的排名也是不同的，所以当关键词生效之后，还要参考推广实况工具观测关键词排名来调整关键词出价。

3. 参考系统推荐

如果企业既未推广过老账户，也不能通过社交关系知道同行的关键词出价，那么在新账户推广关键词上线初期，就只能根据系统推荐出价，统一给出一个起始出价。但要切记，由于系统出价参考价值并不高，所以当账户关键词审核通过之后，要尽快进入推广实况查看关键词排名，并且要首先查看流量大的关键词排名，因为这些关键词会让消费在短时间内突增。

查看关键词出价是否过高，如果过高，就要马上降低关键词出价，不要出现出价虚高现象；如果关键词排名过低，则可适当地上调出价。如果账户中关键词过多，那么可以按照流量从大到小的顺序逐渐去调整，时刻关注统计软件，检查是否有关键词消费过快。如果出现异样，就要尽快对其出价进行调整。这样，多则几天，账户的出价信息就会被摸透，逐渐趋向平稳。

4. 出价设置技巧

关键词审核通过后，系统会给出一个临时质量度，在临时质量度转变为正式质量度期间，系统会参考点击率、创意等维度来给出一个正式质量度得分。在推广账户上线初期，我们可以将刚提交的关键词出价设置得相对高一些，观察上线后的排名，尽量让关键词排名靠前，并且保持几天。这样关键词可以有一个相对较好的点击率，那么系统给出的正式质量度可能就会较高。在关键词临时质量度变成正式质量度以后，可以尝试逐步降低出价，并在降低出价后密切关注排名变化。若排名不受影响，则过两天可以再次尝试降价。

但相反，如果关键词起始的出价过低，那么在质量度由临时转变为正式时，点击率就相对较低，那么系统给出的正式质量度可能就会低一些。这时再通过一些手段来优化质量度就相对比较困难，所以要让关键词的质量度赢在起跑线上。

在修改关键词出价时，如果是我们企业的核心词，并能够带来转化量，那么可以设置高出价；如果是不重要的关键词，如通用词或人群词，那么就没有必要为了争夺排名而与其他企业去拼出价。

9.5.6 刚提交的关键词如何设置匹配模式

百度的建议是，刚提交的所有关键词都设置为广泛匹配模式，并且推广一段时间，目的是为了提升质量度并且通过搜索词报告进行扩词。但在对关键词的消费能力未知的情况下，即使有预算限制，这种设置方法还是有些浪费。

还有一部分企业的 SEMer 较保守，建议关键词上线之后全部都设置为精确匹配模式，要保证流量的基准度，并且减少预算消费。这种做法确实能够降低成本，但有时不利于前期的推广，关键词上线后系统要将关键词的临时质量度转变成正式质量度，期间系统会统计点击率等因素来计算正式质量度的得分，太精准则不利于质量度的提升。

笔者的工作习惯是，在关键词上线初期，大比例关键词的匹配模式都用短语同义包含，这样既有足够的展现数据，又不让关键词太过于宽泛而导致消费突增。通过搜索词报告等工具也能拓展出相应的关键词。当然，具体匹配模式的设定也要考虑到企业推广账户的预算金额，以及所提交关键词的精准程度。无论设置哪种匹配模式，每日都要对账户分阶段性地观测消费及点击的相应数据，做到钱花出去后心中有数。

第 10 章

百度网盟推广

企业使用百度搜索推广，更多的是等着网民来搜索。当网民有需求时，会在百度前台进行搜索，并选择合适的产品或服务进行购买。这些网民有明确的搜索需求，所以我们需要提高关键词排名及优化创意，牢牢抓住这些网民，促进点击，尽最大努力完成订单。

但一些中小企业可能因为预算有限，关键词排名无法靠前，或因为品牌知名度过低，很少有人搜索。那么，即使这些企业有新的产品或好的产品，但由于没有形成一定的曝光度，也不会有人知道，更不会有人点击。这时就需要使用百度网盟推广，选择想要覆盖的人群，主动将自己的广告投放到网民的面前，精准投放，并给网民造成一定的影响，形成一定的客户认知和品牌影响力。

很多人都熟悉百度竞价，但对网盟推广却并不了解。我们想一下，平时上网时有没有见过很多图片小广告遮挡浏览的网页？它们可能在不同的位置出现，有些在我们上下滑动鼠标时出现，有些还跟着我们的视线移动，这其中就有百度的网盟广告。本章就来讲解一下在百度推广方式中，能与搜索推广并驾齐驱的网盟推广是什么，并且有怎样的营销“套路”，是否值得我们投放。

10.1 百度网盟推广基础

百度网盟以近百万家以上的优质联盟网站为推广平台，通过分析网民的自然属性、长期兴趣爱好和短期特定行为，借助百度特有的定向技术帮助企业主锁定目标人群。当目标受众浏览百度联盟站点时，以固定、贴片、悬浮等形式呈现企业的推广信息。

网盟广告的类型很多，那么我们如何分辨出哪些是百度的网盟广告呢？当我们浏览网页时，如果发现图片上有百度的“熊掌”Logo，那么其就是百度的网盟广告，如图 10.1 所示。

图 10.1　百度网盟创意

10.1.1 百度联盟网站

如果你想卖猪肉，那么就要在某个菜市场架一个猪肉摊，只要付给商场租金，就可以开始卖猪肉了。其中，“菜市场”就是我们卖猪肉的平台。搜索推广与网盟推广都需要在平台上做广告，搜索推广只能在百度平台进行，用户在百度搜索引擎上找到自己想要了解的信息；而网盟推广可以在其他平台和百度平台进行，并且主要以其他平台为主。这些平台就是近百万个网站，这样与百度合作的网站被统称为百度联盟网站。这其中包括很多大型网站平台，如“新浪网”、“赶集网”、“58 同城”、“汽车之家”等优质网站。我们可以在网盟推广后台的“网盟 123”工具中进行查看，如图 10.2 所示。

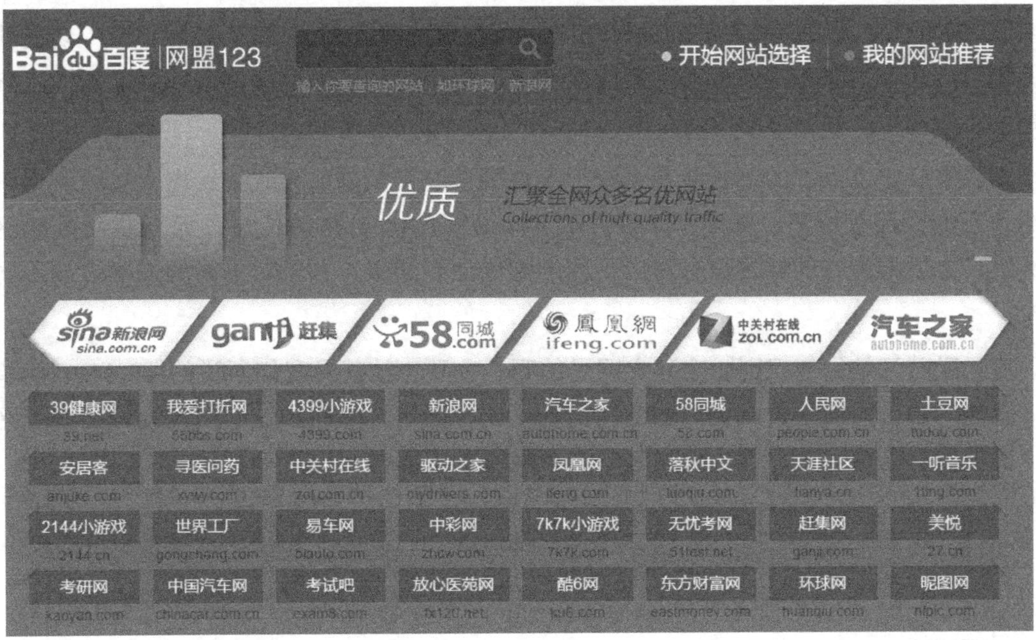

图 10.2　百度联盟网站

10.1.2　百度网盟推广的核心“套路”

营销最重要的就是找到对的人，这个问题难倒无数的营销人员。商家会使用一切手段找到精准受众。例如，大多文具商店都会开在学校附近，因为买文具的大多都是学生；你买房之后会有好多装修公司、家具公司给你打电话，因为他们知道你买房后就要装修、买家具。

但在互联网的世界里，这种思维无法适用。与现实世界相比，互联网会用多种方式“监视”网民在互联网上的行为。当网民的行为被记录后，企业会判断这些网民是不是“对的人”，如果是，就会在他下一次出现在互联网世界时，将广告投放到他眼前，这种方法的效果比传统广告投放的效果要好很多。

传统广告先考虑广告平台，如电视、杂志等，之后来反推受众大致是什么类型，然后制作同一个广告让所有人去看。互联网广告则完全可以通过网民在互联网上的多种痕迹，知道这个网民是什么样的人，广告的内容和创意可以根据网民的具体类型来安排，这就不需要让所有来这个网站的网民都看到一模一样的广告。

当我们浏览京东或淘宝的某个商品后，会发现很多页面都有相似商品的图片广告，这是因为这些商家对这部分人群进行了分析定位，最终的分析结果在互联网中被称作“人群画像”。例如百度指数的“人群画像”功能，当我们搜索一个词后，“人群画像”功能就会告诉我们：这个词在哪些地域被搜索的次数多、哪个年龄段的网民搜索的多、男性搜索多还是女性搜索多，如图 10.3 所示。

网盟推广定位人群的方式就是系统把人群的情况用数据的方式描绘出来，这类似于商家给自己的商品打标签，如名称、生产日期、保质期、价格等信息；而互联网是给网民打标签，之后把所有的标签信息对应不同的网民储存起来，并且对不同的人群投放不同的广告。

而互联网又是如何识别一个独立网民的呢？主要方法就是我们所说的 cookie。简单来讲，就是广告公司给这个浏览页面的网民起了一个名字，然后让这个网民无论到哪个网站上，都仍然有这个名字，这时就能判断这个网民看了哪些网站了。

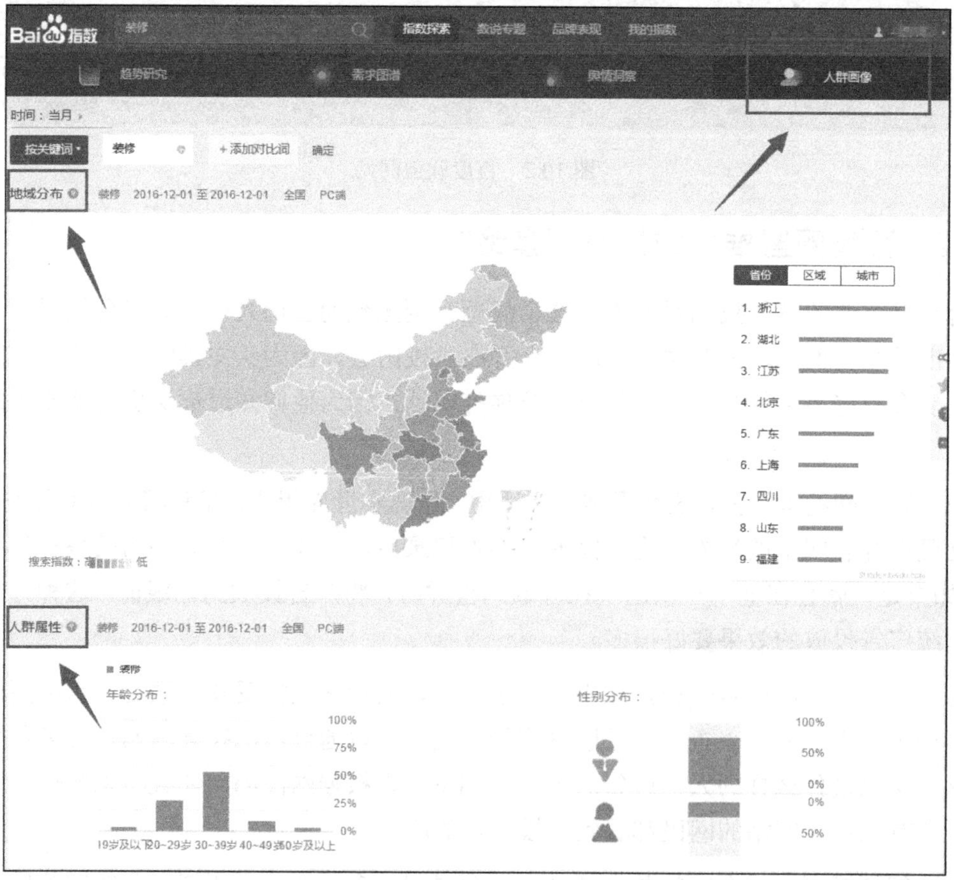

图 10.3　百度指数“人群画像”

10.1.3 企业、百度、联盟网站

企业的网盟广告之所以能够在联盟网站上展现，是企业、百度、联盟网站三者合作的结果，并且三者之间存在相互的利益关系。近百万家联盟网站将自己网站的某个位置划定为推广广告位，并出售给百度公司。百度就相当于“中间人”，来承接企业与联盟网站，并且赚取企业和联盟网站之间的差价，如图 10.4 所示。

- 企业与百度合作，百度与联盟网站合作。
- 企业在百度使用网盟推广，并支付给百度推广费用。
- 百度将企业的网盟广告投放在联盟网站上，并支付给联盟网站一部分佣金。

联盟网站能挣取百度多少钱，取决于自己网站流量的大小，如一些大型新闻网站、游戏网站、视频网站等，积少成多，利润还是很可观的。当然，“羊毛出在羊身上”，具体的广告费最终还是由推广企业来出的。所以，我们每点击一次网盟广告，百度和联盟网站都赚钱，而企业会扣钱。

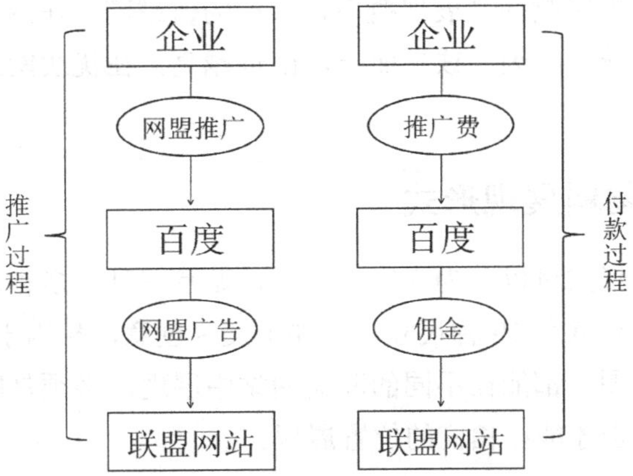

图 10.4 企业、百度、联盟网站三者之间的营销关系

10.1.4 百度网盟推广的收费机制

1. 百度网盟推广的付费形式

百度网盟推广是按点击付费（CPC）的广告形式，不点击不付费。在网络平台上，网盟广告很不受欢迎，一些网民认为这些广告纯粹是骚扰，更有部分网民认为这些飘来飘去的图片是“病毒”，所以大部分网民即使注意到了网盟广告，也很少主动去点击。

当然，也有一部分网民确实有相应的需求并且会点击网盟广告，所以只有网民感兴趣，才会主动去点击，这样企业广告会在大量的联盟网站平台上获取海量的展现，增加了自己企业品牌的曝光量。另外，因为网盟广告的成本相对搜索推广较低，出价大概是搜索推广的十分之一左右，所以属于低价格获取高展现。

2．百度网盟推广的点击价格

百度网盟推广的点击价格依然按照“下一名（出价×质量度）/自己的质量度+0.01”计算。这里的“质量度”是指网盟图片的质量度，但在网盟账户中无法看到图片的质量度具体为多少，并不像搜索推广一样有“星”或者“分值”来体现质量度。百度虽然对外公布网盟的排名还是按照“出价×质量度”计算，但其实相对于搜索推广而言，“出价”更占影响排名因素的主导地位。

3．“出价×质量度”影响展现概率

网盟广告展现时，我们看不到网盟推广有名次之分，但是在百度系统中会计算所有竞争者相应的排名顺序，同样是按照“出价×质量度”来计算排名的。我们也可以说，在网盟推广中，“出价×质量度”影响的是展现概率，乘积的值越高，在网盟页面中展现的概率也就越高。另外，百度系统比较因“钱”而异，出价越高，在优质网站上展现的概率也就会越高。

10.1.5　百度网盟物料展现形式

百度网盟物料展现形式可以分为固定、悬浮、贴片三种，多种展现形式是为了有更多的展现机会。网盟图片创意有 19 种尺寸，再加上文字创意，相当于有 20 种大小。在推广时，并不是任意尺寸的图片都能在不同的联盟网站中展现，必须是联盟网站有相应尺寸的广告位，我们的网盟广告才能在相应的位置展现。

1．固定

所谓网盟推广固定样式，就像字面意思一样，指的是网盟广告在联盟网站网页中“固定着不动”的一种广告样式。网盟推广固定样式包括图片样式（见图 10.5）、图文混排样式（见图 10.6）、文字样式。其中，文字样式就是将图文混排样式中的图标去掉。

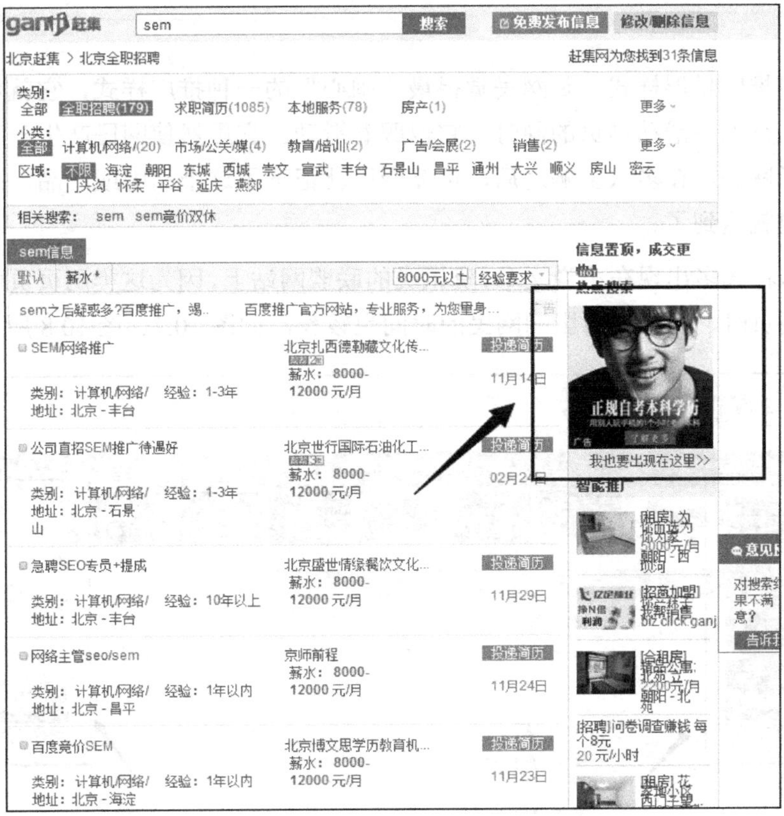

图 10.5　网盟推广固定样式——图片样式

图 10.6　网盟推广固定样式——图文混排样式

2．悬浮

百度网盟推广悬浮样式，是网民觉得最“闹心”的一种推广样式，它就像对联一样在网页的两侧，在上下滑动网页的同时，它也跟着滑动。它虽然使网民产生一种“厌烦感”，但确实影响了网民，在多次影响之后，可能网民就记下了这个品牌或产品，那么网盟推广的营销目的也就达到了。

这种广告样式多出现在小说文章、资讯类的联盟网站上，因为这类网页页面篇幅较长，当网民滑动网页时，悬浮广告影响网民的时间也较长，如图 10.7、图 10.8 所示。

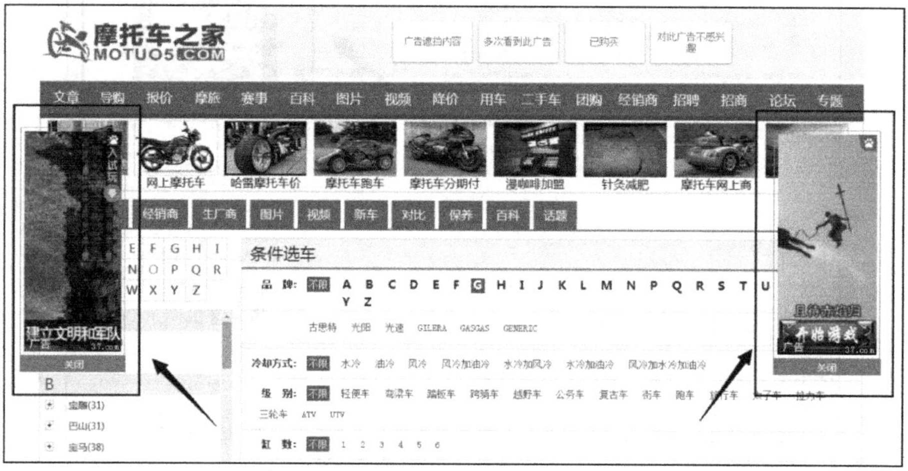

图 10.7　网盟推广悬浮样式（1）

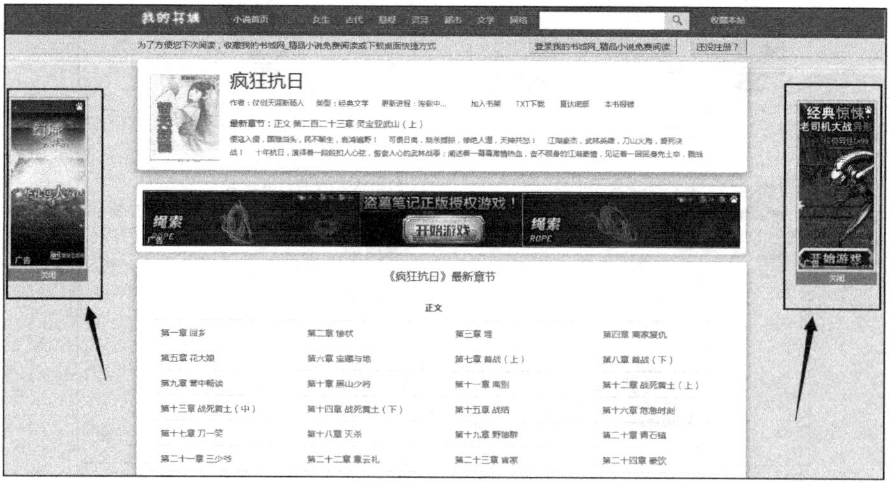

图 10.8　网盟推广悬浮样式（2）

3．贴片

网盟推广贴片样式，主要出现在视频类网站，当视频加载或暂停时，贴片样式的广告就会出现，如图 10.9 所示。另外，网盟贴片样式也出现在游戏类网站，当游戏前端加载时，会出现贴片广告，如图 10.10 所示。由于网民在这期间需要耐心等待，所以这种广告样式是最易引起网民关注的。

图 10.9　视频网站中的网盟推广贴片样式

图 10.10　游戏网站中的网盟推广贴片样式

10.2 网盟的定向方式

网盟的定向方式是网盟推广的核心，我们有丰富的广告样式，有大量的广告推广平台，但最重要的是如何将广告投放到精准网民面前。完成这个过程主要依靠于网盟推广的定向方式，这是我们学习网盟推广的重点内容。由于前面章节已经讲解了搜索推广，而网盟账户的一些功能与搜索推广比较相似，所以这里不做过多讲解。网盟的定向方式有 4 种，包括地域定向、兴趣定向、关键词定向、到访定向，如图 10.11 所示。

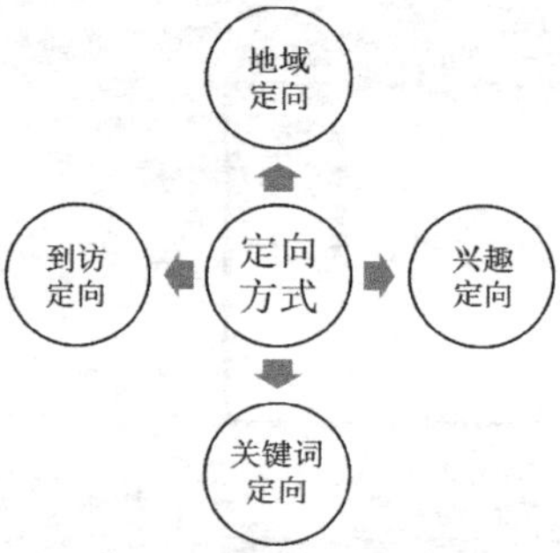

图 10.11　网盟的定向方式

10.2.1 定向方式的作用

1．勾勒受众

案例：系统记录某网民近三个月的历史浏览记录如下：此网民经常搜索美容、SPA、旅游、化妆等内容，如图 10.12 所示。另外，系统查看到此网民正在搜索“雅诗兰黛”，并且正在看一些女性网站，如图 10.13 所示。

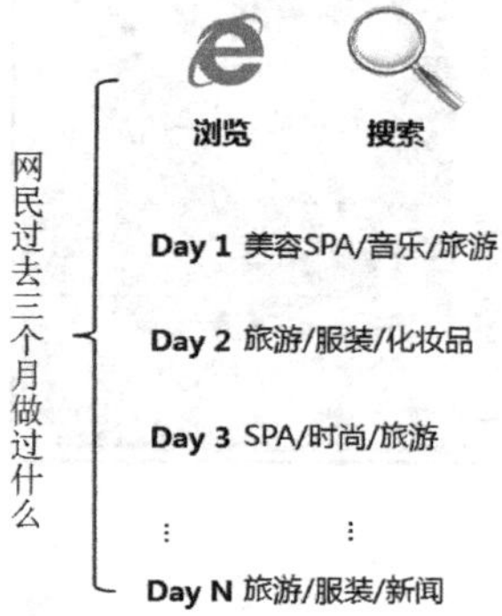

图 10.12　某网民近三个月的历史浏览记录

图 10.13　网民正在搜索“雅诗兰黛”

- 由于网民的 IP 是固定的，所以可以判断出该网民的地域为“北京”，如图 10.14 所示。
- 该网民经常搜索美容、SPA 等内容，并且正在搜索“雅诗兰黛”和浏览女性网站，所以系统判断该网民为“女性”。
- 根据历史浏览记录和当前浏览页面，系统大致判断出该网民为年轻女性。
- 由于该网民经常旅游和 SPA，并且“雅诗兰黛”品牌定位较高，所以系统大致判断出该网民收入较高。
- 该网民经常搜索旅游与时尚等内容，所以系统判断出该网民的兴趣爱好为旅游、时尚。
- 该网民正在搜索“雅诗兰黛”和浏览有关美白、祛斑的女性网站，所以系统判断出该网民近期正在关注美容、护肤。

图 10.14　网民人群画像

2．精准投放

综上可以得出，系统已经分析出该网民的自然属性（北京人、女性）、兴趣爱好（旅游、时尚）、行为（正在关注美容、护肤）等。得出这些分析后，一些企业就可以针对这个网民投放广告了，如旅游公司、整形医院、机票网等相关企业。

那么，如何把广告精准地投放给这个网民，就是网盟的定向方式。网盟推广就是从多个维度将网民勾勒出来以后，运用相应的定向方式对其精准投放，如图 10.15 所示。

图 10.15　相关行业针对网民投放广告

10.2.2　地域定向

地域定向，简单来说就是在网盟推广中设置推广地域。设置好推广地域后，将对这个地域的所有网民进行网盟广告投放。例如，北京人口接近 2200 万人，当网盟账户地域定向设置为北京投放，并且添加好了推广创意时，这 2200 万人在浏览近百万的联盟网站时都有可能看到企业的网盟广告，如图 10.16 所示。

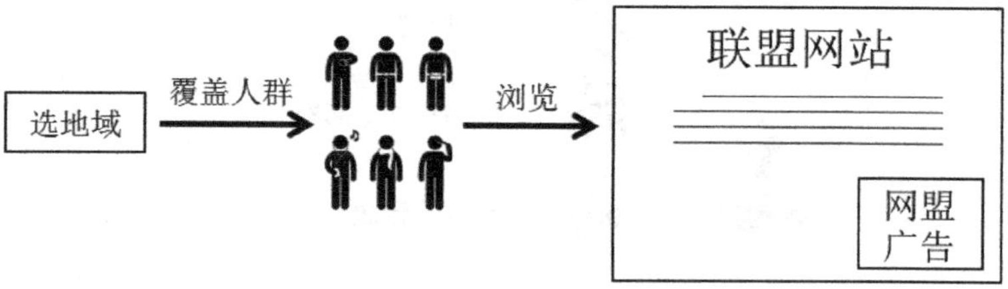

图 10.16　地域定向核心流程

如果网盟推广只设置地域定向，而未选择其他定向方式或投放网站，那么流量相对会很大，并且人群不精准，相当于只要是这个 IP 下的网民，就都有机会看到网盟广告。拿漏斗来举例（见图 10.17），如展现量为 200 万次，虽然网盟点击率不高，但由于展现量基数过大，点击量自然也会很高。假设点击量为 2000 次，平均点击价格按 2 元/次计算，那么预算也需要 4000 元，从而使预算消耗过快。所以，通常地域定向要与其他定向方式同时使用，从而形成精准投放。

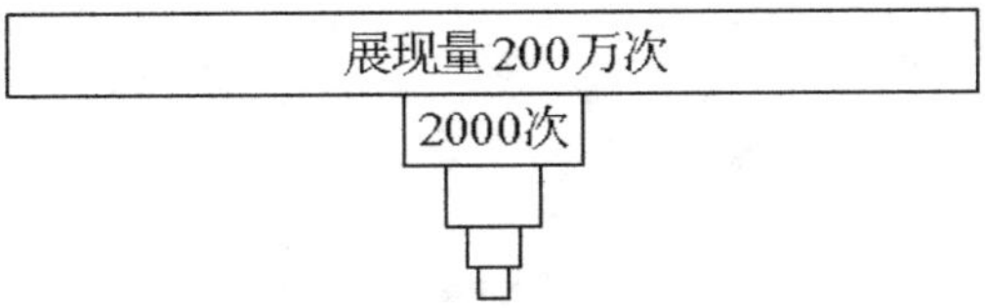

图 10.17　网盟推广“高展现”

与搜索推广不同的是，网盟地域设置可以精确到直辖市的区，如设置北京的海淀区、上海的黄浦区。但需要注意的是，只能精确到直辖市的区，不能精确到普通城市的区。总结网盟推广可以设置的地域范围为：省、地级市、直辖市、直辖市的区，如图 10.18 所示。

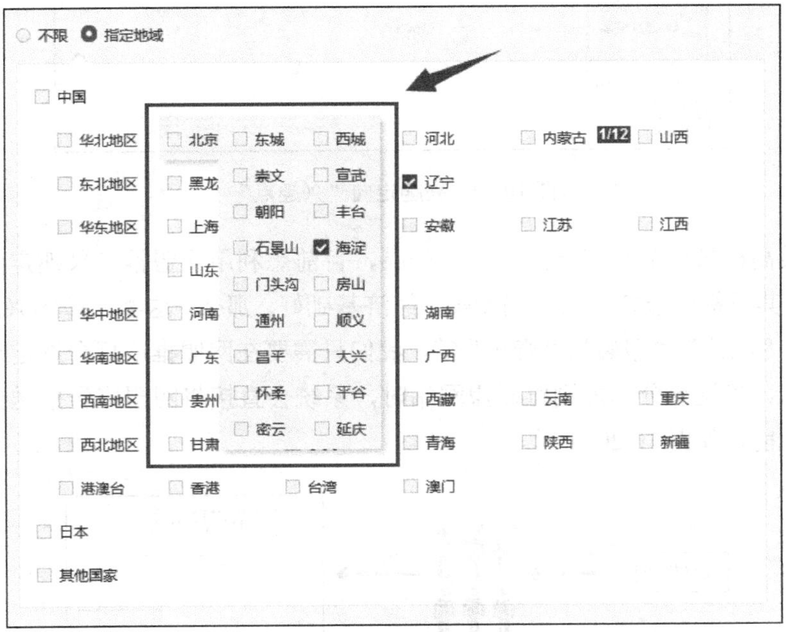

图 10.18　网盟地域设置精确到直辖市的区

10.2.3　兴趣定向

系统根据网民历史搜索及浏览行为的周期和频次等信息，可以判断出网民的兴趣爱好，之后将这些兴趣爱好以兴趣点的形式整理到推广后台。其中每个兴趣点都覆盖大量的人群，如图 10.19 所示，仅“教育”这个兴趣点就将近覆盖 2.2 亿人。我们在操作网盟推广账户时，只要选择相应的兴趣点，就可“投其所好”，有针对性地将广告展示在这类网民面前。

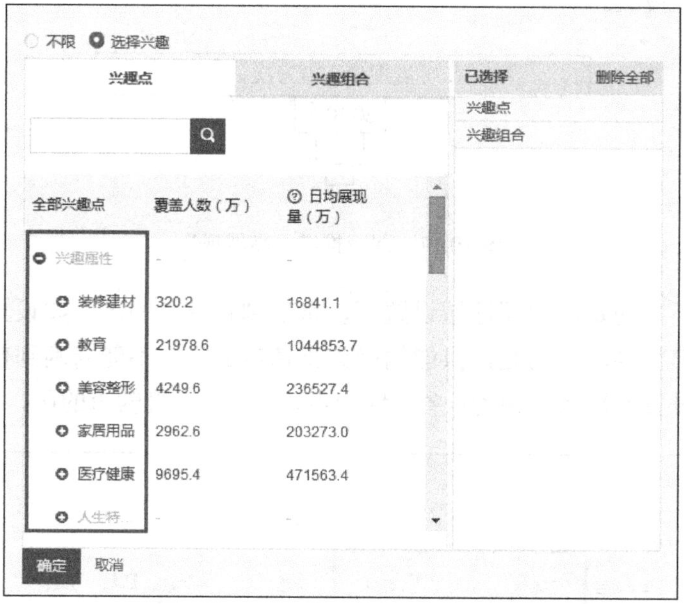

图 10.19　兴趣定向“兴趣点”

例如，某高档护肤品公司新推出一款产品，目前想利用网盟推广兴趣定向针对年轻女性进行投放。其目标受众特点为时尚爱美、经济基础好。那么，这类人群的兴趣可能是“美容”、“影视”、“综艺”、“服装”、“音乐”等，我们只需要在网盟推广后台选定这些兴趣点，添加好创意后，当这部分网民浏览联盟网站时，系统会直接将网盟广告推送到有这些兴趣爱好的网民面前，如图 10.20 所示。

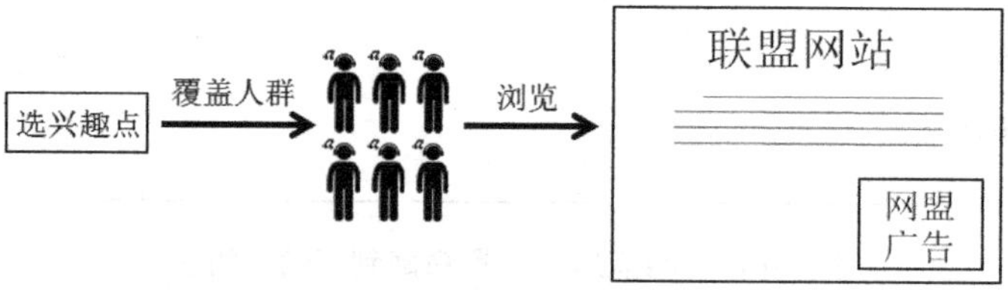

图 10.20　兴趣定向核心流程

10.2.4　关键词定向

在网盟推广中，关键词定向是唯一一种需要添加关键词的定向方式。关键词定向可以细分为三种定向方式：搜索定向、当前浏览定向、历史浏览定向，如图 10.21 所示。

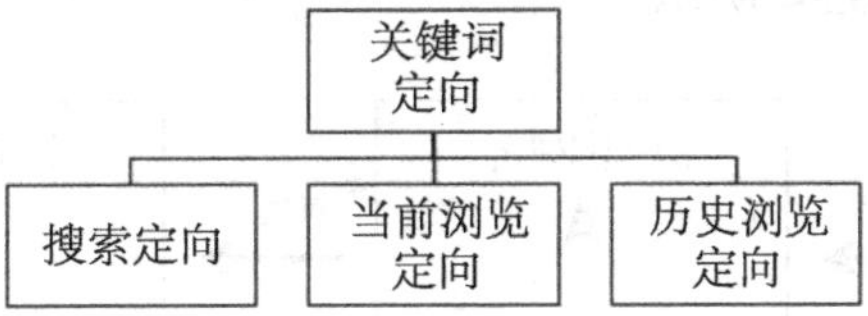

图 10.21　关键词定向分类

1．搜索定向

搜索定向是根据受众在百度前台搜索过的关键词进行定向投放。企业投放网盟推广搜索定向方式后，当网民在百度搜索过企业网盟后台所添加的关键词，再去浏览联盟网站时，就有机会在联盟网站看到企业的网盟广告，如图 10.22 所示。

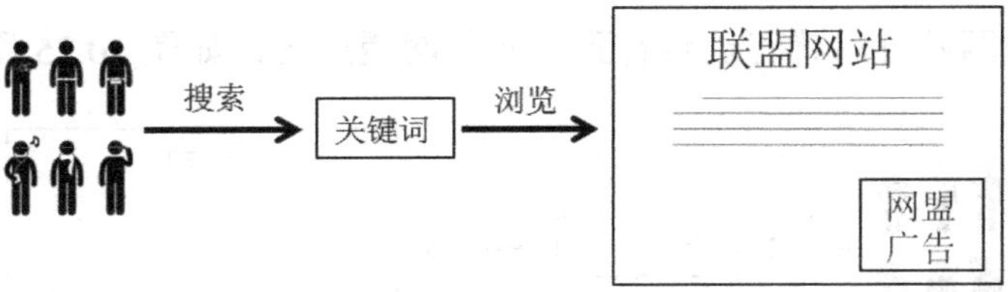

图 10.22　搜索定向核心流程

2．当前浏览定向

当前浏览定向是指根据受众当前浏览页面内容对应的关键词进行定向投放。企业投放网盟推广当前浏览定向方式后，当网民正在浏览某联盟网站时，网站内容页有企业所投放的关键词，那么在网民浏览时此页面就有机会弹出企业的网盟广告，如图 10.23 所示。

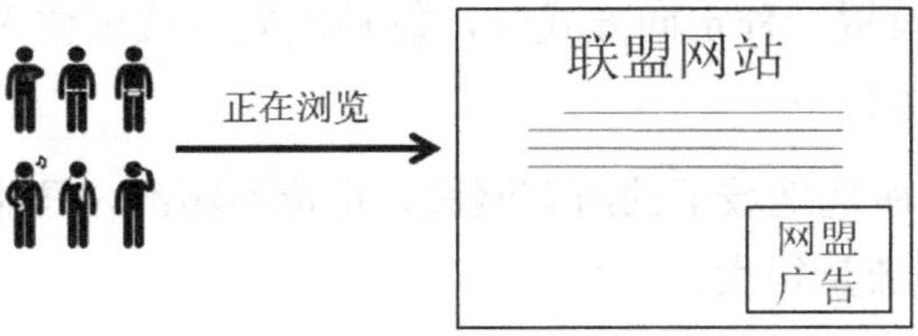

图 10.23　当前浏览定向核心流程

3．历史浏览定向

历史浏览定向是根据受众最近浏览页面内容对应的关键词进行定向投放，与其当前正在浏览的页面内容对应的关键词无关。企业投放网盟推广历史浏览定向方式后，当网民浏览过一个与企业关键词相关的联盟网站后，又浏览另一个联盟网站时，就有机会看到企业所投放的网盟广告，如图 10.24 所示。

图 10.24　历史浏览定向核心流程

10.2.5　到访定向

到访定向是针对来过企业网站的网民进行定向投放。网民以任何方式（竞价广告、输入网址、快照等）访问过企业网站后，这些网民会被系统所记录，当这些访问过企业网站的网民再浏览联盟网站时，就有机会看到企业的网盟广告，如图 10.25 所示。

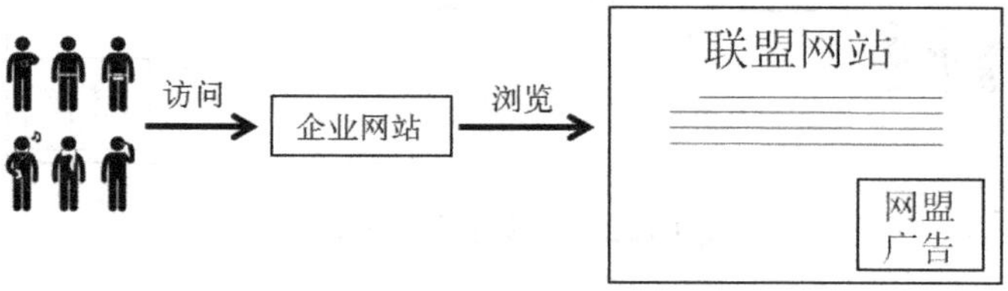

图 10.25　到访定向核心流程

10.2.6　定向方式分析

1．定向方式的特点

网盟推广在单独只设置一种定向方式时，每种定向方式定位人群的精准性及推广流量都会有相应的特点，具体如下。

- 地域定向：覆盖所选地域下的所有网民，定位不精准，只能说覆盖的是有潜在意向的人群，推广时流量很大。
- 兴趣定向：覆盖兴趣点下的所有网民，这类网民意向较模糊，有相应的兴趣但不一定购买，推广时流量较高。
- 关键词定向：覆盖搜索过关键词或浏览过与关键词相关网盟页面的网民，网民有一定需求，定位相对精准，但具体有多少网民会看到企业的广告，以及对产品或服务购买的意向程度，取决于关键词的数量与精准性。

- 到访定向：只覆盖来到过企业网站的网民。既然网民已经访问过企业网站，就证明其有一定意向，所以这类人群是 4 种定向方式中最精准的人群。但由于一般企业的网站流量并不高，所以到访定向所覆盖的网民较少。

2. 定向方式的选择

通过每种定向方式的特点可以看出，4 种定向方式所覆盖网民的特点与搜索推广的 4 类关键词（人群词、通用词、产品词、品牌词）特别相似，如图 10.26 所示。

- 地域定向与人群词：覆盖的都是有潜在意向的人群。
- 兴趣定向与通用词：覆盖的都是意向模糊的人群。
- 关键词定向与产品词：覆盖的都是有需求的人群。
- 到访定向与品牌词：覆盖的都是意向明确的人群。

由此可以得出，在推广网盟时，到访定向与关键词定向是必选的两种定向方式。兴趣定向可以增加曝光率，企业有足够的预算可以单独推广兴趣定向，如预算不足，则可以不使用或者与其他定向方式结合使用。地域定向范围太广，不要单独使用，尽量与其他定向方式结合使用。

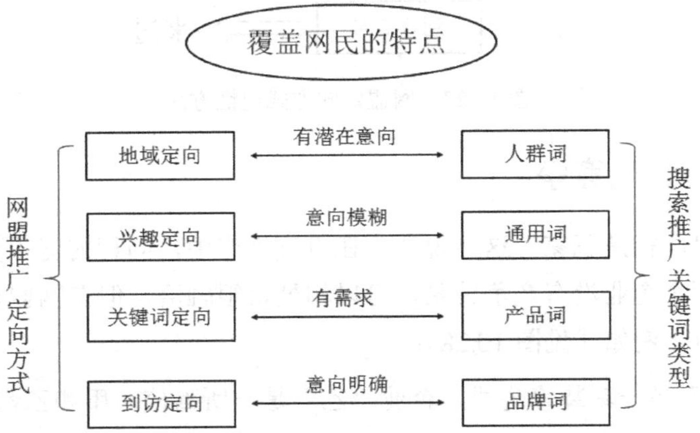

图 10.26　网盟推广定向方式与搜索推广关键词类型对比

3. 定向方式记忆技巧

为了方便理解和记忆，我们针对网盟推广每种定向方式受众的核心特点进行如下总结，如图 10.27 所示。

- 关键词定向——搜索定向：网民首先要“搜过”，之后这部分网民再去浏览联盟网站时，就会看到网盟广告。

- 关键词定向——当前浏览定向：网民正“在看”网络联盟网站时，会出现网盟广告。
- 关键词定向——历史浏览定向：网民“看过”联盟网站后，这部分网民再去浏览其他联盟网站时会看到网盟广告。
- 兴趣定向：系统要分析网民的兴趣爱好，为了方便记忆，我们这里称之为“爱过”，这部分“爱过”的网民再去浏览联盟网站时会看到网盟广告。
- 到访定向：网民首先要“来过”企业网站，之后这部分网民再去浏览联盟网站时会看到网盟广告。

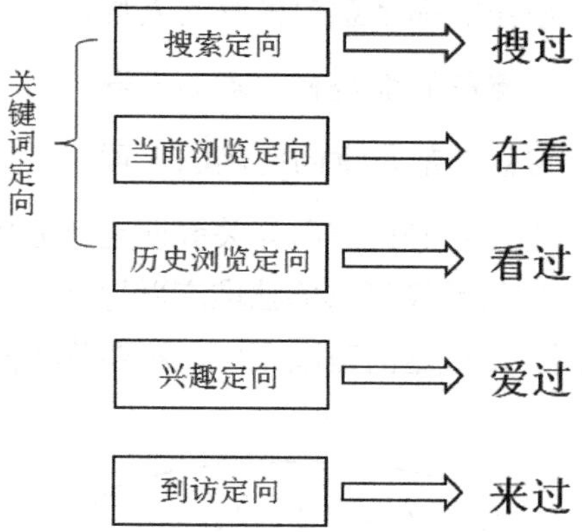

图 10.27　网盟定向方式记忆方法

10.2.7　不同行，也竞争

我们都知道“同行是冤家”这一说法，在百度推广中，同行的竞争更为激烈。正常来讲，不同行业的两个企业没有竞争关系，可以相处得很融洽，但在网盟推广中，不同行业也可能会相互竞争。例如（见图 10.28）：

- 企业“甲”是一家装修公司，企业“乙”是一所驾校。甲和乙都使用了网盟推广。
- 人群“A”，曾经在百度搜索过关键词“装修”。
- 人群“B”，曾经在百度搜索过关键词“驾校”。
- 人群“C”，曾经在百度同时搜索过关键词“装修”与“驾校”。

那么可知：

- 人群“A”有机会在联盟网站看到企业“甲”的网盟广告。
- 人群“B”有机会在联盟网站看到企业“乙”的网盟广告。

- 人群“C”具体看到的是企业“甲”还是企业“乙”的网盟广告，需要“甲”、“乙”两个企业竞争，哪家的“出价×质量度”高，哪家的广告就有机会出现在人群“C”面前。

企业“甲”与企业“乙”属于两个不同的行业，正常来讲，是不会有任何竞争关系的，但是在网盟推广中，就有这种竞争的可能性，企业到底与哪个行业竞争网盟广告的展现机会，取决于所针对的网民都做过什么，如搜索过哪些关键词、看过哪些网页、有什么兴趣。所以在网盟推广中，不仅同行业存在竞争关系，不同行业也可能存在竞争关系。

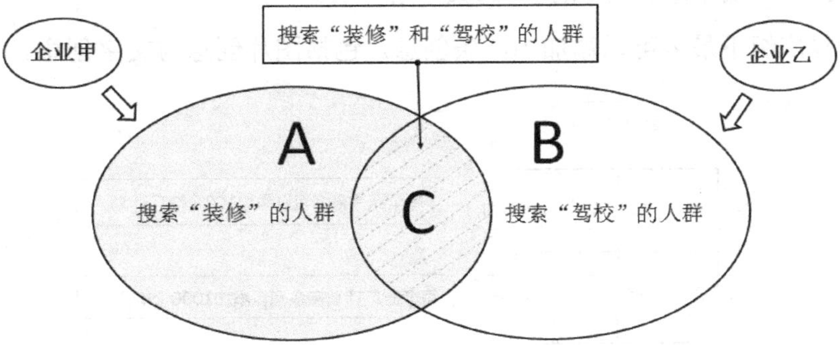

图 10.28　不同行业也可能存在竞争关系

10.3　网盟推广账户结构

账户结构是任何一种推广方式的基础，网盟推广也需要搭建账户结构。与搜索推广相同，网盟推广也有四个层级，但与搜索推广不同的是，网盟推广账户的四个层级分别为：账户层级、计划层级、推广组层级和创意层级，如图 10.29 所示。

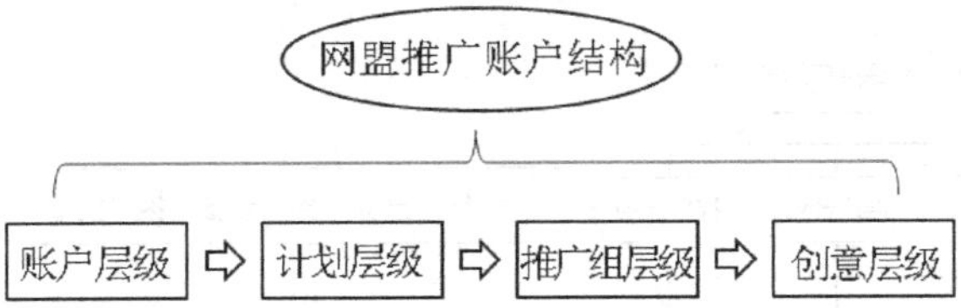

图 10.29　网盟推广账户结构

其中，“推广组”与搜索推广的“推广单元”意义相同，只是叫法不同而已。但网盟推广没有关键词层级，因为在网盟推广中，关键词的有无并不是必须的，如到访定向与兴趣定向就不需要关键词。

10.3.1 各层级数量值与功能

1. 各层级数量值

与搜索推广相同，网盟推广每个层级的数量也都是有上限的，但由于网盟推广相比搜索推广投入预算较低，账户结构搭建简单，所以系统所给出的层级上限值足够推广使用，如图 10.30 所示。

- 每个账户下最多可以添加 100 个推广计划。
- 每个推广计划下最多可以添加 1000 个推广组。
- 每个推广组下最多可以添加 100 条创意，包括图片创意与文字创意。

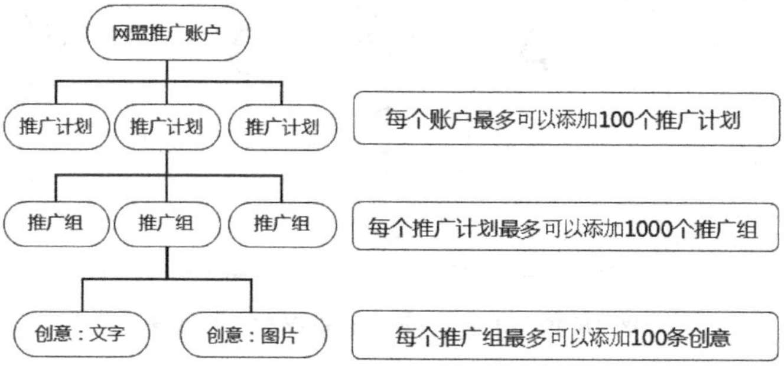

图 10.30 网盟层级数量值

2. 网盟各层级功能

网盟推广账户层级不能设置任何功能，其中计划层级可以设置推广预算、推广设备、推广投放时段；推广组层级可以设置地域、定向方式、性别选择、投放网站、出价；创意层级可以设置访问 URL、显示 URL，如图 10.31 所示。

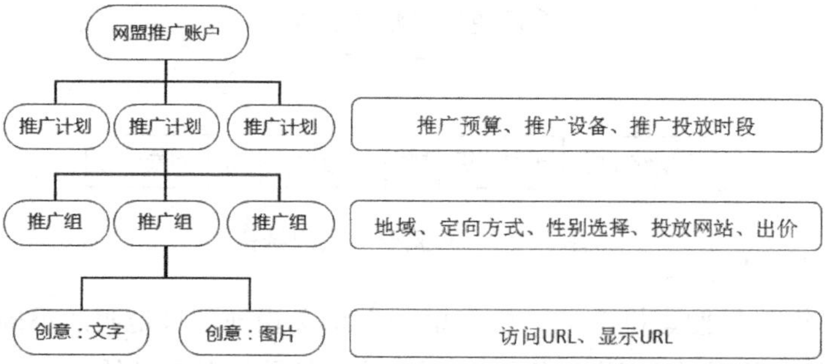

图 10.31 网盟各层级功能

10.3.2 创建网盟计划

开通百度推广以后，我们在凤巢账户首页找到网盟推广入口。网盟推广不需要单独开通，只要开通百度推广，网盟推广入口默认就在与搜索推广并列的位置，如图 10.32 所示。

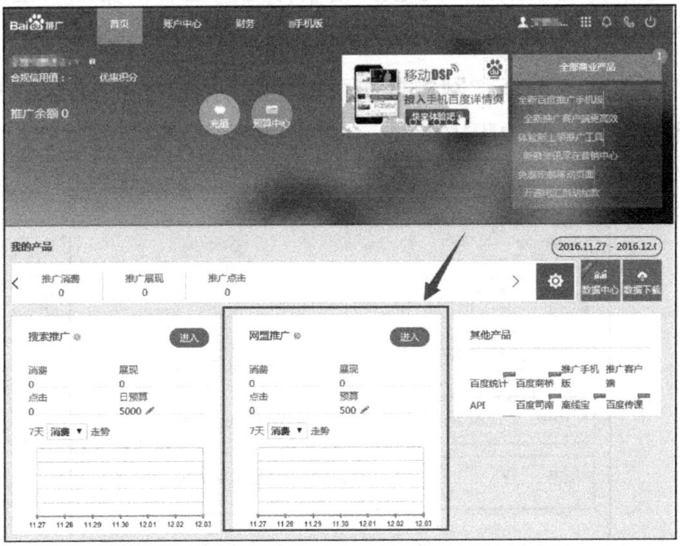

图 10.32　网盟推广入口

单击“推广管理”选项，进入网盟推广账户搭建页面，单击“新建推广计划”按钮，搭建网盟计划，如图 10.33 所示。

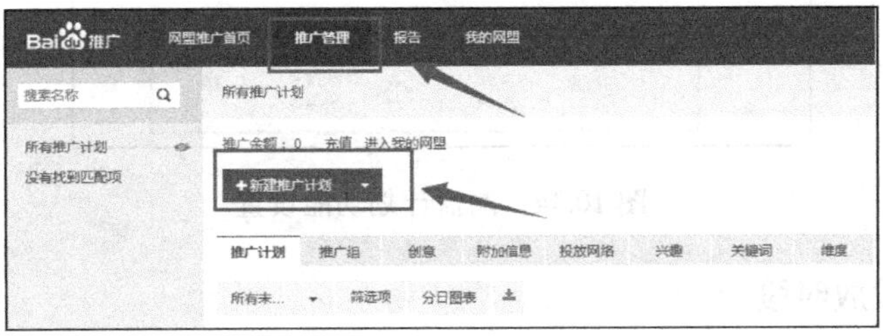

图 10.33　新建网盟计划

1. 网盟计划功能设置

（1）选择推广设备：单击“新建推广计划”按钮后，可以选择该计划投放的设备，是“所有功能”还是“仅移动”，在无特殊要求的情况下，大多选择“所有功能”，如图 10.34 所示。

（2）填写计划名称：与搜索推广相似，要根据网盟推广方向、推广产品，以及预算等维度来确定网盟推广创建计划的方式。一般情况下，网盟推广以按产品创建计划为主。

（3）设置推广预算：网盟推广点击率较低，故消费较低。在不以网盟推广为主的情况下，通常网盟推广总预算是搜索推广总预算的十分之一左右。例如，搜索推广设置预算为 5000 元，则网盟推广预算大概为 500 元左右。

（4）移动设备操作系统选择：网盟推广可以将移动推广平台细分为苹果系统和安卓系统，甚至可以精确到每种系统的版本编号。

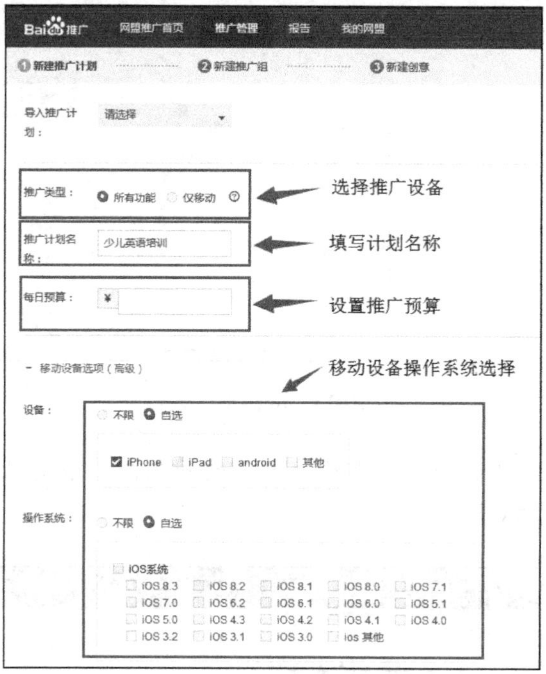

图 10.34　网盟计划功能设置

2. 设置推广投放时段

网盟推广计划层级可以设置推广投放时段，但与搜索推广不同的是，网盟推广可以设置计划投放的开始日期与结束日期，灵活管理推广计划的上下线时间，如图 10.35 所示。

例如，企业要在 2017 年元旦做一个周期为 7 天的活动，所以在创建计划时选择开始日期为“2017 年 1 月 1 日”，结束日期为“2017 年 1 月 7 日”。设置以后，该计划会处于暂停状态，在 2017 年 1 月 1 日 0 点时自动上线推广，并在 2017 年 1 月 8 日 0 点时自动停止推广。

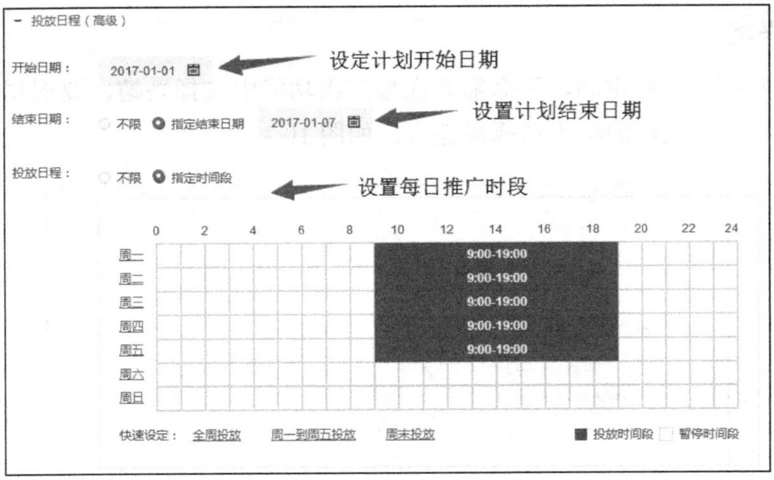

图 10.35 设置推广投放时段

10.3.3　创建网盟推广组

1．基本信息设置

在“基本信息”中可以设置推广组名称与投放地域，投放地域设置的范围为：省、二级市、直辖市与直辖市的区，如图 10.36 所示。

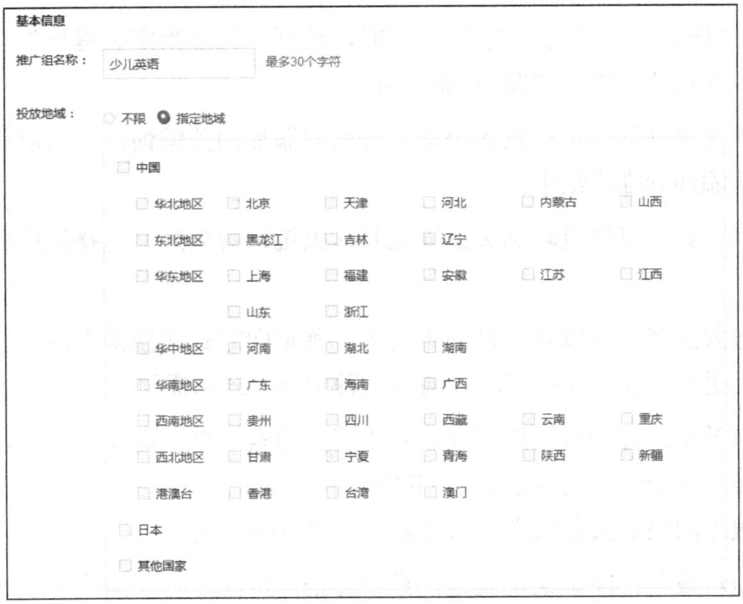

图 10.36　基本信息设置

2. 选择兴趣

如果推广组使用兴趣定向，那么需要在推广组功能中选择兴趣，要根据企业产品或服务的特征及推广面向人群的特点选择兴趣点，如图 10.37 所示。

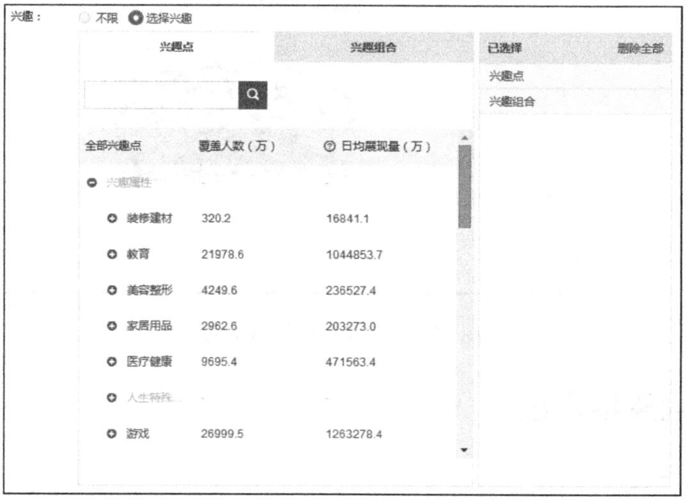

图 10.37　选择人群兴趣点

3. 关注指定关键词

“关注指定关键词”也就是“关键词定向”，选择“关注指定关键词”后，可以对关键词定向进行相应的功能设置，如图 10.38 所示。

（1）手动填写关键词：可以直接手动填写所要添加的关键词，也可以将找好的关键词通过粘贴的方式添加到推广组中。

（2）关键词工具：可以跳转到关键词工具（关键词规划师）选择推广关键词，方法与搜索推广相同。

（3）定向方式选择：可以对关键词定向的三种定向方式（搜索定向、当前浏览定向、历史浏览定向）进行选择，在推广时，通常三种定向方式都需要选定。

（4）行为有效期：行为有效期可以控制“网民搜索一个关键词后，具体多长时间以内再去联盟网站能看到企业的网盟创意”。下拉菜单中包括：3 天、7 天、15 天、30 天，具体选择多少天要根据网民购买公司产品所需要的决策时间而定。

（5）流量溢价设置：简单来说就是，系统会把出价高的企业的广告放在意向更高的网民面前，或者放在更“高大上”的网站平台上展现。

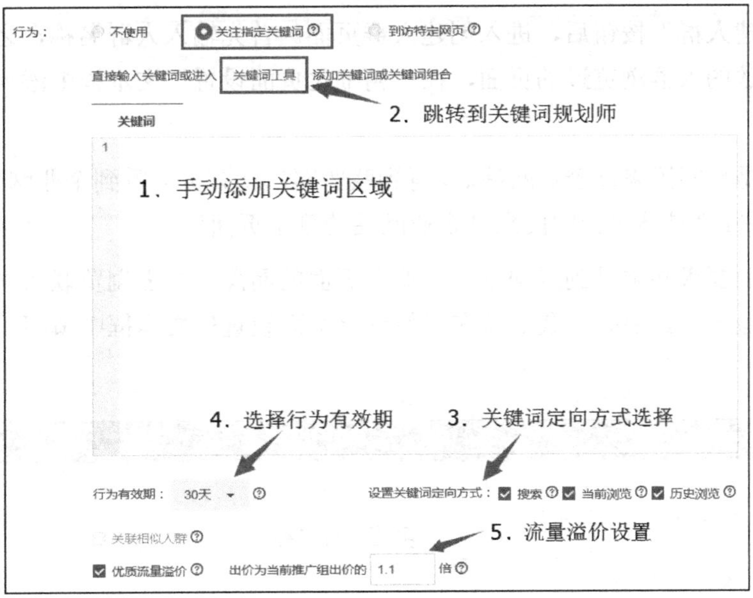

图 10.38　关键词定向功能设置

4. 到访特定网页

选择“到访特定网页”相当于对推广组设定了到访定向，到访定向基于访问过企业网站的人群，所以需要创建人群。创建人群包括“创建无代码人群”与“创建代码人群”，其中代码人群需要在网站后台添加百度统计代码，如图 10.39 所示。

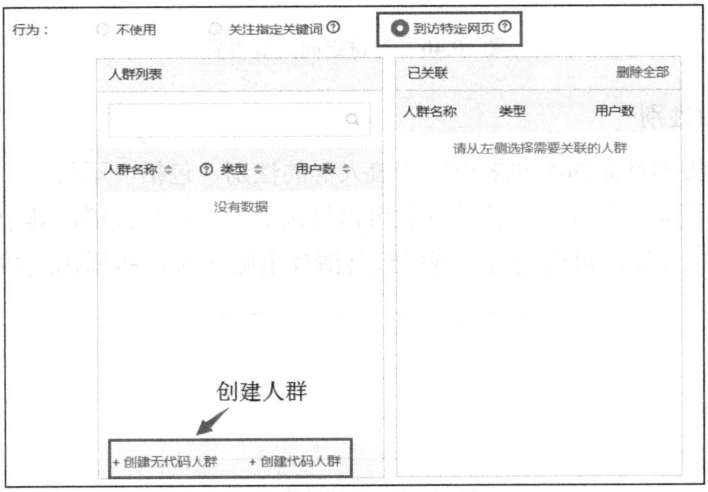

图 10.39　到访定向功能设置

单击“创建人群”按钮后，进入创建人群页面。首先输入人群名称，之后根据投放需要，设置想投放的人群浏览过的页面，在“精细化页面设置”文本框中添加对应网址，如图 10.40 所示。

到访定向是指网民来过企业网站后，再到联盟网站就有机会看到企业网盟广告。那么，这里所添加的是：“具体想让网民来过企业网站的哪个页面”。

例如，企业要求必须是到过网站“注册”页面的网民，再去浏览联盟网站时，才能看到本公司的网盟广告。那么，我们就在“精细化页面设置”文本框中填写“注册”页面的 URL。

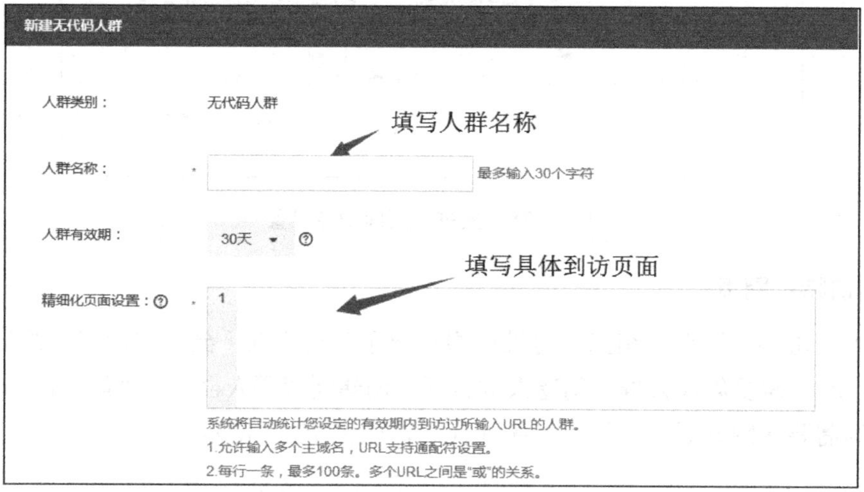

图 10.40　到访定向人群设置

5．选择投放性别

SEMer 可以根据产品的不同来设置覆盖人群的性别，包括“不限”、“男”、“女”、“未知”，如图 10.41 所示。例如，化妆品行业可以只选择“女性”人群。其中“未知”是指系统无法判断网民的性别，可能是这类网民经常清理电脑 cookie 等原因造成的。

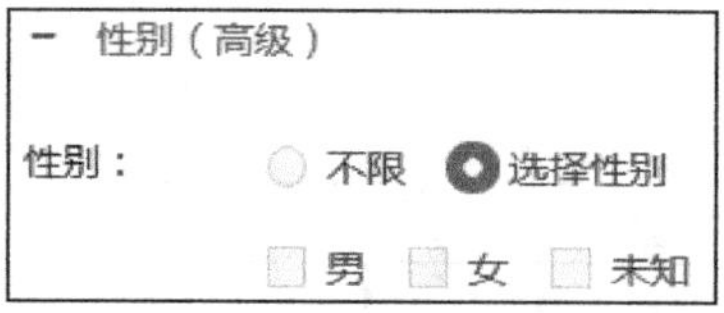

图 10.41　投放性别设置

6. 选择投放网站

我们可以选择网盟账户的创意在哪类联盟网站中展现，如图 10.42 所示。但在大多数情况下，网站选择“不限”。因为网盟定向方式主要以“关键词定向”与“到访定向”为主，如果网民已经搜索过这类关键词或者已经来到过企业网站，就证明这些网民有购买意向，那么又何必在乎这类人群是在哪类网站上看到我们的网盟广告的呢？

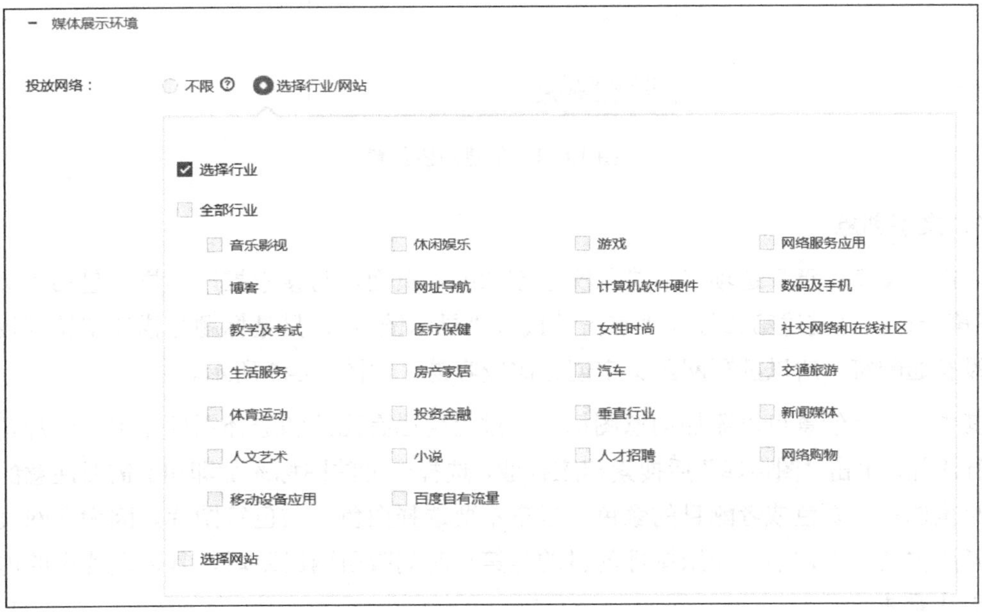

图 10.42　投放网站设置

7. 出价设置

网盟账户只能在推广组设置出价，设置后相当于推广组内的所有创意出价都被设定。设置时可以单击“查看参考价格”查看系统给出的参考出价，但只能是“参考”，具体出价还要根据后期推广的数据进行调整，如图 10.43 所示。

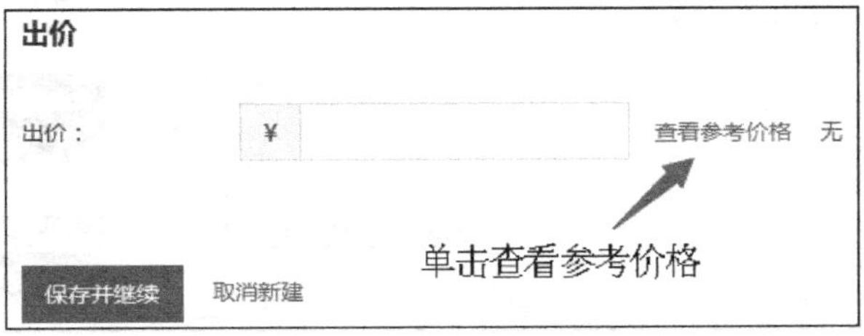

图 10.43　推广组出价设置

10.3.4 创建网盟创意

网盟的创意形式包括图片创意与文字创意，其中图片创意有 19 种尺寸。为了广告的覆盖量，每个推广组至少添加一套图片创意和一条文字创意，如图 10.44 所示。

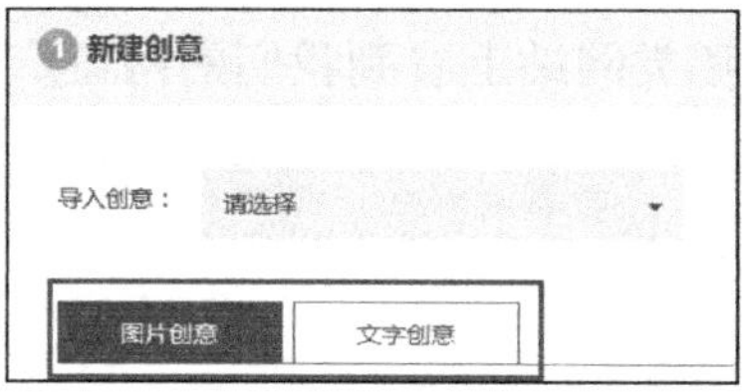

图 10.44 创建网盟创意

1. 文字创意

单击“文字创意”选项卡后进入文字创意编辑页面，与搜索推广一样，包括“标题”、“描述第一行”、“描述第二行”、“点击链接”、“显示链接”，只是标题与描述字符都较短，并且没有通配符，所以撰写网盟文字创意比较容易，如图 10.45 所示。

其中，文字创意可以添加创意图标，通过上传已有图片和选择图标库中的图片两种方法进行添加。单击“图标库”后搜索相应行业，选择合适的图标添加即可。需要注意的是，图标尽量选择深颜色或者醒目的颜色，尽量不要选择白色、灰色等图片。因为在网页中文字创意所占的位置过小，使用图标的目的是第一时间吸引网民眼球，具体图片中的内容网民是无法看清的。

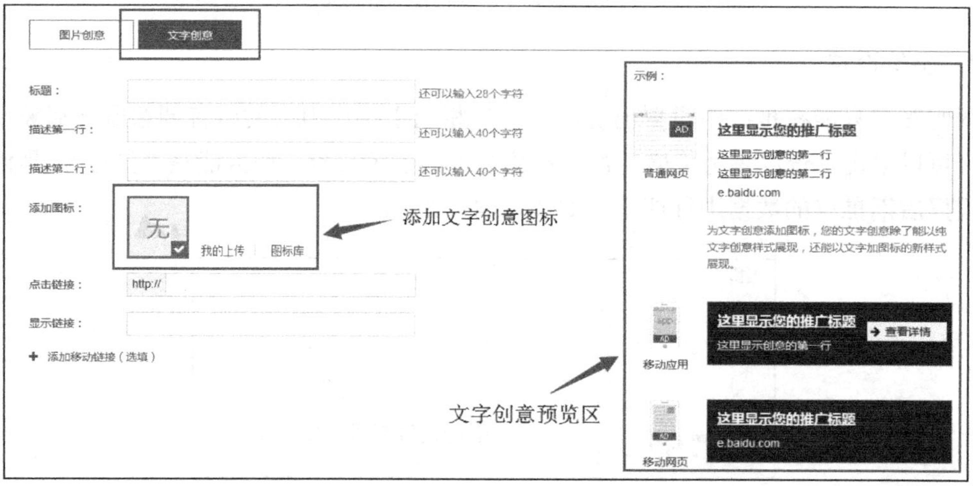

图 10.45 编辑网盟文字创意

2. 图片创意

图片创意的制作主要分为两种方法：第一种是由公司的美工人员创建，第二种是 SEMer 在网盟后台自己创建。

一般的大中型企业都会有美工人员，那么制作网盟图片也属于美工的工作范畴，我们可以将所有图片的尺寸及图片大致要求发送给美工同事，同时也要告知其图片中所要体现的文字内容。美工同事会在一定的时间内将图片做好，保存到电脑后，直接单击“本地上传”按钮即可，如图 10.46 所示。

如果企业没有美工人员，除非 SEMer 自己精通 Photoshop 等制图软件，否则只能自己在网盟后台制作图片。早期网盟后台制图工具只有“百度创意专家”，后期有了 “百度霓裳”功能，其整体要比“百度创意专家”高大上一些。无论哪种方式，制图“套路”差不多，都是选好模板后再进行修改，操作方法极为简单。

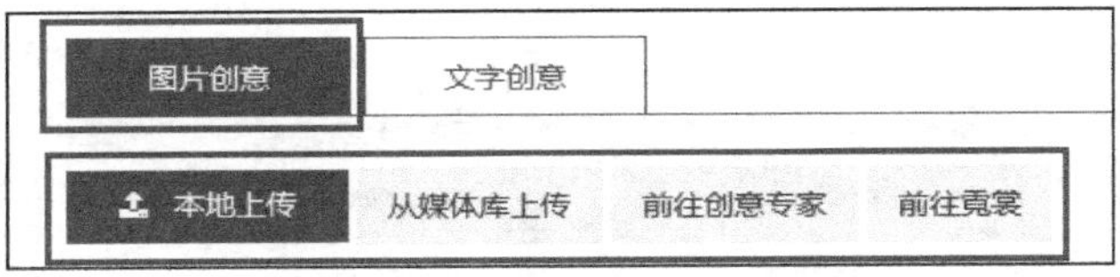

图 10.46　添加网盟图片创意

10.3.5　图片制作——百度霓裳

“百度创意专家”与“百度霓裳”创建网盟图片的方式大致相同，由于操作简单，这里简单讲解一下“百度霓裳”的使用流程。首先单击“新建物料”按钮，进入创建物料界面，如图 10.47 所示。

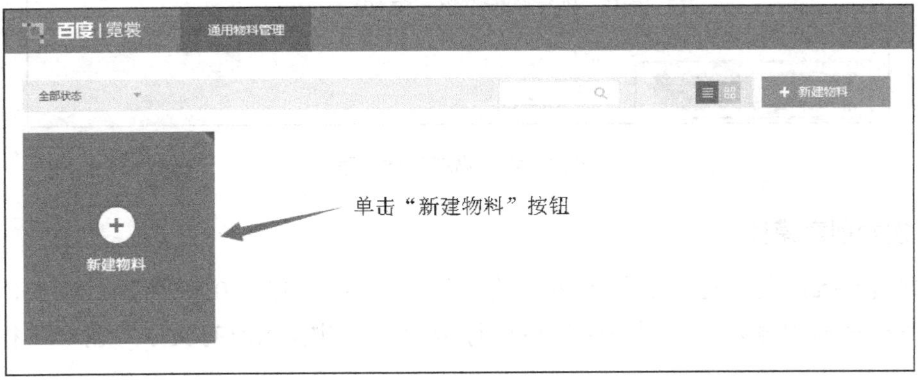

图 10.47　新建物料

1. 物料创建

（1）编写图片物料名称，如图 10.48 所示。

（2）选择网盟创意。

（3）选择尺寸，尽量选择所有尺寸。

（4）单击“选择物料模板”按钮，进入模板页面。

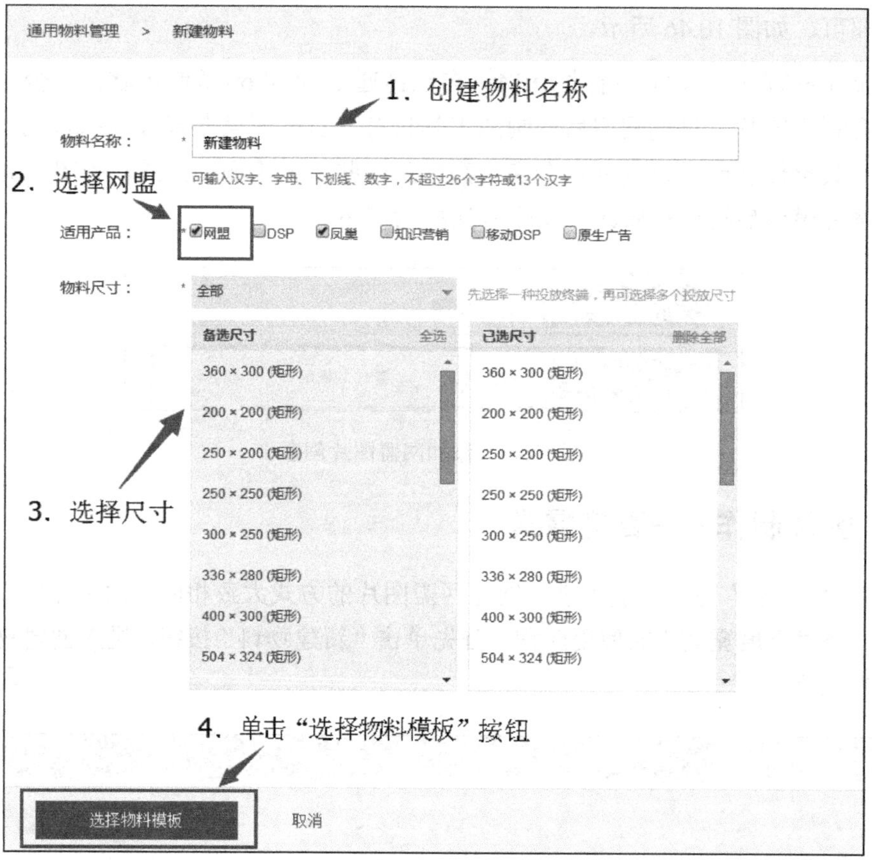

图 10.48　物料创建流程

2. 搜索创意模板

根据自己推广的行业，在搜索框中输入相应文字，如图 10.49 所示。例如，出国留学机构在搜索框中输入“出国留学”后进行搜索，可以看到所有关于“留学”行业的创意模板。

图 10.49　搜索网盟创意模板

3．选择创意模板

选定一个合适的网盟创意模板后，单击“选择编辑”按钮，进入模板编辑页面，如图 10.50 所示，尽量选择与主网站色调更搭配的图片创意模板。

图 10.50　选择网盟创意模板

4．编辑创意模板

进入模板编辑页面后，根据左侧和右侧的提示进行编辑和修改，如图 10.51 所示。确保图片无错别字，整体比例协调，没有文字截断等现象。编辑完成后单击“保存”按钮，之后进入提交页面，单击“提交”按钮，如图 10.52 所示。

图 10.51　编辑网盟创意

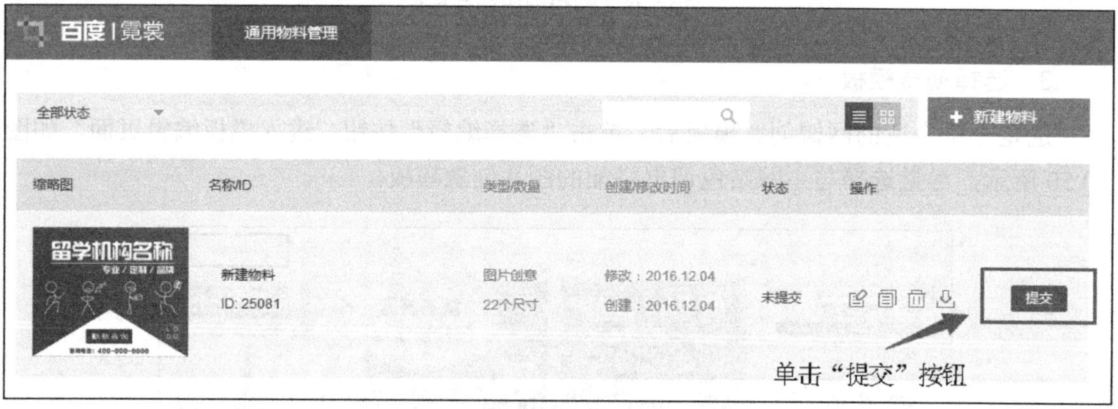

图 10.52　提交网盟创意

5. 图片使用

创建好的图片提交后，会自动保存到媒体库中，当需要给推广组添加图片创意时，直接单击“从媒体库上传”按钮，就能找到之前创建好的网盟图片，如图 10.53 所示。

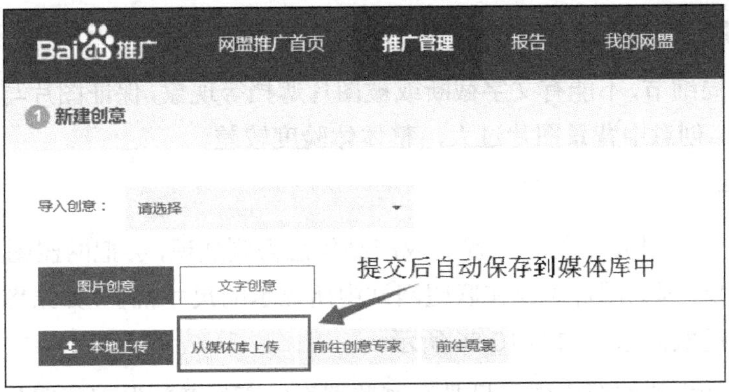

图 10.53　通过媒体库上传创意

10.3.6　网盟制图技巧

网盟推广吸引网民主要靠图片吸引力，所以要保证创意物料能够迅速抓住网民眼球，激发目标客户的潜在需求，进而点击创意进入企业网站浏览，最终形成订单。在网盟推广的过程中，要特别注意图片创意的质量，一条优质的创意首先要打动自己，然后才能拿出去让别人看。我们在网盟后台制作图片时需要注意以下几点。

1. 重点突出

一条优质的图片创意有塑造品牌和宣传产品的作用，所以要考虑图片表达的重点，并且将其凸显。如果需要塑造品牌影响力，就将品牌 Logo 或公司简称重点突出；如果为了宣传产品，则将主打的产品名称或图片重点突出。突出的方法可以是加粗、放大、颜色对比等方式，目的是让网民一眼便知道图片想表达什么。如图 10.54 所示，从左图中一眼就可以看出企业是做“潜能培训”的，而右图则并未突出重点文字。

图 10.54　网盟文字凸显对比

2．布局协调

注重图片布局细节，不能有文字截断或被图片遮挡等现象，保证图片与文字比例协调。如图 10.55 所示，创意中背景图片过大，整体体验度较差。

3．简单大方

很多 SEMer 为了让更多的企业优势或产品信息得到展现，会把网盟图片“塞”得很满。其实结果恰恰相反，因为图片本身在联盟网站中所显示的尺寸就小，如果图片中文字过多，则更不利于网民提取信息，如图 10.56 所示。

网民不会主动去找网盟广告，只是在浏览网页时不经意间发现网盟创意，短时间内形成印象并决定是否点击。过多的文字不会有人去读，所以保证文字在 10 个字左右最好，如果觉得文字受限，则可删除电话号码。

图 10.55　创意背景图片过大

图 10.56　创意文字过多

4．色调美观

若是选择企业的产品放在图片中，分辨率越高越好，告知美工人员尽量将边上的棱角去掉。如果网民第一眼看到的是让自己产生不信任感的产品，那么无论我们怎样描述，都是毫无用处的，所以必须保证图片的清晰度。

对于网盟图片颜色的搭配，就像人的着装一样，色调不宜过多，并且图片的主色调尽量要与网站的主色调一致，以便更好地增加客户体验度，加深其对企业品牌的印象。

还需要注意的是，红色和橙色等特别鲜艳的配图会给人带来危险的感觉，因为网民认为大多病毒类网站就是这种颜色，并且在自然界中，很多有毒生物的颜色都特别鲜艳，人类也在长期的进化中对于过分鲜艳的颜色有了独特的警觉性。

10.4　企业是否选择网盟推广

百度网盟推广目前已发展成为国内最大的网络联盟体系，通过对网民与媒体的识别、细分、定向，实现精准、便捷地展示网盟推广投放，帮助企业扩大品牌、产品影响力，获得营销机会。百度也主打网盟产品的海量展现、精准覆盖、持续营销、强效吸引、成本控制等优势。

但是，在企业实际网盟推广过程中，所得到的反馈却是：虽然网盟的展现量大，持续营销效果强，但是客户的咨询并不精准，最终所形成的订单量太少，甚至少到不能接受。并且由于网盟广告泛滥，网民造成误点较多，更有一些联盟网站为了利润而“刷点击”，因此推广费用浪费现象比较明显。于是，企业对网盟的预算便大幅降低，甚至部分企业停止网盟推广，只进行搜索推广。但事实上，这样做虽然避免了部分推广费用浪费，但更大程度上企业也损失了品牌推广和吸引有效客户的机会。

网盟在变化

我们经常在联盟网站上看到一些“特殊”的网盟广告，它们明明占据着网盟广告的位置，并且也带有“熊掌”Logo，但却不是以图片形式展现的，而是一列一列的文字，这些文字点击之后会直接跳转到百度搜索页面，如图 10.57 所示。

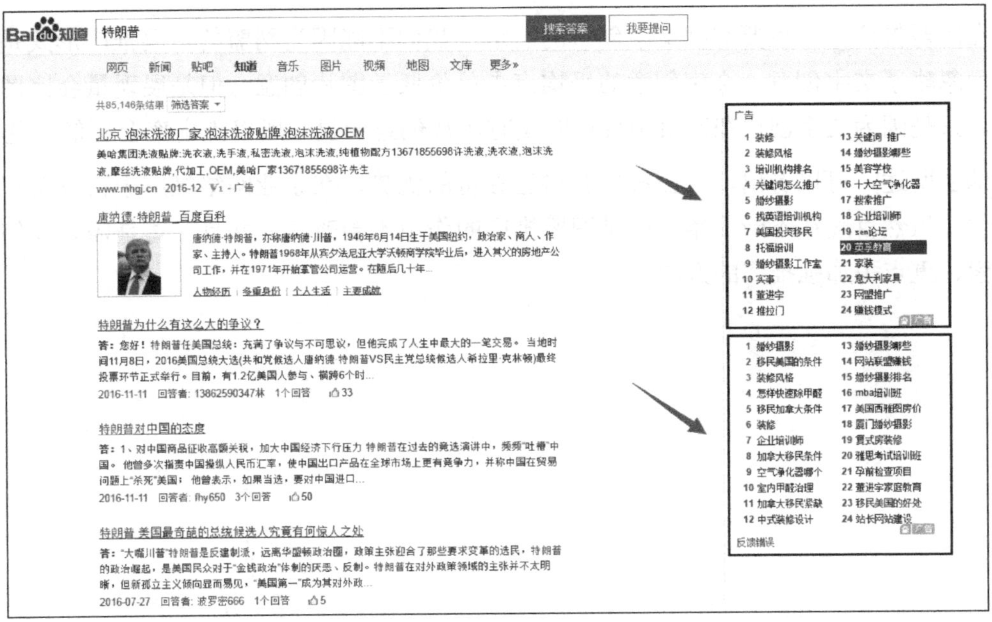

图 10.57　搜索推广引流广告

百度推广在不断升级，网盟图片广告的展现份额已大幅度缩水，百度将图片的展现位置替换为搜索页广告，点击相应网盟展现位置的文字会链接到关键词搜索页面。我们都知道，搜索推广的平均点击单价要高出网盟推广的平均点击单价很多，这也是百度为自己创收的一种方法。针对百度网盟的变化，我们要如何调整自己的账户？

1）针对预算

在百度推广中，网盟的预算占比本就不高，很多 SEMer 认为，既然调整后网盟广告的展现份额变少，那么预算就应该继续降低。其实恰恰相反，网盟推广与搜索推广需要相互配合推广。如今行业竞争激烈，企业更加注重品牌效应，所以企业应该更加重视有利于品牌宣传的网盟推广，获得更多的展现机会，提高曝光量，提高品牌效应。

2）针对图片创意

对于网盟推广来说，最重要的是图片创意，因此调整后，需要在推广组添加多套不同卖点的图片创意，并根据创意卖点的不同设置不同的出价，同时通过推广数据测试网民对多套图片创意的认可情况，进而继续调整出价。这就是常说的 A/B 测试，网盟推广中添加多套图片创意，逐步提炼优质创意，保证网盟推广的展现量，抢占更多的市场份额，提高网盟推广的投资回报率。

3）针对文字创意

在网盟推广中，也要重视文字创意的展示，我们不能因为网盟的主要推广形式是图片创意而忽略了文字创意。文字创意的平均点击单价低于图片创意，但是展现量会比图片创意多，只是因为文字创意在网页中展现时没有图片创意明显，所以点击率要更低一些。

综上所述，可以看出，网盟推广有自己独特的优势，在企业网络推广中占据着很重要的地位。虽然百度在不断调整，但是网盟推广的作用不会改变，并且一直是需要我们不断去探索、重点去加强推广的方向。

第 11 章

着陆页分析

营销漏斗由第三层“访问”开始，就步入了企业建站阶段，如图 11.1 所示。企业网站创建的质量直接影响访问量、咨询量及最终的订单量。我们在线下买东西时，可以直接看到商品，甚至可以试用、试吃、试穿。但在网络营销中，网民完全看不到产品，只能通过网站的内容来决策，是否购买也就凭借着网站的说服力。网站相当于企业的网络名片，没有人愿意把一张皱巴巴的名片给别人，但目前很多公司的网站都是一张皱巴巴的名片。

网站的创建不是 SEMer 的工作范畴，但对于 SEMer 来讲，要学会分析什么样的网站可以吸引受众。在推广时，SEMer 会在创意或关键词层级添加访问 URL，也被叫作“着陆页”、“访问页面”、“loading-page”。这是网民点击创意时首先到达的页面，网民对网站的第一印象也来自于这个页面。那么，对着陆页的分析，自然就成为我们推广时的重中之重。

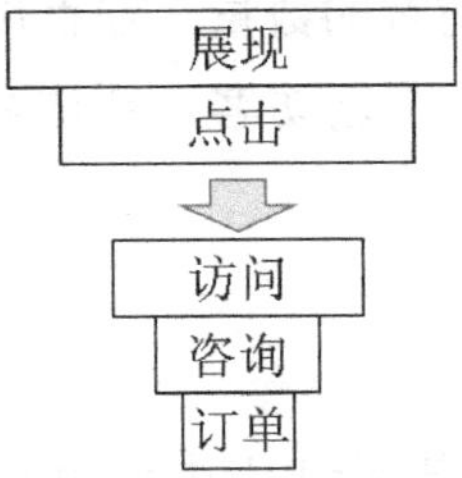

图 11.1　营销漏斗

11.1 网站数据相关术语

在推广工作中，我们会涉及很多有关网站分析的术语，这些术语在一些如百度统计、CNZZ 的统计软件中经常可以看到，主要用于帮助我们进行账户数据分析，如图 11.2 所示。其中有些术语容易混淆，下面我们就对这些术语进行详细介绍。

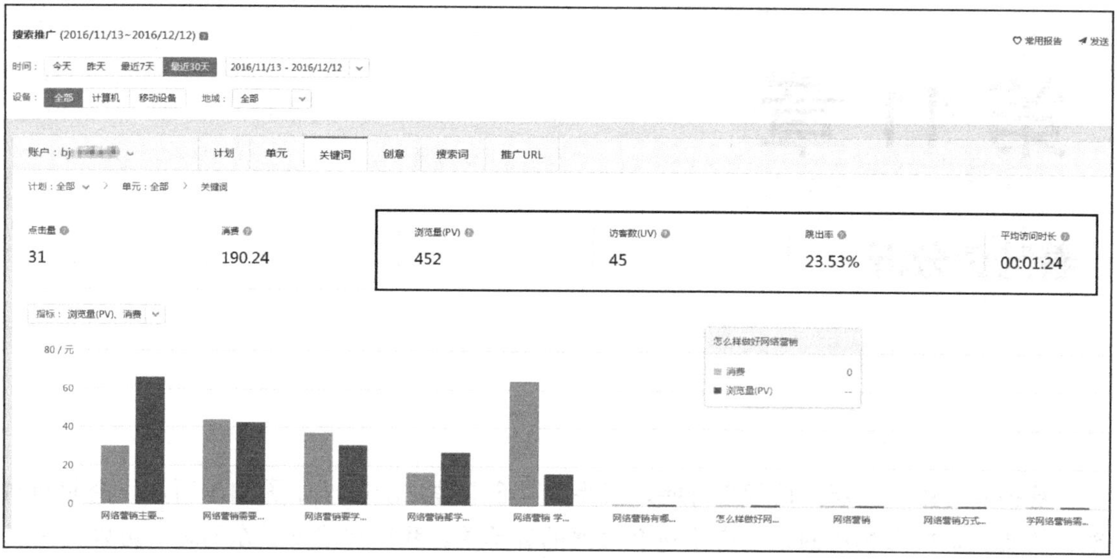

图 11.2　百度统计数据指标

11.1.1　UV

UV（Unique Visitor）即为访客数，简单来说就是一天之内到底有多少不同的用户访问了企业的网站，是以访客的角度来看到达网站的数量。UV 可以通过 IP 和 cookie 来判断，在同一天内，UV 只记录第一次进入网站的具有独立 IP 的访问者，该访问者再次访问该网站则不计数，所以一天内同一访客多次访问网站只能计算一个 UV。

而新访客数是指一天中网站新访客的数量。在百度统计开始对网站统计以来，当一个访客第一次访问网站时，就被记为一个新访客。新访客数量值可以用来衡量通过网络推广开发新用户的效果。

11.1.2　IP

IP 可以理解为独立 IP 的访问用户，指 1 天内使用不同 IP 地址的用户访问网站的数量，同一 IP 无论访问了几个页面，独立 IP 数均为 1。但是如果多台电脑访问网站并且使用的是同一个 IP，那么只能算作一个 IP 的访问。IP 往往不能反映真实的用户数量，尤其是对于一些流量较少的企业网站来说，IP 数和 UV 会有一定的差别。

UV 主要是以 cookie 为依据来进行判断的，而每台电脑的 cookie 也是不一样的。有些情况下，IP 数会大于真实的 UV。例如，一些小区的网络是动态 IP，可能一天中两次访问了同一个网站，那么网站获得的 IP 数为 2，但是真实的 UV 是 1。有时候 UV 也会大于 IP 数，因为像公司、网吧这样的地方，往往都是多个用户共用一个 IP。比如，公司里的 10 个员工同时进入一个网站，那么这个网站就获得了 10 个真实的用户，但是 IP 只有一个。所以，通常 UV 要比 IP 数更能真实准确地反映用户数量。

11.1.3　PV

PV（Page View）即为浏览量，简单来说就是访客在网站中看了多少个页面，用户每打开一个页面就被记录 1 次。具体来说，网站的 PV 值就是所有访问者在 24 小时内共看了某个网站多少个页面，每刷新一次页面，就算作一次 PV 流量。PV 越多，说明该页面被浏览的次数越多。

对于大多数网站来说，PV 是一个重要的指标，反映了网站内容是否对用户有足够的吸引力。但对于一部分企业网站来说，整个网站的页面加起来也不会太多，更有一些企业只推广产品单页面，网民来到网站之后，往往只看有需求的内容，所以要根据实际情况来观测 PV 值，一味地重视 PV 也没有太大意义。

11.1.4　平均访问页数

平均访问页数是指用户访问网站的平均浏览页数。平均访问页数等于浏览量与访问次数的比例。例如，网站当日访问次数为 50 次，一共浏览了 200 个网站页面，那么平均访问页数为：200/50=4。

平均访问页数可以用来衡量网站对访客的吸引力，一般情况下，平均访问页数越多，证明网站的吸引力越强。但当遇到一些特殊情况时，如单页面推广网站，仅仅计算平均访问页数是不能衡量网站的吸引力的。

11.1.5　平均访问时长

平均访问时长是指用户访问网站的平均停留时间，等于总访问时长与访问次数的比例。

例如，网站当日访问次数为 50 次，并且这些访客共在网站停留的时间为 3 个小时，那么平均访问时长为：180/50=3.6 分钟。

平均访问时长是衡量网站用户体验的一个重要指标。如果用户不喜欢网站的内容，可能很快就会关闭网页，那么平均访问时长就很短；如果用户对网站的内容很感兴趣，看了很多内容，或者在网站停留了很长时间，那么平均访问时长就很长。

11.1.6 跳出率

跳出率是指只浏览了一个页面就关闭网站的访问数量占总访问次数的百分比。跳出率是反映网站流量质量的重要指标。跳出率越低，网站流量质量越好，并且用户对网站的内容越感兴趣，这些用户越可能是企业的有效用户。

在百度搜索推广中，通过分析跳出率和平均访问时长，可以判断出关键词的选择是否精准、创意的撰写是否优秀、着陆页的设计是否符合用户体验。我们结合四维象限，做出以下分析，如图 11.3 所示。

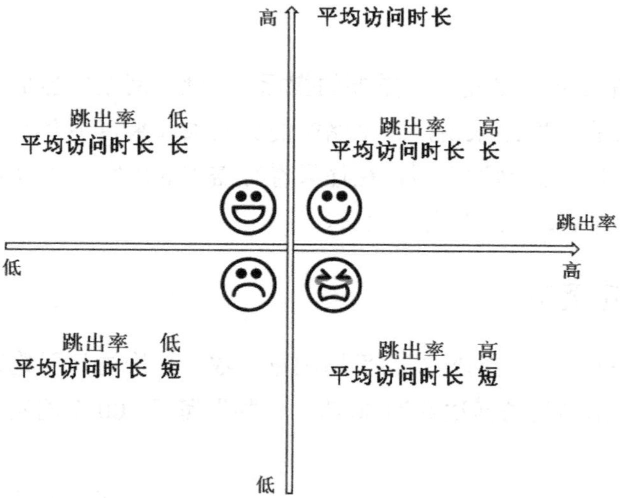

图 11.3 四维象限分析法

1. 跳出率高，平均访问时长长

当网站跳出率高、平均访问时长长时，证明网站还有一定的吸引力，也会有一定的推广效果。一般多为推广单页面网站，页面中无可链接到其他页面的链接，可以增加页面的点击链接或者增加图片点击链接及按钮功能。

2. 跳出率高，平均访问时长短

当网站跳出率高、平均访问时长短时，推广效果会很差，这时需要查看着陆页是否吸引人，以及着陆页与关键词的相关度。可先暂停账户，优化好网页后再开启账户。

3. 跳出率低，平均访问时长长

当网站跳出率低、平均访问时长长时，证明网页吸引人，推广效果较好。对比客服咨询报告，如果效果好，则多投入预算；如果效果不好，则需优化咨询图标及提高客服销售能力。

4. 跳出率低，平均访问时长短

当网站跳出率低、平均访问时长短时，会影响推广效果，证明推广时所添加的着陆页不够吸引人，需要进行吸引力优化。

11.1.7　转化次数

转化次数是指潜在用户完成企业所期望的行为次数。“期望的行为”，简单来说就是，企业想把什么当成转化，就可以把什么当成转化。例如，电商行业把每卖出一件产品当作一次转化，教育行业把每一个有效的咨询量当作一次转化，医疗行业每有一位患者上门就当作一次转化。具体什么算一次转化，由企业自己来定。

11.1.8　转化率

转化率等于转化次数与访问次数的比例。例如，一家英语培训机构，将每一次有效咨询当作一次转化。当日访问次数为 400 次，共留下了 50 个有效咨询电话，那么转化率为：50/400×100%=12.5%。

转化率可以用来衡量网络推广的效果。例如，某行业的两个推广账户 A、B，其账户结构相同，推广不同的两个网站。A 网站与 B 网站每天都有 100 次访问，但 A 账户有 10 次转化，B 账户有 1 次转化，所以 A 网站的转化率更高，访问的网民可能更加精准，网络营销效果更好。

但低转化率并不能说明推广效果肯定不好，要与其他数据相结合进行判断。例如，一家卖大型机械设备的企业，每个产品的制作成本为 10 万元，销售单价为 100 万元。在推广时，平均点击价格为 100 元，平均每 2000 次访问才能带来 1 个订单。经过计算，转化率为 0.5%，在不考虑其他成本的情况下，共盈利 70 万元（1000000 元–100000 元–100 元×2000）。

11.2 网站“3A”指标

网站“3A”是衡量网站质量的重要指标，包括可触力（Available）、吸引力（Attractive）、行动力（Action），如图 11.4 所示。良好的可触力可以带来更多的网站流量，良好的吸引力可以留住更多意向网民，良好的行动力可以完成更多的转化。

图 11.4 网站“3A”指标

11.2.1 可触力

可触力可以理解成网民能够成功访问网站的能力，反映可触力的数据指标为抵达率。抵达率=访问量/点击量×100%，主要看有多少人成功访问了网站。良好的可触力要确保网站可以正常访问，能够让网民顺利进入网站。其中网站打不开主要有以下几个原因：

- 域名解析不正常或者过期。通过检查域名及联系域名注册商确认原因并解决。
- 服务器、空间环境异常。通过重启服务器、关闭部分网站等方式进行排查。
- 网络原因。这个问题是不能避免的，我们不能保证所有网民的网络都通畅。
- 浏览器不兼容。更换浏览器进行测试，找到问题后联系建站人员进行调整。

11.2.2 吸引力

吸引力指网站对访客吸引的能力，让访客有继续访问使用的欲望。优化吸引力要通过页面设计、页面布局、优惠信息、网站色调等方面进行多角度改进，保证网站对网民有足够的吸引力，才能高效完成产品的销售。

另外需要注意的是，衡量网站吸引力的标准不能只考虑跳出率。很多时候，我们花很多精力在跳出率优化上，以确保我们的钱没有白白浪费，这确实是网站优化的重要方面，尤其是对于一些商业网站而言，但问题是，检验网站的吸引力不能完全根据跳出率而定。

例如有一类很特殊的着陆页，它们的跳出率接近 100%，但企业效果转化却还不错。

这类着陆页也很普遍，我们称之为“单页面”，如很多婚纱摄影行业就经常用这种页面进行推广，如图 11.5 所示。页面中包含了对产品的分类、介绍，企业介绍等所有企业想要对网民表达的信息，并且没有任何跳转到其他页面的链接，所有可点击的链接全部链接到了在线沟通工具，网民完全可以在这样的页面上了解所有内容并进行咨询。针对这类页面，网民根本无须再浏览下一个页面，跳出率自然很高，所以针对这一类网站单独衡量跳出率则无法判断网站吸引力。

图 11.5　单页面

11.2.3　行动力

行动力可以理解为网站能够把意向网民成功转化的能力，促成销售，并尽最大努力让网民成为回头客。这其中需主要考虑我们网站中是否有合适的促销活动，是否有在线沟通工具及有效的联系方式，包括客服人员的反应速度、专业能力等问题。

“万事俱备，只欠东风”，行动力就是这里的“东风”，在网民已经被网站中的产品或服务吸引并且产生购买意向后，再把网民的购买意向尽快转化为行动。

11.3　优化网站改进跳出率

一个称职并且高水准的 SEMer 需要保证两种重要能力：① 数据分析；② 用户体验。

如果我们只会关键词调价、创意编写、搭建账户结构等，那么只能说是初级水准，这些当然也很重要，但都是相对比较固定的东西，只做到这些随时都可能被别人替代。

我们通过撰写出优质的创意，来增加网民在搜索时的用户体验，吸引网民点击。当网民进入网站后，我们通过创建出一个优质的网站来增加用户体验，吸引网民继续浏览并对其营销。作为 SEMer，虽然不能直接对网站进行更改，但要了解什么样的网站可以增加用户体验，并能让网民用得“爽”，我们的“上帝”爽了之后才会购买我们的产品。

在自己的网站中找出问题后，联系公司的建站人员进行协调，及时对网站进行修改。SEMer 是花钱的职位，对于以竞价方式盈利为主的企业来讲，我们的效益会直接决定公司的效益，网站的内容也会尽量服务于我们的竞价要求。针对于网民的用户体验，并且为有效改进推广页面的跳出率，网站可以通过以下三个方面进行优化：

（1）页面加载速度。

（2）页面内容匹配度。

（3）页面内容吸引力。

11.3.1 页面加载速度

页面加载速度会直接影响用户体验，一般情况下，我们网站的打开速度要控制在 5 秒以内。现在人们都比较急躁，并且同行业竞争又比较激烈，如果一个页面打开需要多达 10 秒以上，那么网民基本都会关闭页面或者查找下一家企业。除非我们已经有了一定的品牌知名度，能够自信地认为网民会花时间等待我们的网站慢慢打开，否则跳出率必将增加，转化率也必将减少。

怎样来查看我们网站的加载速度呢？很多人认为直接打开网站看一下即可，其实这种方法会存在很大的误差，经常用同一台计算机查看同一个网站时，加载速度一般都会很快，这受计算机缓存等因素的影响，并且一台计算机的参考价值也不高。我们可以多叫几个 QQ 上的小伙伴，把链接发送过去，每个人都打开网页后取一个平均速度值，这是可以作为参考的。

另外，现在很多统计软件也都可以查看网站打开速度，如百度统计、CNZZ 等软件，如图 11.6 所示。输入网址后，工具会估算出对应网站的打开速度，并且会告知是哪些原因影响了网站的打开速度，如打开速度过慢，可以反馈给建站人员进行及时调整。

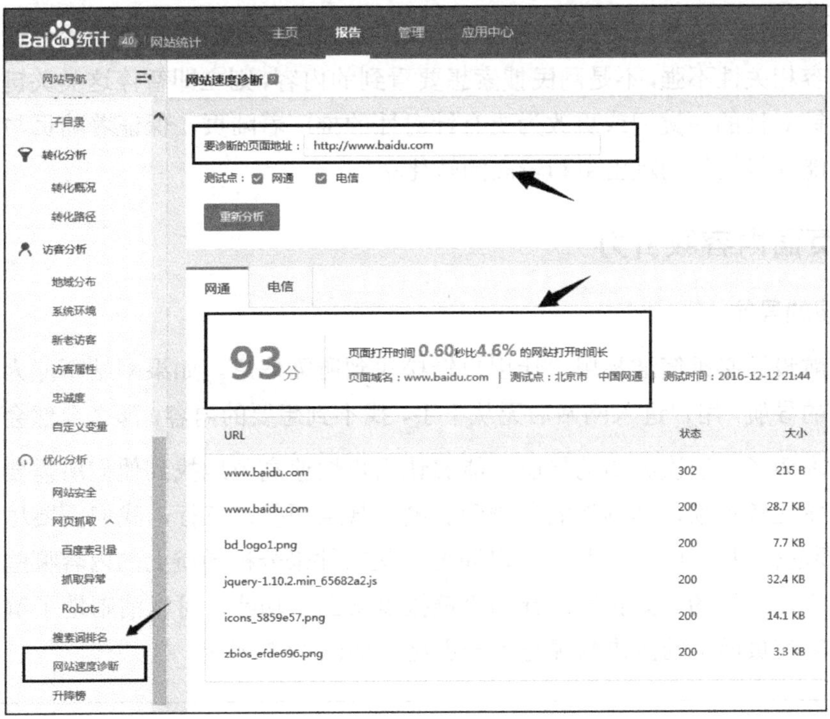

图 11.6　百度统计“网站速度诊断”

11.3.2　页面内容匹配度

网民打开网页后，5 秒内便决定是否停留在网页上继续浏览，并且有超过 5%的网民只会扫一眼网站然后马上离开网页。在这期间，用户会不断地问自己：“这是我想看的内容吗？”“我是否需要仔细看还是马上离开网页？”

1. 信守承诺

如果我们在推广创意中做出了一些承诺，如“点击查看详情”、“点击有优惠”、“免费赠送”等信息，那么一定要在着陆页中清晰地体现出相应内容，并在可能的情况下，尽量马上兑现承诺，这样才能使网民产生信任。如果网民在网页中完全没有看到相应信息，或者看到的是一条截然不同的信息，那么网民自然会关闭页面，立马走人。对于网民而言，这只不过是浪费了几秒的时间，但对于企业来讲，每点击一次都是钱。

2. 优化页面相关性

分析用户的访问意图，根据用户所使用的关键词，优化着陆页面的内容，从而为网民提供更好的体验以满足他们的预期。检查账户数据，是否存在高跳出率且带来较多流量、消费较高的关键词，分析这些关键词与着陆页的相关度、匹配模式等是否合适。如果关键词与网站内容相关性不强，不是网民搜索想要看到的内容，则立即暂停这类关键词的推广，替换为更有针对性的关键词或更改为更有针对性的推广着陆页，保证着陆页与用户意图的一致性，才能获得较低的跳出率和较高的转化率。

11.3.3 页面内容吸引力

1．直观的导航

网站导航设计必须简洁易用，让用户轻松找到所需信息。如果网站不能为用户提供一个明确清晰的导航，用户进入网站后无从下手，找不到想要的内容，那么自然会离开页面。

一个清晰明了、层次分明的导航，能够让用户快速高效地找到他们所需要的信息。许多网站的导航比较烦琐，铺满界面左侧到右侧，甚至两行、三行，我们需要尽量压缩导航容量，让重要的信息更加凸显。我们可以通过一些软件来分析导航上的内容哪些是重要的，哪些是网民更加在意的，如百度统计的“链接点击图”功能，可以清晰地了解在一定时间内，所有访客在页面上的点击情况与点击占比，如图 11.7 所示。

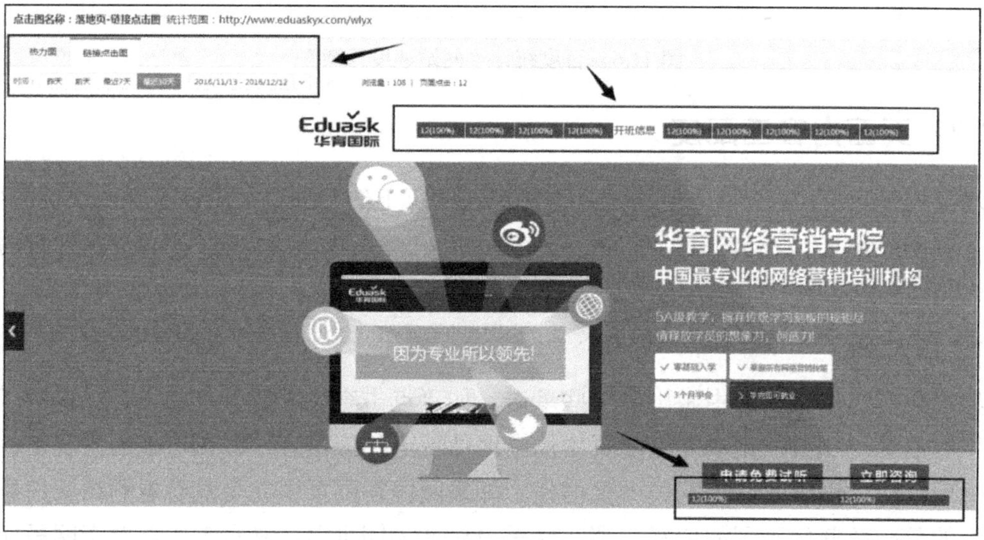

图 11.7　百度统计“链接点击图”

2．网页设计

网页设计并不仅仅是关于图片的设计，也包括整体网站页面的布局。我们虽然不是专业的设计师，但我们可以把自己当成一个普通的网民，浏览网站时感觉一下会不会被自己的网站所吸引。网站要符合目标客户的审美习惯，并具有一定的引导性。网站在设计之前，必须明确目标客户群体，并针对目标客户的审美喜好进行分析，从而确定网站的总体设计风格。

另外，不用把所有相关信息都放在网页上，因为并不是每个用户都有耐心去阅读。就像线下很多奢侈品的实体店，里面摆放的产品相当少，但却能给人“高大上”的感觉。如果里面产品成堆，摆放杂乱，那么会给人满满的山寨感。所以网站内容不必过多，但要精。

例如苹果的中国官网，如图 11.8 所示，出色的设计完全符合目标用户的审美喜好。网站用柔和的渐变、大尺寸的图片展现了干净、简约之美，并且网站在标题、字号、位置等方面都精心考量过，简约现代的风格精确定位于年轻用户。整体设计也同样符合苹果产品的外观特点：整洁、时尚、有圆角。另外，该网站也并没有“严肃”得那么彻底，层层细节中不断渗透出轻松的元素，这点也正中年轻白领的下怀。

图 11.8　苹果的中国官网

3. 页面弹窗

对话邀请框与广告弹窗很容易惹恼正在浏览网站的用户，如图 11.9 所示。例如，我们在商场买衣服，营业员总是跟着转来转去，不停地推荐一些东西。当然，在一些特定的情况下确实能给顾客提供一些帮助，但大多数顾客都会对这种营销模式感到反感，其实顾客只想要一个安静的空间。那么，网站中弹窗不停地对网民进行“骚扰”，同样破坏了他们的访问体验，自然也会促使网民关闭页面。

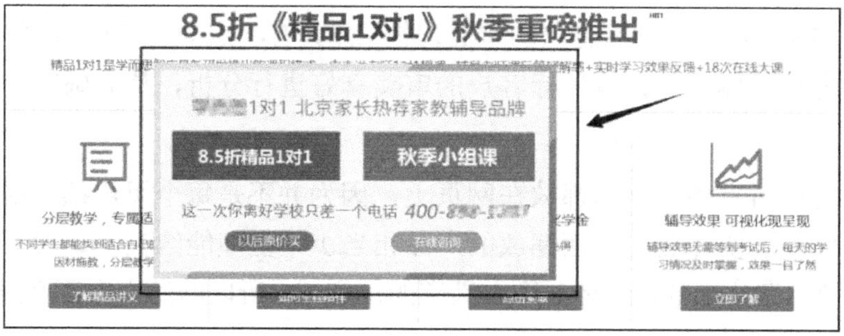

图 11.9　对话邀请框

4．色彩对比

网页上需要有不同的颜色以形成对比，来使一个死板的页面变成一个相对活泼的页面，并且为不同的内容模板设置不同的色块，主色调搭配辅助色调使用，但网站主色调与辅助色调的种类不要太多，否则会显得杂乱。另外，控制恰当的色彩明度和亮度，确保浏览者的浏览舒适度。

例如英孚教育官网，如图 11.10 所示。主色调以黑色渐变为主，风格简约整洁，不同模块形成对比，蓝白相配。为增加更多注册量，使用玫红色凸显注册框。内容精简、重点突出，让人看着就舒服。

图 11.10　英孚教育首页

5．图文结合

网民打开的页面文字内容占比过多，会增加网站跳出率，大多数网民没有耐心阅读文字过多的文章页，如图 11.11 所示。我们可以把文章分页，或分割成完整主题中的多篇较短文字内容，并进行合理配图。大家都喜欢漂亮的图片，特别是关于人物的图片。图片一定要可以打开，即使是一张放大图，也会带来很好的转化。所以要保证图片比例协调、不变形、清晰，并使图片之间保持合适的距离。

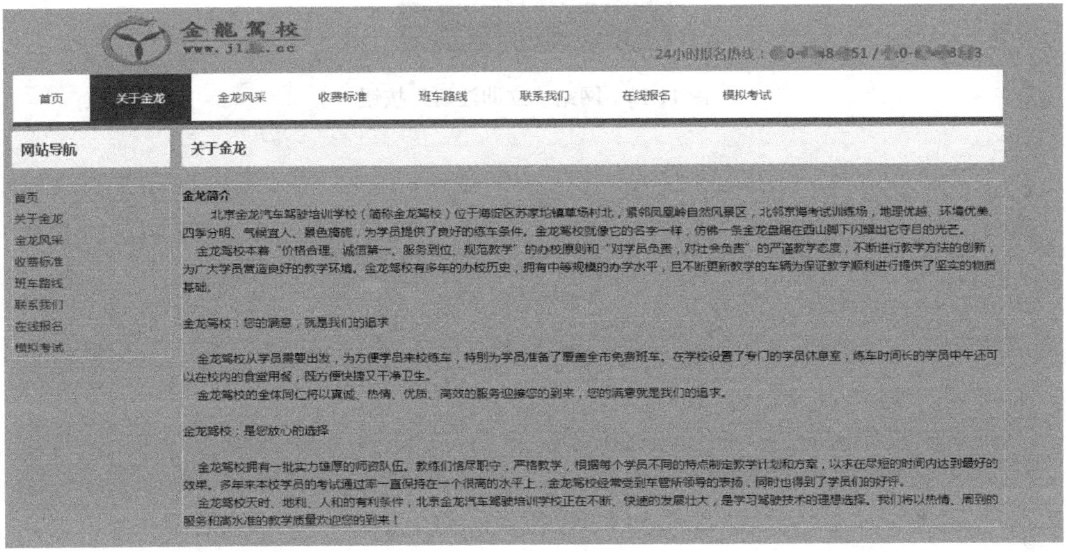

图 11.11　页面文字过多

6．交互体验

交互体验是指，网民与企业客服或销售人员有一个良好的交互过程，大致包括以下几点：

- 对于咨询窗口等交互性按钮必须清晰突出，以确保网民有需求时可以快速找到。
- 网民使用在线沟通工具进行咨询后，确保客服人员回复及时。
- 当用户在使用中发生任何问题时，都可随时提供反馈意见。
- 减少邀请窗口等弹窗的弹出，必须设置弹出窗口的关闭功能。

7. 按钮设置

当访问者打开企业页面，并已经决定选择我们所提供的产品或服务时，接下来就要对网民进行引导，确保他们知道下一步该怎么做。这时就需要各种各样的提交按钮，根据行业不同，按钮有“购买”、“咨询”、“注册”、“下载”等不同的功能。如图 11.12 所示，用户更喜欢鲜艳、醒目的按钮功能，所以我们要“投其所好”。

图 11.12　网站“立即注册”按钮

第 12 章

效果优化与数据分析

账户数据分析是竞价中最重要也是最核心的部分，并且是初级 SEMer 晋级为“老鸟”的门槛。对于一个新手来说，数据分析很难理解，因为有各种名词、数据、报表很让人头疼。很多 SEMer 都在这个阶段迷茫过，不知道到底应该怎样分析数据，怎样根据分析出的数据进行账户调整。

其实数据分析就是一个发现问题、解决问题的过程。我们通过推广后的账户进行数据统计，之后根据统计的数据进行数据分析，再根据数据分析的结果进行账户调整，调整账户之后再上线推广观察，如图 12.1 所示。这就是一个循环的过程，经过长时间的分析调整，账户的推广效果自然会慢慢变好。

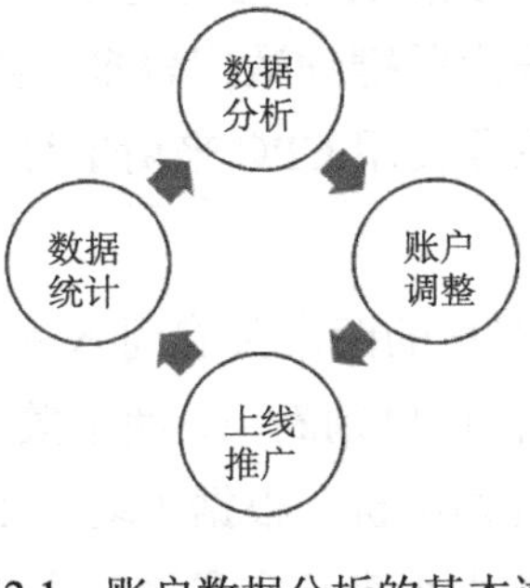

图 12.1　账户数据分析的基本过程

12.1 认识优化指标与术语

在进行数据分析之前，我们首先要理解 SEM 多个数据名词术语的含义，其中包括点击率、平均点击价格、平均转化成本、转化率、投入产出比等，也要牢记每个数据名词对应的英文简称，可以使后期的工作更加高效。

12.1.1 排名与创意——CTR

CTR 是“点击率”的英文简称，全称为 Click Through Rate。通过对点击率的分析，我们能大致判断出关键词的排名与精准程度，以及创意的吸引力。如表 12.1 所示，在不进入账户查看并且没有其他数据的情况下，我们可以得出如下分析。

- 关键词 A：CTR 较高，因此排名应该靠前，根据经验判断，大致在左侧第三位或者第四位。创意吸引力可能还不错，但展现量为 195，相对较低，可能是因为关键词本身类型问题或者匹配模式设置过于精准。
- 关键词 B：CTR 较低，因此大致判断排名靠后，在有右侧推广位的情况下，排名可能在右侧居中的位置。如果排名位置相对靠前，那么可能是因为创意吸引力太差，需要优化创意。另外，展现量较高，点击量较低，可能是由于关键词本身类型不精准，以及关键词匹配模式过于宽泛所造成的。

表 12.1 CTR 分析表

关键词	展现量	点击量	消费（元）	CTR
A	195	28	719.39	14.36%
B	2789	51	708.06	1.83%

12.1.2 点击一次贵不贵——CPC

CPC 是“平均点击价格”的英文简称，是指关键词被点击一次的平均消费，计算公式为：CPC=消费额/点击量。由于账户关键词数据较多，点击量较大，账户后台不能统计关键词每一次被点击的价格，所以企业使用 CPC 来衡量每个关键词推广贵不贵，在相应排名的竞争程度。

如表 12.2 所示，为同一推广账户的两个关键词 A 和 B：关键词 A 的 CPC 较高，关键词 B 的 CPC 较低。通过点击率我们可以判断出，两个关键词的排名可能都不高，那么要提高排名最有效的方法就是提高关键词出价。根据平均点击价格可以分析出，关键词 A 的竞争程度比较激烈，要参考转化量的大小来决定是否值得提高出价来获得更好的排名；而关键词 B 的竞争程度较低，可以适当提高出价来获得更高的排名。

表 12.2　CPC 分析表

关键词	展现量	点击量	消费（元）	点击率	CPC（元）
A	1323	28	434.96	2.12%	15.53
B	229	5	16.47	2.18%	3.29

12.1.3　推广成本高不高——CPA

CPA 是“平均转化成本”的英文简称，是指平均每带来一次转化所要投入的成本，计算公式为：CPA=消费额/转化量。当企业推广带来的转化较多时，每一次转化所消费的成本都不同，即使计算出相应的数据，也毫无意义，并且耗时、耗力，所以使用 CPA 来衡量企业整体推广带来订单的成本高不高。如表 12.3 所示，为同一推广账户的两个关键词 A 和 B，当知道总消费与总转化量时，可以计算出 CPA。如果转化成本过高，则企业推广就会赔钱。假设这家企业能够接受的 CPA 值为 500 元：

- 关键词 A：CPA 为 2500 元，高出企业所能接受的成本（500 元），所以这个关键词成本过高，如果继续推广，则企业可能会赔钱，需要我们暂停该关键词或降低关键词出价，或者通过及时更改匹配模式以及添加大量的否定关键词来降低转化成本。
- 关键词 B：CPA 为 240 元，低于企业所能接受的成本，因此我们可以参考这个关键词所带来的转化量，如果转化量还不错，就可以适当地提高关键词出价，达到扩充转化量的效果。

表 12.3　CPA 分析表

关键词	消费（元）	转化量	CPA（元）
A	5000	2	2500
B	4800	20	240

12.1.4　转化效果好不好——CVR

CVR 是“转化率”的英文简称，计算公式为：CVR=转化量/点击量。CVR 对企业的推广效果有一定的参考性。

如表 12.4 所示，关键词 A 与关键词 B 的转化量都为 20，但由于点击量不同，CVR 的值也不同。关键词 A 的转化率低于关键词 B，故关键词 B 的推广效果要好于关键词 A，所以要针对关键词 A 进行优化，可以通过匹配模式、否定关键词、创意、访问 URL 等方面的调整来提高转化率。

表 12.4　CVR 分析表

关键词	展现量	点击量	消费（元）	转化量	CVR
A	6000	800	5000	20	2.50%
B	2500	200	4800	20	10%

12.1.5　推广赚不赚钱——ROI

ROI 是“投资回报率”的英文简称，在行业中又被叫作“投入产出比”，是衡量企业一切营销活动是否赚钱的一个重要指标。ROI 在行业中的算法有两种：

（1）投入产出比（ROI）=订单额/消费额×100%。

（2）投入产出比（ROI）=利润/消费额×100%。

无论企业使用哪种算法计算，ROI 的值都是越高越好。ROI 的值越高，证明企业的利润越高。如表 12.5 所示，是某企业账户 2017 年 1 月与 2 月的消费数据表。我们按照第一种算法计算后，ROI 分别为 200%与 600%，那么可以判断出：

- 该账户 2017 年 1 月推广效果稍差，虽然 ROI 值高于 100%，但数据中还未计算产品成本与企业人工成本等因素，所以 1 月份的线上推广结果应该是赔钱的。
- 该账户 2017 年 2 月的 ROI 值较高，效果好于 1 月份，投入产出比为 600%，可以判断出是赚钱的。这时就要分析 2 月份对比 1 月份，账户都做出了哪些调整，找出 ROI 上升的原因，在保持效果的基础上进一步优化账户。

表 12.5　ROI 分析表

时间	消费金额（元）	订单金额（元）	ROI
2017年1月	50000	100000	200%
2017年2月	80000	480000	600%

12.1.6　数据指标获取

我们知道了重要数据术语的含义后，更要知道数据是从哪里获取的。其中，一部分数据在凤巢后台就可以下载，如展现量、点击量；另一部分数据需要通过统计软件去获取，如跳出率、访问时长；还有一部分数据需要我们自己进行计算，如 CVR 与 ROI。将数据统计整理之后，才能针对数据进行分析。目前我们进行分析的数据来源主要有两种渠道：① 推广后台数据报告；② 统计软件。

1. 后台数据报告

我们使用数据报告功能可以查看推广账户每个层级的报告，如图 12.2 所示。其中，关键词报告是工作当中最常用的报告类型，可以看到“展现”、“点击”、“平均点击价格”、“点击率”等数据，并且每种数据报告都提供下载功能，如图 12.3 所示。

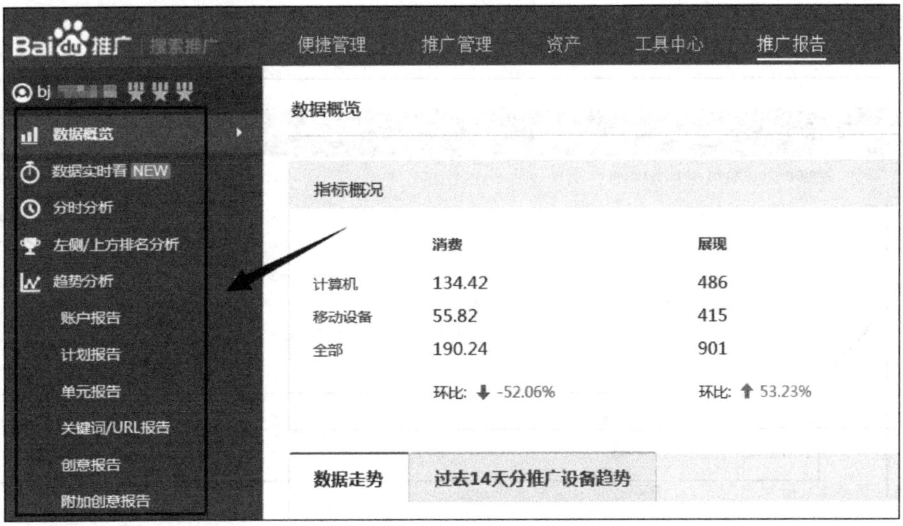

图 12.2　账户数据报告

下载　发送　自定义列

关键词/URL	推广单元	展现	点击	消费	点击率	平均点击价格	平均排名	出价	匹配模式
网络营销 学习	网络营销学习	68	8	63.95	11.76%	7.99	2.53	0.10	精确
网络营销要学什么	网络营销学什么	508	3	36.33	0.59%	12.11	3.25	5.00	广泛
学网络营销需要什么基础	网络营销学什么	2	0	0.00	0.00%	0.00	1.00	5.00	广泛
网络营销主要学什么	网络营销学什么	228	1	3.60	0.44%	3.60	2.50	5.00	广泛
网络营销需要学什么	网络营销学什么	18	1	27.31	5.56%	27.31	1.33	5.00	广泛
网络营销都学习什么	网络营销学什么	23	0	0.00	0.00%	0.00	3.50	5.00	广泛
什么是网络营销	网络营销是什么	1	0	0.00	0.00%	0.00	1.00	0.60	短语-同义包含

图 12.3　账户数据报告下载

2. 百度统计

类似于百度统计的各种统计软件，如图 12.4 所示，也是我们在进行数据分析时下载数据的重要渠道，但使用百度统计的前提是在网站的后台添加相应的百度统计代码。百度统计在统计账户数据的基础之上还可以看到网站问题数据，相对于账户后台数据报告可以得到更多的推广数据，内容也更为复杂。

图 12.4　百度统计数据下载

12.1.7　数据指标总结

数据分析虽然相对复杂，但刚入行的 SEMer 做数据分析时也不用太着急，我们可以先了解专业术语后再去厘清它们之间的关系，然后再去学习如何计算相应的数据。根据账户推广结果整理数据，从简单的数据开始进行分析，得出优化方法后找到对应的位置去调整，很快便会有一套自己的分析思路。如图 12.5 所示，每个阶段对应相应的数据指标，当发现某个数据指标出现问题时，我们找到相应的阶段进行调整便会有一定的效果，也就是俗称的“对症下药”。

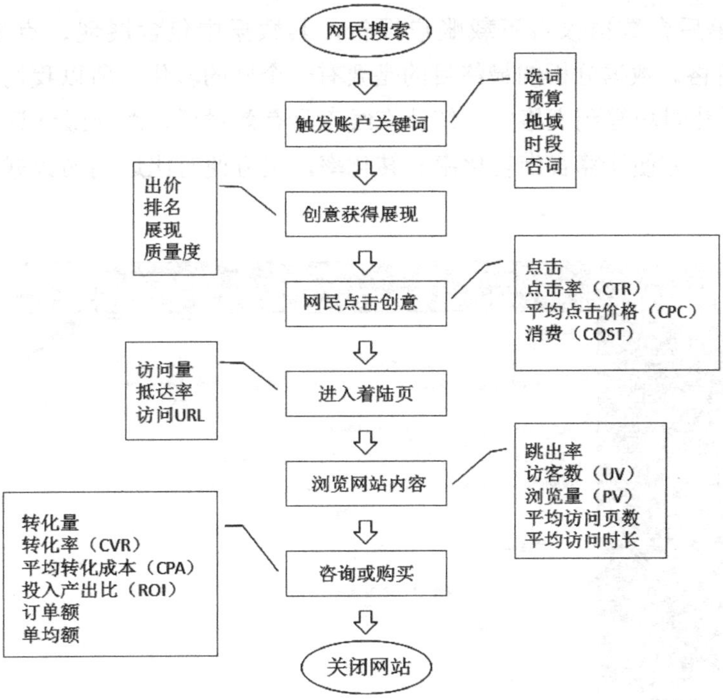

图 12.5　不同阶段对应的数据指标

12.2　推广报告数据分析

作为刚入行的 SEMer，领导多半还不放心把有大额消费的推广账户全部交到我们手中，每天只是要求我们写方案，或者做很多报表。这些报表可能包括后台下载的账户报告、计划报告、创意报告、关键词报告等。我们做这些报表的目的是发送给自己的领导，但领导想要的不仅仅是报表，也希望你可以对下载的各种报表进行分析，并能够找出账户的问题，这样才能让你更早地全权处理推广账户。下面我们就对账户中的报表进行数据分析。

12.2.1　账户报告分析

如图 12.6 所示，进行账户报告数据分析时，我们应该要截取相对较长时间段内的账户数据，之后进行数据对比。一般来说，账户报告数据分析是每月一次，例如现在是 2017 年 3 月初，那么我们可以下载 2 月份的数据分析当月的推广效果，并且下载 1 月份的数据进行对比分析。短时间内的账户报告数据不具有太大的参考意义，得出的数据不准确，偶然性较强，不能反映推广投放的真实情况。

首先在凤巢后台数据报告下载账户报告，其数据中包含展现、点击、点击率、消费、平均点击价格。数据分析的最终目的是要有一个好的转化，所以我们也需要将客服报告中所对应的转化量填写到表格中，统计在线工具有效对话、统计最终订单量，这些全部放在一张表格中，方便计算咨询转化率和转化率，也方便对比近期的数据，及时发现波动和异常。

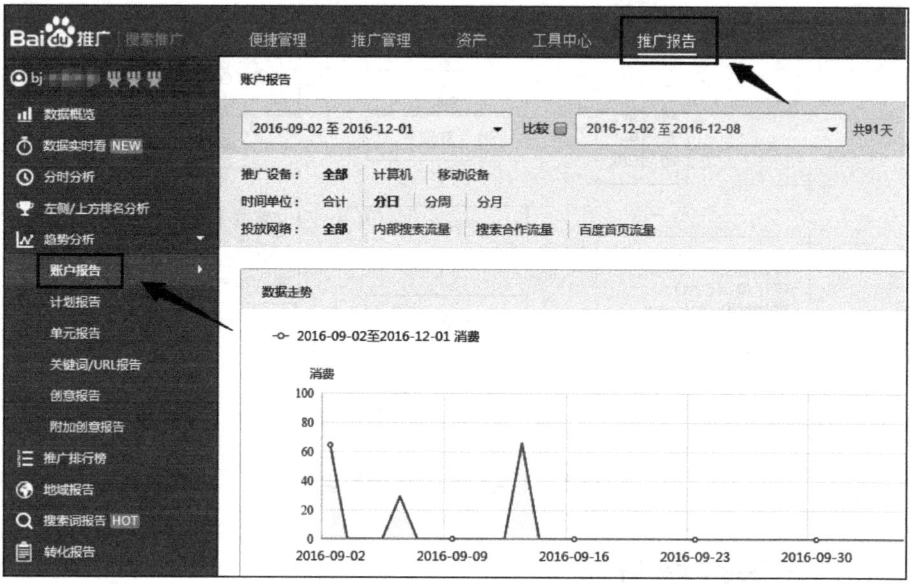

图 12.6　凤巢账户报告

表 12.6 所示为某教育行业 2017 年 1 月份与 2 月份的账户报告数据表，繁杂的数据经过整理后变得清晰明了。现 SEMer 想看一下上个月（2 月）的推广数据变化，并且根据变化分析推广效果，进而进行账户调整。那么通过报表中的数据，我们可以大致分析出账户在上个月做了哪些调整：

- 2 月份较 1 月份环比展现量减少了 6.32%，而点击量增加了 96.87%，整体点击率有所上升，证明可能关键词排名有所上升，并且推广精准性加强，可能是 SEMer 针对匹配模式进行了优化，并且添加了否定关键词以及暂停或者删除了无效关键词。
- 平均点击价格下降了 30.19%，转化成本下降了 23.63%，证明出价并未提高，而是优化了关键词质量度。SEMer 添加了更多的优质创意或者优化了目标页面等方面，提高了关键词质量度，以低的出价排名更靠前，降低了平均点击价格及转化成本。

表 12.6　账户报告数据表

日期	展现	点击	消费（元）	点击率	平均点击价格（元）	成单转化量	成单成本（元）
1月	143256	1023	14200	0.71%	13.88	5	2840
2月	134204	2014	19523	1.50%	9.69	9	2169
环比	-6.32%	96.87%	37.49%	111.27%	-30.19%	80.00%	-23.62%

12.2.2　计划报告分析

如图 12.7 所示，进入账户后台数据报告下载计划报告，也是统计相对较长时间，一般一个月或者一周分析一次即可。由于账户中的计划大多都是按照产品或者服务进行划分的，所以主要针对账户中不同的计划进行对比，分析哪些计划消费较高，哪些计划转化较低，并且也需要将客服报告中的转化量添加到计划报告表格中，方便直观看出不同推广计划的转化成本，针对转化成本较低的计划进行优化调整。

图 12.7　凤巢计划报告

表 12.7 所示为某英语培训行业 2017 年 2 月份的计划报告，其中包含 5 个计划的数据。通过相应数据，我们可以做出如下分析：

- “英语培训计划”转化成本最高，并且点击量与平均点击价格也较高。通过计划名称大致判断，此计划中的关键词可能多为“英语培训”这样竞争比较大的关键词。这类计划可以针对计划设置预算来控制消费，将更多的预算留给转化量更多、转化成本更低的计划去消费，并且通过降低主消费关键词出价来迅速降低转化成本，添加更多的优质创意优化这类关键词的质量度。另外，也可以通过添加否定关键词、调整关键词匹配模式、更改着陆页进行转化成本优化。

- “品牌词计划”转化成本最低，平均点击价格也较低。针对这类计划，我们可以给予更多的支持，通过增加计划预算、放宽关键词匹配模式、增加推广时段来扩展更多的流量，提高出价，让关键词排名更靠前。

表 12.7　计划报告数据表

日期	推广计划	展现量	点击量	消费(元)	CTR	CPC(元)	转化量	CVR	CPA(元)
2月	少儿英语计划	9404	227	2318.07	2.41%	10.21	20	8.81%	115.90
2月	品牌词计划	3017	581	1470.56	19.26%	2.53	24	4.13%	61.27
2月	出国英语计划	15199	557	6951.47	3.66%	12.48	60	10.77%	115.86
2月	英语培训计划	15673	738	11116.4	4.71%	15.06	20	2.71%	555.82
2月	口语计划	9807	609	6181.62	6.21%	10.15	50	8.21%	123.63

12.2.3　创意报告分析

如图 12.8 所示，进入百度推广后台下载创意报告，由于有些计划或单元的创意展现量较低，短时间内可能没有展现，所以创意报告同样需要下载较长时间段内的数据进行分析。下载创意报告时，可以按照整月的数据进行查看，时间太短的话看不出相应的规律。

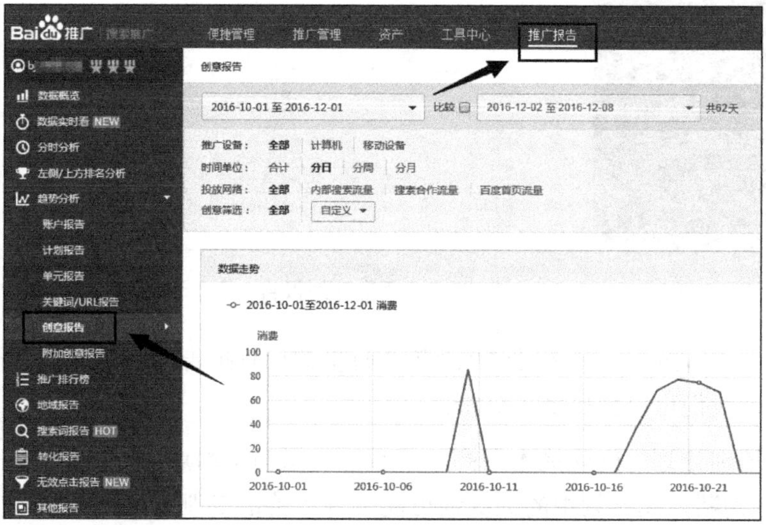

图 12.8　凤巢创意报告

表 12.8 所示为某网络营销行业 2017 年 2 月份的创意报告。由于账户内创意过多，我们只拿出一个计划下一个单元内的创意进行分析。通过相应数据，我们可以做出如下分析：

- 前三条创意月展现量较低，并且无点击。这说明系统和网民对这三条创意都不是很认可，所以我们需要对这三条创意进行修改或删除，添加更优质的创意让系统去选择，从而起到提高单元内关键词质量度的作用。
- 后两条创意有展现与点击，其中最后一条创意的展现量与点击量最高，这说明系统和网民都比较认可这条创意，所以才给予更多的展现机会。针对这种有较大数据的创意，我们尽量不要去做修改或删除，否则会直接影响此单元内关键词的质量度。但此条创意点击率并不高，平均排名处于中等位置，所以单元内还需要添加更多的优质创意。

表 12.8　创意报告数据表

日期	推广计划	推广单元	创意标题	创意描述	展现量	点击量	消费(元)	点击率	CPC(元)	平均排名
2月	SEO计划	SEO培训	{SEO培训}学	{SEO培训}÷	45	0	0	0.00%	0	4.46
2月	SEO计划	SEO培训	{SEO培训}实	{SEO培训}实	33	0	0	0.00%	0	4.74
2月	SEO计划	SEO培训	{seo培训}哪	沉淀6载，累	45	0	0	0.00%	0	6.13
2月	SEO计划	SEO培训	{seo培训}首	进行{seo培	124	5	71.04	4.03%	14.21	2.82
2月	SEO计划	SEO培训	{seo培训} 首	沉淀6载，培	1226	27	392.54	2.20%	14.54	4.29

12.2.4　关键词报告分析

我们在推广时虽然有很多的数据表格需要看，但关键词才是竞价推广的核心，因此关键词报告也成为所有数据分析最重要的参考数据。关键词报告需要我们每天都进行下载查看，分析关键词数据每天的变化，分析重点关键词有无大幅度的数据变化，有针对性地解决相应关键词的问题。

表 12.9 所示为某网络营销培训机构通过凤巢后台数据报告所下载的关键词报告，由于账户关键词量较大，表 12.9 中只为账户一部分关键词的一段时间内的消费数据。在进行关键词报告分析时，如果我们想要更细致地分析关键词，那么还要结合关键词所对应的转化。转化量的来源可以向公司客服人员索取客服咨询报告，将关键词报告与客服报告进行合并。

如表 12.10 所示，将报告合并之后，可以更直观地看出关键词的展现量、点击量、消费情况，以及是否产生咨询转化，从而方便我们更细致地分析是哪些关键词出现了问题，并有针对性地解决问题。下面我们就通过报表中的不同数据进行分析。

表 12.9　关键词报告数据表

关键词	展现量	点击量	消费(元)	点击率	平均点击价格(元)
整合营销	1435	13	80.06	0.91%	6.16
整合网络营销	61	0	0	0.00%	0
网站营销培训	84	3	33.42	3.57%	11.14
网站推广培训	22	2	27.86	9.09%	13.93
网上营销培训	1	0	0	0.00%	0
网上营销	94	1	9.92	1.06%	9.92
网络整合营销	5490	157	1504.37	2.86%	9.58
网络营销培训	593	72	2450.75	12.14%	34.04
网络营销 培训	1762	160	1714.09	9.08%	10.71
网络营销	6646	372	5841.53	5.60%	15.7
网络销售培训	5	1	8.46	20.00%	8.46
网络推广培训	19	2	41.75	10.53%	20.88
网络推广	2789	51	708.06	1.83%	13.88
网络 营销培训	376	2	31.12	0.53%	15.56
互联网营销培训	108	6	116.69	5.56%	19.45
互联网营销	931	28	330.39	3.01%	11.8

表 12.10　添加咨询量后的关键词数据

关键词	展现量	点击量	消费(元)	点击率	平均点击价格(元)	咨询量
整合营销	1435	13	80.06	0.91%	6.16	0
整合网络营销	61	0	0	0.00%	0	0
网站营销培训	84	3	33.42	3.57%	11.14	1
网站推广培训	22	2	27.86	9.09%	13.93	0
网上营销培训	1	0	0	0.00%	0	0
网上营销	94	1	9.92	1.06%	9.92	0
网络整合营销	5490	157	1504.37	2.86%	9.58	7
网络营销培训	593	72	2450.75	12.14%	34.04	15
网络营销 培训	1762	160	1714.09	9.08%	10.71	10
网络营销	6646	372	5841.53	5.60%	15.7	12
网络销售培训	5	1	8.46	20.00%	8.46	0
网络推广培训	19	2	41.75	10.53%	20.88	1
网络推广	2789	51	708.06	1.83%	13.88	2
网络 营销培训	376	2	31.12	0.53%	15.56	0
互联网营销培训	108	6	116.69	5.56%	19.45	4
互联网营销	931	28	330.39	3.01%	11.8	1

1．点击率分析

如表 12.11 所示，使用 Excel 表格按照展现量降幂排序，高展现、低点击的关键词为主要分析目标。这里需要注意的是，点击率低不能证明就是高展现、低点击的关键词，如表 12.11 中最后一个关键词“网上营销培训”，其点击率为 0，但展现量只为 1。

由于排名会影响点击率，所以点击率过低很可能是排名不理想造成的。如果预算允许，并且关键词精准，那么可以提高出价来进行测试。如果点击率不理想，并且又不是排名的问题，那么就要考虑是否是单元下创意的问题，是否需要修改创意，尝试找到消费者的兴趣点。

我们找到高展现、低点击的关键词，如表 12.11 中的关键词“网络推广”与“整合营销”，都有很高的展现量，但关键词点击率较低。首先通过对行业的了解，可以分析出这两个关键词针对于企业推广业务并不是特别精准，所以关键词本身就有一定的问题，没有必要因为追求排名而提高出价。这类关键词可能会被很多没有用的搜索词所触发，所以我们可以通过调整关键词匹配模式来限制这类关键词的流量，通过搜索词报告，添加更多的否定关键词来让关键词更加精准，提高点击率。

另外，表 12.11 中关键词“网络 营销培训”的点击率也相对较低，并且未带来咨询转化。但此关键词与企业推广业务相关性较高，低点击率的原因可能是由排名过于靠后与创意质量不佳所引起的，我们可以尝试提高关键词出价，以及在相应单元撰写更多的优质创意来优化关键词，进一步观察这类关键词的转化量，如果效果较好，则继续保持。

表 12.11　按展现量降幂排序的关键词数据

关键词	展现量	点击量	消费(元)	点击率	平均点击价格(元)	咨询量
网络营销	6646	372	5841.53	5.60%	15.7	12
网络整合营销	5490	157	1504.37	2.86%	9.58	7
网络推广	2789	51	708.06	1.83%	13.88	2
网络营销 培训	1762	160	1714.09	9.08%	10.71	10
整合营销	1435	13	80.06	0.91%	6.16	0
互联网营销	931	28	330.39	3.01%	11.8	1
网络营销培训	593	72	2450.75	12.14%	34.04	15
网络 营销培训	376	2	31.12	0.53%	15.56	0
互联网营销培训	108	6	116.69	5.56%	19.45	4
网上营销	94	1	9.92	1.06%	9.92	0
网站营销培训	84	3	33.42	3.57%	11.14	1
整合网络营销	61	0	0	0.00%	0	0
网站推广培训	22	2	27.86	9.09%	13.93	0
网络推广培训	19	2	41.75	10.53%	20.88	1
网络销售培训	5	1	8.46	20.00%	8.46	0
网上营销培训	1	0	0	0.00%	0	0

2. 转化率分析

如表 12.12 所示，使用 Excel 表格按照点击量降幂排序，主要分析方向为高点击、低转化的关键词，那么也就是要分析转化率较低的关键词。我们把转化率计算出来后，也添加至表格中进行分析。

找到表 12.12 中点击量最高的关键词“网络营销”，此关键词明明被网民点击了很多次，但咨询量过低，与点击量不成正比。该企业是“网络营销培训”机构，那么关键词“网络营销”属于此账户的行业词，所以关键词本身针对性不高，那么根据关键词所带来的网民也是不精准的。带来这样的数据，关键词本身也一定存在问题。

另外，我们需要考虑的是创意相关性。如果我们在创意中明确告诉网民，我们的企业是一家培训机构，那么也会减少一部分不必要的无效点击。其次是着陆页的质量，即使是精准网民进入网站，也会因为网站的体验度不佳而关闭网站，这也是“有点击、无咨询”的主要原因。

其中，关键词“网络营销培训”转化率最高，但通过数据来看，此关键词展现量较低，所以可以通过放宽匹配模式来放大网民数量的入口，从而增加此关键词所带来的流量，增加转化量。

表 12.12　按点击量降幂排序的关键词数据

关键词	展现量	点击量	消费(元)	点击率	平均点击价格(元)	咨询量	转化率
网络营销	6646	372	5841.53	5.60%	15.7	12	3.23%
网络营销 培训	1762	160	1714.09	9.08%	10.71	10	6.25%
网络整合营销	5490	157	1504.37	2.86%	9.58	7	4.46%
网络营销培训	593	72	2450.75	12.14%	34.04	15	20.83%
网络推广	2789	51	708.06	1.83%	13.88	2	3.92%
互联网营销	931	28	330.39	3.01%	11.8	1	3.57%
整合营销	1435	13	80.06	0.91%	6.16	0	
互联网营销培训	108	6	116.69	5.56%	19.45	4	66.67%
网站营销培训	84	3	33.42	3.57%	11.14	1	33.33%
网络推广培训	19	2	41.75	10.53%	20.88	1	50.00%
网络 营销培训	376	2	31.12	0.53%	15.56	0	
网站推广培训	22	2	27.86	9.09%	13.93	0	
网上营销	94	1	9.92	1.06%	9.92	0	
网络销售培训	5	1	8.46	20.00%	8.46	0	
整合网络营销	61	0	0	0.00%	0	0	
网上营销培训	1	0	0	0.00%	0	0	

3．转化成本分析

如表 12.13 所示，使用 Excel 表格按照消费降幂排序，主要分析方向为高消费低、转化的关键词，那么也就是要分析转化成本（CPA）较高的关键词。转化成本是企业重要的分析指标，主要用来衡量关键词还值不值得继续推广。我们根据公式“CPA=消费额/转化量”计算出转化成本后，将其添加至表格中进行细致分析。

企业在进行竞价推广时，都会设定一个自己可以接受的最高转化成本，高于这个成本的关键词就是需要着重关注的关键词。假设此企业账户设定可以接受关键词带来一个咨询量的转化成本为 300 元，那么通过表 12.13 可以看出，关键词“网络营销”、“网络推广”、“互联网营销”都超出了企业所能接受的最高转化成本。所以我们需要预估这类关键词是否值得继续消耗大量的预算，如果不值得，则可以直接暂停或者删除关键词。

如果还有一定的推广价值，那么可以通过降低出价来快速降低转化成本。另外，需要提高关键词质量度来降低平均点击价格，添加更多的否定关键词，以及更改关键词匹配模式，从而控制关键词的转化成本。

表 12.13　按消费降幂排序的关键词数据

关键词	展现量	点击量	消费(元)	点击率	平均点击价格(元)	咨询量	转化成本(元)
网络营销	6646	372	5841.53	5.60%	15.7	12	486.79
网络营销培训	593	72	2450.75	12.14%	34.04	15	163.38
网络营销 培训	1762	160	1714.09	9.08%	10.71	10	171.41
网络整合营销	5490	157	1504.37	2.86%	9.58	7	214.91
网络推广	2789	51	708.06	1.83%	13.88	2	354.03
互联网营销	931	28	330.39	3.01%	11.8	1	330.39
互联网营销培训	108	6	116.69	5.56%	19.45	4	29.17
整合营销	1435	13	80.06	0.91%	6.16	0	
网络推广培训	19	2	41.75	10.53%	20.88	1	41.75
网站营销培训	84	3	33.42	3.57%	11.14	1	33.42
网络 营销培训	376	2	31.12	0.53%	15.56	0	
网站推广培训	22	2	27.86	9.09%	13.93	0	
网上营销	94	1	9.92	1.06%	9.92	0	
网络销售培训	5	1	8.46	20.00%	8.46	0	
整合网络营销	61	0	0	0.00%	0	0	
网上营销培训	1	0	0	0.00%	0	0	

4．平均点击价格分析

如表 12.14 所示，使用 Excel 表格按照平均点击价格（CPC）降幂排序，主要分析方向为关键词与推广业务的相关程度，相应的点击价格是否符合企业预估的推广排名。如果某关键词出价相对于账户中其他关键词较高，那么证明这类关键词在行业中的竞争比较激烈，是我们账户中比较重要的关键词，有必要通过提高出价来竞争排名。所以在进行推广时，每天都要查看这类关键词的排名。

例如，表 12.14 中关键词“网络营销培训”的平均点击价格达到了 34.04 元，那么可以判断此关键词的出价必然会高于这个值。我们需要考虑这个关键词是否值得花费这么高的出价，这时就要参考此关键词所带来的转化量。从表 12.14 中得知此关键词所带来的转化量为 15，通过对比分析后发现，此关键词的转化量属于比较高的，关键词的精准性也比较强，所以此关键词为“好词”，值得持续推广及“出此高价”。

另外，针对此关键词可以进入推广实况查看排名是否已经达到了预期排名，如果并未达到，则考虑是否值得继续竞价提升排名，来获得更高的咨询量。

表 12.14　按平均点击价格降幂排序的关键词数据

关键词	展现量	点击量	消费(元)	点击率	平均点击价格(元)	咨询量
网络营销培训	593	72	2450.75	12.14%	34.04	15
网络推广培训	19	2	41.75	10.53%	20.88	1
互联网营销培训	108	6	116.69	5.56%	19.45	4
网络营销	6646	372	5841.53	5.60%	15.7	12
网络 营销培训	376	2	31.12	0.53%	15.56	0
网站推广培训	22	2	27.86	9.09%	13.93	0
网络推广	2789	51	708.06	1.83%	13.88	2
互联网营销	931	28	330.39	3.01%	11.8	1
网站营销培训	84	3	33.42	3.57%	11.14	1
网络营销 培训	1762	160	1714.09	9.08%	10.71	10
网上营销	94	1	9.92	1.06%	9.92	0
网络整合营销	5490	157	1504.37	2.86%	9.58	7
网络销售培训	5	1	8.46	20.00%	8.46	0
整合营销	1435	13	80.06	0.91%	6.16	0
整合网络营销	61	0	0	0.00%	0	0
网上营销培训	1	0	0	0.00%	0	0

12.2.5　综合数据分析

以上已经对不同层级的数据报告及数据指标进行了讲解与分析，现在我们使用某英语培训机构的数据进行综合分析。假设此机构的品牌为“ABC”，把所有重要的数据指标综合到同一张报表中，然后对每个关键词单独进行分析，通过数据找到关键词的问题所在，并给出优化方案，如表 12.15 所示。

表 12.15　关键词综合数据表

关键词	展现量	点击量	点击率	消费（元）	CPC（元）	订单额（元）	订单量	转化成本（元）	转化率	ROI
英语	24361	720	2.96%	8640	12	40000	2	4320.00	0.28%	462.96%
英语培训	13045	395	3.03%	13825	35	400000	20	691.25	5.06%	2893.31%
少儿英语培训	776	164	21.13%	4100	25	20000	1	4100.00	0.61%	487.80%
出国英语培训	36	19	52.78%	532	28	60000	3	177.33	15.79%	11278.20%
ABC英语	56	9	16.07%	90	10	80000	4	22.50	44.44%	88888.89%
英语培训多少钱	411	1	0.24%	21	21	0	0		0.00%	0.00%

1．关键词“英语”

如表 12.16 所示，首先关键词“英语”的点击率较低，由于关键词本身为账户中的行业词，所以精准性不佳，会影响点击率。另外，可能是因为排名过低及创意吸引力不强，从而影响点击率。关键词“英语”的订单量为 2，转化成本较高，转化率低。ROI 虽然为 462.96%，但还未计算其他投入的成本，所以这个值并不高。所以，需要提高关键词“英语”的精准度，通过进行降低其出价及更改匹配模式、添加否定关键词的方法来降低转化成本与提高投入产出比。

如果关键词优化后长时间未得到改善，则要考虑企业的推广目标，在只为提高订单而并不考虑提高曝光度的情况下，需要暂停该关键词。

表 12.16　关键词“英语”的数据对照表

关键词	展现量	点击量	点击率	消费（元）	CPC（元）	订单额（元）	订单量	转化成本（元）	转化率	ROI
英语	24361	720	2.96%	8640	12	40000	2	4320.00	0.28%	462.96%

2．关键词“英语培训”

如表 12.17 所示，关键词“英语培训”为账户中的产品词，其点击率较低，从而可以判断出其排名不佳。但关键词“英语培训”的转化量较高，所以值得我们进一步提高关键词出价来获得更好的排名。关键词“英语培训”的转化成本与投入产出比都比较高，展现量较大，所以我们可以添加否定关键词来进一步提高精准度，从而提高转化率与投入产出比。

表 12.17　关键词“英语培训”的数据对照表

关键词	展现量	点击量	点击率	消费（元）	CPC（元）	订单额（元）	订单量	转化成本（元）	转化率	ROI
英语培训	13045	395	3.03%	13825	35	400000	20	691.25	5.06%	2893.31%

3．关键词“少儿英语培训”

如表 12.18 所示，关键词“少儿英语培训”为账户中的产品词，此关键词点击率较高，证明排名较高，并且创意吸引力较好，所以不需要再提高关键词出价。但该关键词的转化率与投入产出比都很低，所以属于“有点击，无转化”的关键词。针对这类关键词，我们主要检查着陆页是否出现问题，是否网民被创意所吸引，但在进入着陆页后体验不佳，所以关闭网站。另外，需要考虑客服及销售人员的专业性，如果客服与销售人员的专业能力不强，那么也会出现这种情况的数据。

表 12.18　关键词“少儿英语培训”的数据对照表

关键词	展现量	点击量	点击率	消费（元）	CPC（元）	订单额（元）	订单量	转化成本（元）	转化率	ROI
少儿英语培训	776	164	21.13%	4100	25	20000	1	4100.00	0.61%	487.80%

4．关键词“出国英语培训”

如表 12.19 所示，关键词“出国英语培训”同样为账户中的产品词，此关键词的点击率很高，达到了 52.78%，基本排名在左侧第一位。其转化成本、转化率、ROI 的指标也很优秀，但此关键词的展现量只有 36 次，所以我们的优化方向是提高展现量。方法可以是更改关键词的匹配模式，使关键词带来更多的流量，从而可能会带来更多的转化量。

表 12.19　关键词“出国英语培训”的数据对照表

关键词	展现量	点击量	点击率	消费（元）	CPC（元）	订单额（元）	订单量	转化成本（元）	转化率	ROI
出国英语培训	36	19	52.78%	532	28	60000	3	177.33	15.79%	11278.20%

5．关键词“ABC 英语”

如表 12.20 所示，关键词“ABC 英语”为账户中的品牌词。作为品牌词的转化数据，正常来讲自然会很优秀，通过表 12.20 可以看出，该关键词的转化率达到了 44.44%，ROI 更是达到了 8888.89%，可以说是“相当不错”。但我们可以看到此关键词的点击率只为 16.07%，这证明并未达到首位，所以我们的优化方向就是提高关键词出价，使品牌词排名到首位，并且放宽匹配模式，增加曝光度，吸引更多的网民，让转化数据更好。

表 12.20　关键词“ABC 英语”的数据对照表

关键词	展现量	点击量	点击率	消费(元)	CPC(元)	订单额(元)	订单量	转化成本(元)	转化率	ROI
ABC英语	56	9	16.07%	90	10	80000	4	22.50	44.44%	88888.89%

6. 关键词“英语培训多少钱”

如表 12.21 所示，关键词“英语培训多少钱”同样为账户中的产品词，我们通过表 12.21 可以看到，此关键词没有任何转化量，自然也就没有转化率与 ROI。其展现量为 411 次，但点击量只有 1 次，证明此关键词的排名特别靠后，以及创意的吸引力也不佳。但这不能说明这个关键词就是一个“差词”，我们需要调整关键词的出价来提高关键词的排名，观察关键词后期的推广效果来进一步进行优化。

表 12.21　关键词“英语培训多少钱”的数据对照表

关键词	展现量	点击量	点击率	消费（元）	CPC（元）	订单额（元）	订单量	转化成本（元）	转化率	ROI
英语培训多少钱	411	1	0.24%	21	21	0	0		0.00%	0.00%

12.2.6　关键词的四维象限法分析

我们把账户中的所有关键词进行整理，可以根据转化与消费归纳为四大类，如图 12.9 所示。按照四维象限法分析每一类关键词的问题，找到解决办法，工作时查看关键词属于哪一类，根据相应的办法“对症下药”即可。

- 高转化、高消费。
- 低转化、高消费。
- 低转化、低消费。
- 高转化、低消费。

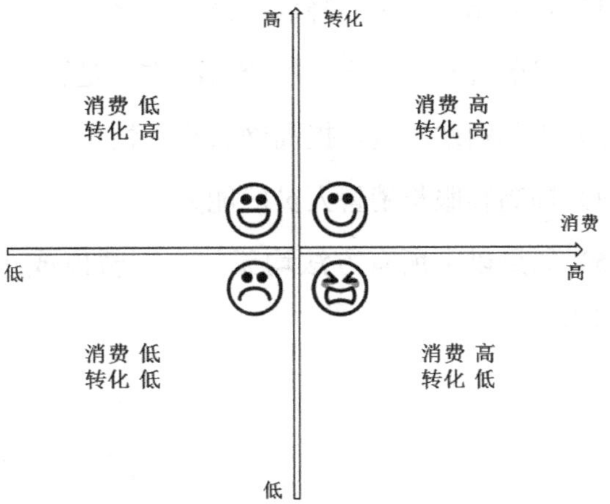

图 12.9　关键词的四维象限法分析框

1．高转化、高消费

如图 12.10 所示，“高转化、高消费”的关键词需要重点关注，这类关键词一般多为产品词，在账户中存在的比例较高。此类关键词花费较高，但确实可以带来一定的转化，最终还是赚钱的。对于这类关键词，我们可以通过以下方式进行优化：

（1）查看排名是否虚高，如果排名过高，则可以适当降低排名。

（2）优化关键词质量度，降低关键词消费成本。

（3）更改为更精准的匹配模式。

（4）关注搜索词报告，添加否定关键词。

（5）检查着陆页质量，提高网站打开速度及网页吸引力。

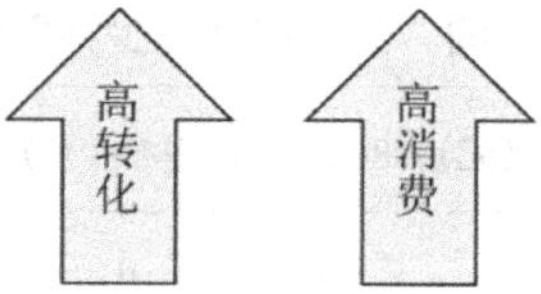

图 12.10　高转化、高消费

2．低转化、高消费

如图 12.11 所示，“低转化、高消费”的关键词需要重点优化。这类关键词多为竞争比较激烈的产品词，让 SEMer 很头疼，不断消耗着预算，但与所带来的转化不成正比。对于这类关键词，我们可以通过以下方法进行调整：

（1）首先调整出价，降低关键词排名，停止无效预算的消耗。

（2）对照搜索词报告，检查匹配方式是否精准，缩小匹配范围，添加否定关键词。

（3）优化网站质量，提高网页相关性。

（4）提高客服与销售人员的能力。

（5）如果以上所有方法均无效，则暂停或删除这类关键词，替换为业务针对性更强的关键词。

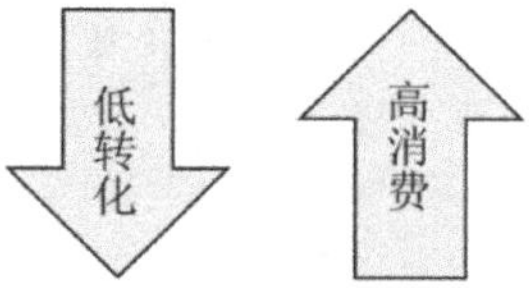

图 12.11　低转化、高消费

3. 低转化、低消费

如图 12.12 所示，“低转化、低消费”的关键词优化的办法是“放量测试”。这类关键词并未对推广预算造成大的影响，虽然没有转化，但也没花钱，不太受 SEMer 关注。所谓放量测试，就是给这类关键词提供消费的“机会”，然后查看后期的推广效果，如果推广效果不错，那么这类词便可重点推广。

（1）调整关键词出价，提高排名，获得更好的展现位置。

（2）优化推广创意，吸引网民点击。

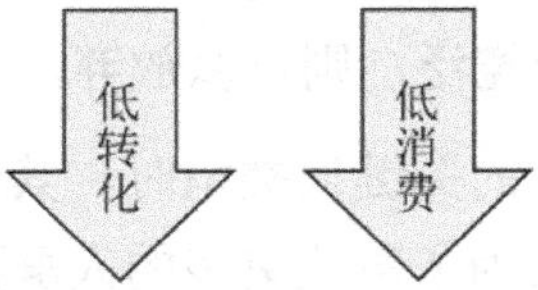

图 12.12　低转化、低消费

4. 高转化、低消费

如图 12.13 所示，“高转化、低消费”的关键词是我们重点支持的对象。每个企业都希望账户中这样的关键词越多越好，但事与愿违的是，这类关键词多为企业品牌词，即使为产品词，也只占少数。对于这类关键词，需要给予更多的支持，具体方式如下：

（1）查看关键词排名，如果排名较差，则提高关键词出价。

（2）保证这类关键词的推广时长与预算。

（3）增加同类型的关键词，挖掘更多有价值的关键词。

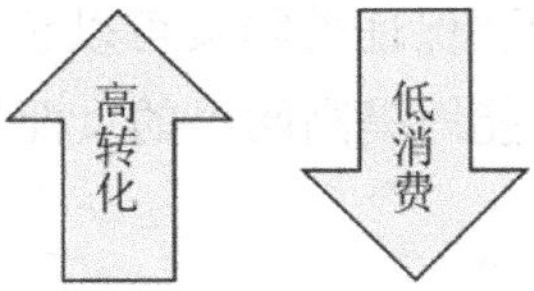

图 12.13　高转化、低消费

12.3　重要数据指标优化

数据分析从表面上看很复杂，有大量的各类数据需要分析，但其实优化核心方法大致相同。由于一切营销的目的都是订单，所以转化率（CVR）、转化成本（CPA）、投入产出比（ROI）备受企业关注，这也是刚入行的 SEMer 在面试时经常碰到的问题。如何对这几个指标进行优化，就成为了我们工作的重点。

12.3.1 提高转化率

1．提高关键词精准度

在不考虑关键词匹配模式的情况下，不同类别的关键词，其与行业的精准度也不同，品牌词＞产品词＞通用词＞人群词。并且通过数据统计，其转化率也为品牌词＞产品词＞通用词＞人群词。所以，推广时在只考虑转化效果的情况下，首先应从更精准的关键词类型开始添加，如果关键词类型过于宽泛，则可以放弃，如通用词和人群词。

另外，在关键词选择比较精准的关键词类型时，其匹配模式不要过于宽泛，否则大量无用的搜索词会触发关键词。如果为了覆盖更多的人群而放宽匹配模式，则可以添加更多的否定关键词来提高关键词的精准度。

2．优化创意

要想有效的提高转化率，不仅要提高关键词的精准度，同时也要提高创意的质量。创意要符合撰写创意的基本要求，保证其与关键词的相关性。并且在撰写创意时，必须根据企业产品自身特点与优势进行编写，绝对不能过于夸张，从而导致产品与事实不符。如果网民因此而被创意吸引，点击进入网站之后发现都是虚假信息，那么会很快关闭页面。长期如此，会造成转化成本提高，并且会影响企业的口碑。

3．着陆页优化

竞价推广的投放需要保证有足够的曝光、精准的点击、有效的转化，而最终的转化主要依托于优质的着陆页。所以我们要保证着陆页可以正常访问，并且有足够的吸引力、良好的上下游链接与交互方式，尽可能地提高网民的页面体验，从而促进转化。

12.3.2 降低转化成本

1．黄金组合

当我们新接手一个账户时，如果想短时间内降低账户的转化成本，那么需要做的就是添加否定关键词。下载一段时间内的搜索词报告，然后将搜索词报告中的搜索词与账户的推广业务进行匹配，找到不相关的搜索词添加为否定关键词或精确否定关键词，让搜索来源更加精准，降低账户的转化成本。这就是我们前面章节所说的“黄金组合”——广泛/短语匹配+搜索词报告+否定关键词。

2. 二八法则

我们将账户一段时间内的关键词消费数据进行统计，根据“二八法则”找到主要消费的关键词，查看关键词的精准度是否较差、匹配模式是否过宽，以及对比转化量，是否是高消费、低转化的关键词。如果这类关键词转化较低，那么可以暂停或降价以及进行优化。由于这类关键词消费占比较高，暂停或降低出价时会大幅度降低账户整体的转化成本。

12.3.3　提高投入产出比

如果想要提升推广投入产出比（ROI），那么根据 ROI 的计算公式来看，就要花得少、赚得多。每个做营销的个人或企业都有这个目标，投入更少的钱来赚更多的钱。但少花钱不代表不花钱，如果每天都埋怨做竞价太烧钱，那么可以不做竞价，直接做快照就好了。所以，怎样来实现“少花钱”这个愿望呢？我们需要让广告变得更精准，让花出去的钱都不白花，这才是有效降低 ROI 的方法。

1. 使用网盟推广

网盟推广虽然精准性稍差，但其价格相对于搜索推广来说要便宜很多，可以使用比较精准的定向方式，如到访定向及关键词定向，添加优质的图片创意，针对特定人群进行投放。利用网盟覆盖广、价格低的特点，锁定搜索前端的人群产生需求，然后与搜索推广有效结合。

2. 多平台推广

我们都知道百度推广很贵，所以可以尝试多平台进行推广。目前百度的广告位变少，竞争变得更激烈，消费自然也会更高。有些企业一心只投放百度，原因是更多的网民都选择百度，其实可以尝试投放 360 与搜狗，但这并不意味着放弃百度推广，可以同时推广不同的搜索引擎。360 与搜狗虽然流量较低，但竞争程度不高，所投入的预算自然也就较低，而且这两个搜索引擎的推广开户费也不高，可以尝试投放，看最终的 ROI 是否有所提升，再考虑下一步的推广方案。

比如笔者之前接触的教育行业，百度推广日预算是 5000 元，有时候还不够，一天能带来的咨询量在 20 个左右。公司也同时投放搜狗推广，一天的预算是 200 元，与百度同样的账户结构，发现钱根本花不出去，但平均一天能够带来 2 个咨询量，虽然转化量较少，但搜狗的成本要低得多。我们要尝试着去改变，多选择不同的方式。

3. 预算设定技巧

大多数账户都根据不同产品或业务分计划进行推广，那么我们可以选择较长的时间段内的数据进行分析，看哪些产品的投入产出比较高，哪些较低，从而降低投入产出比较低的产品的计划预算，把更多的预算分配给“优秀”的计划。

4．地域设定技巧

如果我们是多地域推广的账户，那么需要分析哪些地域投放的 ROI 较高，哪些地域较低。在允许的情况下，我们可以暂停相应的推广地域或者减少相应推广地域的投放预算，从而提高整体的投入产出比。

5．时段设定技巧

我们的客户不可能 24 小时都有需求，所以没必要全天投放，大多数企业都是根据公司的运营时间进行推广的。如果周六日与节假日企业不上班，客服不在线，那么广告也可以暂停。另外，我们可以参考每天的咨询转化报告，针对咨询量较高的时段，加大投放力度；而针对消费高但咨询量较少的时段，暂停或减少投放。

6．合适的排名

从一般人的搜索习惯来说，普通浏览者会本着“货比三家”的思想，打开多个广告进行查看，那么在前三位的广告被点击的次数不会差太多。所以我们可以不竞争排名第一，因为排名第一的出价会高出很多。为了节省更多的预算，将账户中的产品词保持在推广的首页首屏即可。

7．匹配方式

合理使用关键词匹配模式也能有效降低推广 ROI，企业在推广时，竞争比较激烈的关键词由于出价较高，如“英语培训”、“英语培训学校”，可以使用精确匹配使流量更精准。账户中一些普通的产品词可以使用短语精确包含模式。长尾词流量与出价较低，使用同义包含或者核心包含模式即可。另外，如果企业推广预算受到限制，那么尽量少使用或者不使用广泛匹配模式。

附录 A

每日工作内容总结

如今企业竞争越来越激烈，大多数企业招到人后就直接安排上岗。所以对于很多 SEMer 新手来说，不清楚每天都应该做什么，从上班到下班，领导安排什么就做什么。即便是一些有经验的 SEMer，对自己每天的工作安排也同样糊里糊涂，想起来的事情就去做，想不起来就算了。这样迷迷糊糊的工作状态很不利于自己经验的提升与未来职业的发展，那么下面就对 SEMer 最基本的日常工作进行梳理。

1．检查网站

SEMer 到公司打开电脑后，首先要检查企业网站是否能够正常打开，如果网站出现异常，要马上联系企业建站人员进行调整，否则推广无论投入多少预算，都不会带来任何订单。

2．检查咨询工具

检查企业在线咨询工具是否能够正常使用，在检查其能够正常弹出同时可以打开的基础上，简单与自己公司的客服人员进行对话测试，确保沟通无问题。

目前企业比较常用的在线沟通工具多为“乐语”、“53 客服”等，虽然与网民直接沟通不是 SEMer 的工作范畴，但如果沟通工具无法使用，并且未被及时发现，那么就是我们的责任了，所以每天都要仔细检查。

3. 检查昨日下线时间

检查账户昨日下线时间，如果账户提前下线，则要查看关键词消费是否合理，考虑今日是否可以增加推广预算；如果账户消费没有达到设置的预算上限，那么需要合理调整重要关键词的匹配模式或排名来控制每日消费。

4. 检查关键词消费

查看账户昨日关键词消费数据，可以通过整理报表查看，也可以直接在凤巢系统进行查看，并按关键词消费进行排序。查看主要消费关键词是否出现异常、有无明显的消费幅度变化，如果发现异常，则要迅速检查问题来源，解决后再进行推广。

5. 检查关键词排名

使用推广实况工具检查关键词排名，首先要检查账户中核心关键词的排名，与昨日排名进行对比，是否出现较大浮动，通过合理调整出价来控制排名。

另外，查看排名第一的关键词是否有出价虚高的情况，尝试降低关键词出价，观察排名的变化，给出最终合适的关键词出价，减少不必要的预算浪费。

6. 分析竞争对手

在检查核心关键词排名的同时，查看主要竞争对手的排名是否有变化，以及竞争对手是否对创意进行了调整，包括新增的优惠等内容。根据竞争对手的变化，来控制自己关键词排名与创意的修改。

7. 检查关键词与创意状态

检查当日账户关键词与创意状态，是否有不宜推广、待审核、无效等状态，发现后及时进行修改或删除，避免影响推广账户的整体质量。

8. 查看搜索词报告

查看账户搜索词报告的昨日数据，检查账户昨日是被哪些搜索词所触发带来的点击。找出相关性较强的搜索词添加为账户关键词，找出不相关的搜索词添加为否定关键词或精确否定关键词。

9. 检查关键词质量度

查看当日核心关键词的质量度，与昨日质量度进行对比。如果核心关键词质量度下降，那么需要查看对其做过哪些操作，以及查看排名是否有变化，并及时进行质量度优化。

10．分时段排名/质量度记录

对账户中的核心关键词进行分时段排名与质量度记录。可以找出账户中的消费 TOP10 或 TOP20，查看每日关键词在不同时段的排名与质量度，并进行记录。至少每日记录两次，上午 10:00 左右和下午 16:00 左右，或者每日记录三次，具体次数根据自己的工作时间进行安排。

11．添加创意

在工作有空余时间时，对推广账户进行创意添加。优先添加质量度较低的核心关键词所对应的推广单元，以及高消费、高展现的关键词所对应的推广单元。每天添加的创意数量根据自己工作量的多少而定。

12．监控恶意点击

实时监控在线沟通工具的访问来源，以及统计软件的访客来源功能，查看有无多次点击并没有任何咨询的流量，找出后使用账户“商盾”工具对其 IP 进行排除。